国家出版基金项目
NATIONAL PUBLICATION FOUNDATION

"十四五"时期国家重点出版物出版专项规划项目

中国共产党百年教育理论与实践研究丛书

总 主 编　靳　诺
执行主编　郑水泉　刘复兴

高等教育

GAODENG JIAOYU

周光礼　主　编
公钦正　副主编

中国人民大学出版社
·北京·

总 序

2021 年 7 月 1 日是中国共产党成立一百周年纪念日。2021 年也是我们党的百年党史学习教育之年。2021 年 2 月 20 日，习近平总书记在党史学习教育动员大会上强调："我们党的一百年，是矢志践行初心使命的一百年，是筚路蓝缕奠基立业的一百年，是创造辉煌开辟未来的一百年。……回望过往的奋斗路，眺望前方的奋进路，我们必须把党的历史学习好、总结好，把党的成功经验传承好、发扬好。"在庆祝我们党百年华诞的重大历史时刻，在"两个一百年"奋斗目标历史交汇的关键节点，我们着力推进"中国共产党百年教育理论与实践研究丛书"的编撰和出版工作，总结我们党百年来举办党和人民的教育事业的历史经验、伟大成就与重大意义。这是一件十分重要的工作，具有重大的历史价值、理论意义与实践意义。

第一，中国共产党自成立以来就高度重视教育工作，并取得了伟大历史性成就。在一百年的光辉历程中，中国共产党始终高度重视教育事业，在吸收中华优秀传统文化、西方优秀文化合理内核的基础上，以马克思主义为指导，结合新民主主义革命时期、社会主义革命和建设时期、改革开放和社会主义现代化建设新时期、中国特色社会主义新时代等不同历史阶段党的使命和任务，大力推动思想政治教育、义务教育、高等教育、职业教育与成人教育、农村教育、干部教育、妇女教育等教育事业的创新发展，为中国革命和社会主义建设输送了大批人才，为保障不同历史时期党的事业发展和战略目标的实现提供了坚实的智力支撑。特别是党的十八大以来，习近平总书记就教育改革发展作出了一系列重要讲话、指示批示，提出了一系列新理念新思想新观点，从根本上阐明了新时代中国特色社会主义教育的发展道路，回答了一系列方向性根本性战略性问题，为加快推进教育现代化、建设教育强国、办好人民满意的教育提供了根本遵循和行动指南。

第二，扎根中国大地办教育，必须坚持党的全面领导，传承党的红色基因。教育的发展必须有适合其生长的环境和土壤。中国的教育有着独特的内在逻辑和生成规律，我们党创造性地运用马克思主义基本原理和科学方法，在实践中形成了一系列关于教育工作的理论、方针和政策。我们需要循脉而行，不断深化对教育初心使命的领悟，从党史之脉把握教育的根本任务，从大历史观把握教育的战略定位，从百年奋斗把握教育的历史贡献。中国共产党办教育之所以取得伟大成就，根本原因在于坚持党对教育事业的全面领导，这为我国教育事业的健康发展提供了坚强的政治和组织保证。中国共产党办教育坚持马克思主义在教育工作中的指导地位，坚持教育的社会主义性质和办学方向，强调把为人民服务、为社会主义建设服务作为教育工作的根本宗旨，强调受教育者德智体美劳的全面发展。中国共产党办教育，正如同中国共产党发展自身一样，传承红色基因，赓续红色血脉，让教育事业始终航行在正确的方向上。

第三，从校史看党的教育史，中国人民大学是中国共产党创办新型正规高等教育的典范。回顾中国共产党百年教育史，涌现了一大批标志性的办学案例和成就。中国人民大学在其中具有举足轻重的地位。作为我们党创办的第一所新型正规大学，中国人民大学的前身是1937年成立于延安的陕北公学，以及后来的华北联合大学和华北大学。85年来，中国人民大学始终与党和国家同呼吸、共命运。中国人民大学的校史，承载着我们党创办和领导新型正规高等教育的伟大实践，折射着我们党培养造就先锋分子推动革命、建设和改革的不懈求索。总结中国共产党的百年教育理论与实践就是为中国教育寻根溯源，同时既能够从中国人民大学的办学史中总结我们党创办新型正规高等教育的思想与理念，又能够从历史的实践中加深我们今天对中国共产党为什么能、马克思主义为什么行、中国特色社会主义为什么好的理解。

2020年，在学校党委的统一部署下，我们启动了“中国共产党百年教育理论与实践研究丛书”的研究与编撰工作。研究团队的成员来自多个单位，主要有中国教育报刊社、中国教育电视台、教育部职业技术教育中心研究所、国家教育行政学院、中国教育科学研究院、中国科学院大学、北京师范大学、东北师范大学以及中国人民大学等相关研究机构与高校，它们有一个共同的特点，那就是与中国共产党举办新型正规高等教育的历史具有千丝万缕的联系，具有广泛的代表性。这套丛书是对我们党百年来教育理论与实践的系统性梳理，全角度、深层次、大范围地展现了中国共产党建党一百年来是如何随着中国革命和社会主义建设实践的发展而不断推进党和人民教育事业进程的历史画卷，是系统总结我们党的教育思想与理论的历史演进、鲜明特征、中国特色和成功经验的一个重要研究项目，也是以中国人民大学为代表的全体研究与编撰人员献给我们党一百年华诞和祝贺党的二十大胜利召开的一份厚礼。这套丛书不仅具有资料性，而且具有深刻的思想性和科学的指导性，对于在新时代继承中国共产党百年教育的历史经验，坚持马克思主义指导地位，贯彻党的教育方针，坚持走中国特色社会主义教育发展道路，培养德智体美劳全面发展的社会主义建设者和接班人，加快实现教育现代化，建设教育强国，都具有十分重要的启发与指导意义。

靳　诺

2022年3月29日

前言

2021年是中国共产党成立100周年，回望波澜壮阔的百年历程，中国共产党带领中国人民书写了人类历史上的伟大篇章。一百年来，我国高等教育事业取得了举世瞩目的辉煌成就，只有记得来时的路，方能不忘初心、牢记使命，继续朝着实现中华民族伟大复兴的目标、建设高等教育强国的目标奋勇前进。任何一个国家的高等教育都是与一个国家的文化模式相适应的。正如习近平总书记所言："我国有独特的历史、独特的文化、独特的国情，决定了我国必须走自己的高等教育发展道路，扎实办好中国特色社会主义高校。""我们要认真吸收世界上先进的办学治学经验，更要遵循教育规律，扎根中国大地办大学。"高等教育的中国模式是在中国独特的历史、独特的文化、独特的国情下逐步演化出来的，中国共产党创办新型高等教育的百年历史是一个回应时代需求、扎根中国大地办大学的过程，其中蕴含着深刻的理论与实践的必然性，因此，回溯党办高等教育的具体实践，将有助于我们理解这些贯穿百年的基本规律。

本书采取了"总—分—总"的结构安排。第一章是总论部分。以德国、法国为代表的罗马传统高等教育体系和以美国、英国为代表的盎格鲁-撒克逊传统高等教育体系是公认的世界两大高等教育体系，但中国呈现出一种与欧美国家截然不同的学术价值体系，特别是中国共产党在创办新型高等教育的过程中传承创新了高等教育的中国模式，无论从形式还是从内涵上来说，中国模式都与西方模式有着重大的差别，这为本书阐述中国共产党创办新型高等教育所具有的历史意义与理论价值提供了视角与思路。

第二章到第六章是主体部分。本书将中国共产党创办新型高等教育的百年历史分为四个阶段。1921年到1948年是第一个阶段，具体分为两个时期。前一个时期是第一次国共合作时期的高等教育，为了发动群众和领导中国革命，这一时期的高等教育发挥了干部教育的作用，其中最具代表性的是国共合作创办的上海大学以及毛泽东在长沙创办的湖南自修大学；后一个时期是第二次国共合作时期的高等教育，为了服务于抗战需要，这一时期高等教育的实质是军事教育，其中又以中国人民抗日军政大学、陕北公学、华北联合大学最具代表性。因此，本书第二章和第三章共同介绍了中国共产党创办新型高等教育的第一个阶段，即新民主主义革命时期两次国共合作背景下的高等教育。中华人民共和国成立后至1977年是第二个阶段，对应本书第四章的内容，即社会主义革命和建设时期的高等教育。这一时期最重要的成果是“以俄为师”进而“以苏为鉴”，批判地学习了苏联的高等教育建设经验，其中又以中国人民大学作为典范和全国大学建设的榜样，通过学习中国人民大学的经验、大规模院系调整和出台“高教六十条”，在全国范围内建立起一个与社会主义建设相适应的行业高等教育体系。1978年到2011年是第三个阶段，对应本书第五章的内容，即改革开放和社会主义现代化建设新时期的高等教育。这一时期，中国确立了以经济建设为中心的发展战略，逐步推动国家经济类型从行业经济向区域经济转变；相应地，通过高等教育管理体制改革，中国高等教育也开始逐步从行业高等教育体系转化为区域高等教育体系。2012年至今是第四个阶段，对应本书第六章的内容，即中国特色社会主义新时代的高等教育。新时代国家发展战略由以经济建设为中心转变为全面建设社会主义现代化国家，因此，这一阶段我们的核心任务是建立起一个高质量的高等教育新体系，具体涉及高等教育普及化、高等教育强国建设和新时代高等教育评价改革等发展任务。最后的结语部分对整本书的内容进行了总结，并对中国高等教育的未来发展做出展望。

一切历史都是当代史，我们今天看到的中国高等教育至少有三个源流：一是源于中国古典书院的传统高等教育模式，后来经湖南自修大学、陕北公学的传承创新而形成和演变为高等教育的“延安模式”；二是源于欧洲大陆的罗马传统，经20世纪50年代中国人民大学转换创新形成的苏联模式；三是源于盎格鲁-撒克逊传统，即改革开放之后中国诸大学引进、吸收、创新的英美模式。中国共产党人继承中国古典高等教育传统、扎根中国大地开创的高等教育“延安模式”，可以说是集中体现了中国近代高等教育创新的一面，是真正本土化的模式。

了解过去所发生的事情对当前的发展来说大有裨益，只有回溯过去百年中国共产党创办新型高等教育的信念和价值观，才能真正理解当代中国大学，出色完成人民赋予的时代任务；才能扎根中国大地，在中国特色社会主义新时代扎实推动高等教育强国建设。这正是本书研究中国共产党创办新型高等教育百年历史的意义所在。

目　录

第一章 中国共产党创办新型高等教育的历史意义与理论价值

一个国家的高等教育是与一个国家的文化模式相适应的。在西方历史文化发展进程中，大学具有特定的形式和内容，蕴含着在欧美文化背景下丰富的历史遗产，其核心观念是 3A 原则，即学术自由（academic freedom）、学术自治（academic autonomy）、学术中立（academic neutrality）。中国的大学概念不同于西方，中国传统的大学概念来自《礼记·大学》开篇第一句。如其所言，“大学之道，在明明德，在亲民，在止于至善”。可见，中国传统的高等教育机构有两个特点：一是重视立德树人，二是强调大学为政治服务。中国现代意义上的大学是 19 世纪末从西方引进的。中国第一所现代意义上的大学北洋大学是 1895 年建立的，次年南洋公学成立。1898 年，又建立了京师大学堂。尽管随着清末废科举、兴学校，中国传统意义上的高等教育体制基本上名存实亡，但是传统的大学概念一直伴随着中国高等教育的发展历程[①]。本章旨在阐述中国传统的大学概念以及包含在中国高等教育中的传统文化价值模式。为此，我们首先运用马克斯·韦伯的“理想类型”法概述西方高等教育体系的特点，然后以此为根据，对比论述高等教育的中国模式，最后阐述中国共产党创建新型高等教育的理论与实践。

一、中国共产党创建发展中国特色高等教育体系

2021 年是中国共产党成立一百周年，在全党开展党史学习教育，是以习近平同志为核心的党中央在中国共产党成立一百周年之际做出的重大战略决策，是党中央立足百年党史新起点、着眼开创事业发展新局面做出的一项重大战略决策。开展党史学习教育是党中央的重大决策部署，是建设高质量教育体系、建设教育强国的迫切需要，是纵深推进教育系统全面从严治党、不断提升党建质量的内在要求。党的十九届六中

---

① 许美德．中国大学 1895—1995：一个文化冲突的世纪．许洁英，译．北京：教育科学出版社，2000：17－18.

全会，是在中国共产党百年华诞的重要时刻，在“两个一百年”奋斗目标历史交汇关键节点上召开的一次重要会议。全会回顾百年奋斗历程，总结重大历史经验，具有重大而深远的意义。习近平总书记在全会上的重要讲话，思想深邃、内涵丰富，饱含深情、激荡人心。全会审议通过的《中共中央关于党的百年奋斗重大成就和历史经验的决议》，全面总结党的百年奋斗的重大成就和历史经验，是一篇闪耀着马克思主义真理光芒的纲领性文献，是以史为鉴、开创未来，实现中华民族伟大复兴的行动指南。因此，在高等教育领域回顾百年来中国共产党创办高等教育的伟大实践具有十分重要的价值和意义。

中国近代高等教育发展的历程有两条脉络：一条是鸦片战争后，受到西方列强坚船利炮和科技发展冲击而建立起来的新式学堂，如北洋大学、南洋公学、京师大学堂等；另一条是中国共产党在革命战争年代创办的抗日军政大学、陕北公学等一批具有红色基因的新型大学。正是这两大源流，汇集发展并形成今天中国高等教育的体系与格局。新中国成立之后，建设中国特色高等教育体系成为中国共产党面临的主要任务。中国特色高等教育体系的探索发轫于20世纪50年代，是伴随着国家现代化建设而展开的。中华人民共和国成立以来的国家现代化进程基本上可以分为三个阶段。一是“四个现代化”阶段（1949—1977年）。20世纪60年代中期，周恩来总理在第三届全国人民代表大会第一次会议上所作的《政府工作报告》中首先提出建设“四个现代化”，明确要“把我国建设成为一个具有现代农业、现代工业、现代国防和现代科学技术的社会主义强国”。“四个现代化”的核心是实现国家工业化，即把传统农业国变成现代工业国。二是“以经济建设为中心”阶段（1978—2011年）。1978年改革开放后，我党做出了“我国现在处于并将长期处于社会主义初级阶段”的论断，并强调社会主义初级阶段的主要矛盾是人民日益增长的物质文化需要同落后的社会生产之间的矛盾，必须以经济建设为中心①。20世纪70年代末，邓小平重新解释了“四个现代化”，如其所言：“我们要实现的四个现代化，是中国式的四个现代化。我们的

① 朱力．中国社会矛盾70年演变与化解．学海，2019（6）．

四个现代化的概念，不是像你们那样的现代化的概念，而是‘小康之家’。”[①] 1997 年党的十五大首次提出“两个一百年”奋斗目标，强调从 21 世纪开始，中国进入了全面建设小康社会，加快推进社会主义现代化的新的发展阶段。2012 年党的十八大清晰界定了“两个一百年”奋斗目标，即在中国共产党成立一百年时全面建成小康社会，在新中国成立一百年时建成富强民主文明和谐的社会主义现代化国家。三是现代化强国建设阶段（2012 年至今）。2017 年，习近平同志在党的十九大报告中强调，中国特色社会主义进入新时代，中国社会主要矛盾已经转化为人民日益增长的美好生活需要和不平衡不充分的发展之间的矛盾，并重申了“两个一百年”奋斗目标，正式将现代化强国建设分为两个阶段：一是从 2020 年到 2035 年，基本实现社会主义现代化；二是从 2035 年到本世纪中叶，建成富强民主文明和谐美丽的社会主义现代化强国。

与此相对应，中国特色高等教育体系主要经历了行业高等教育体系、区域高等教育体系、服务现代化强国建设高等教育新体系三个阶段。第一，行业高等教育体系的建立。20 世纪 50 年代，中国高等教育体系的建设在很大程度上遵循了国家中心战略，是一种“自上而下”的改造过程。为适应高度集中的计划经济体制，我们对旧中国遗留下来的与国民经济相脱节的高等教育体系进行改造，通过大规模的“院系调整”“强化工科”“大批院校归专业部门”等措施，建立了服务于行业经济的专业性高等教育体系。行业高等教育体系是行业经济的产物。行业高等教育体系的最大弊端是高校的同质性以及高等教育体系的僵化，无力支撑现代化强国建设。第二，区域高等教育体系的产生。1978 年改革开放以来，中国高等教育体系的改革在很大程度上遵循了市场导向战略，是一种“自下而上”的创生过程。社会主义市场经济体制的建立，直接推动了中国经济由行业经济向区域经济转变，行业高等教育体系难以满足区域经济蓬勃发展的需要。在市场力量的驱动下，为满足区域经济发展的需要，民办高校、职业学院等新的组织先后加入高等教育体系。在“211 工程”“985 工程”“双一流”建设的推动下，行业高校进行了“去行业化”和“为学术而学术”的转型，逐步向产教分离的通识

---

① 邓小平．邓小平文选：第 2 卷．2 版．北京：人民出版社，1994：237.

教育体系转变。由于资源配置中的政府干预，市场导向战略非但没能促进高等教育的多样性，反而加剧了高等教育的同质化。第三，服务现代化强国建设高等教育新体系的建构。行业高等教育体系建设坚持国家中心战略，区域高等教育体系建设遵循市场导向战略，这两种建设思路都没有取得应有的成效，前者是一种“自上而下”的变革，后者是一种“自下而上”的变革。国家中心战略过于刚性，市场导向战略容易无序。党的十八大以来，中国特色社会主义进入新时代，建设现代化强国成为时代主题。建设现代化强国需要高等教育体系与经济社会协同发展。习近平总书记在全国教育大会上明确提出，教育是国之大计、党之大计，必须在服务经济社会发展中建立中国特色高等教育新体系。建构服务于现代化强国建设的高质量高等教育新体系要吸取前两次变革的经验和教训，应采取“自上而下”和“自下而上”相结合的策略，充分发挥政府、市场、学校的作用，坚持“有为政府、有效市场”原则，上有政策，下有压力，学校才能真正准确定位、办出特色。应该说，中国特色高等教育体系的形成是一个历史演进的过程。变化的环境是高等教育体系不断改进的推动力，高等教育体系的建构受环境的影响，并努力适应环境的需求。

二、中国共产党学习借鉴世界高等教育模式

现代大学来源于欧洲中世纪的大学，欧洲中世纪大学最根本的学术价值观是学术自由和学术自治。随着现代民族国家的兴起，西方现代高等教育体系演化为两种理想类型：罗马传统的高等教育体系与盎格鲁-撒克逊传统的高等教育体系。前者是国家控制的一元结构，即高等教育系统的所有单位是一个大一统的正规结构的组成部分，它们具有共同的目标，由中央统一进行决策。后者是“社会选择”的结构，在这样的结构中，高等教育系统没有统一的目标，由各自治组织独立地进行决策[①]。这两大高等教育体系均源于中世纪大学。

---

① 克拉克．高等教育系统：学术组织的跨国研究．王承绪，徐辉，殷企平，等译．杭州：杭州大学出版社，1994：154.

（一）罗马传统的高等教育体系

1. 罗马传统高等教育体系的形成与发展

作为一个国际性的职业共同体，中世纪大学由教权、王权、城市自治权构成的综合权力体所控制。随着宗教势力的衰落和城市共和国的内讧，14世纪意大利出现了从自由城市过渡到地方性君主国的趋势，16世纪地方性君主国时代来临①。地方性君主国出现，大学开始由一个国际性组织演变为一个区域性组织，大学的外部权力结构开始发生变化。1630年瑞典君王在大学中创立了第一个政府与政治科学讲座，这是民族国家介入大学和学术比较早的一个实例。自此之后，国家开始定义知识的类型（什么知识是有用的），为大学设置办学目标（培养为国家服务的人才）。瑞典君王确立的大学服务民族国家的传统，1723年传入普鲁士，1729年传入皮埃蒙特，1774年传入奥地利，1789年传入俄国。1794年法国创办了巴黎综合理工学院（*École Polytechnique*），正式将工程技术教育置于高等教育系统的核心地位，确立了大学服务政府需要的理念。1810年洪堡改造柏林大学，开启了教学与科研相结合的现代大学模式，确立了大学公共服务机构的地位。19世纪后，大学与政府的关系日趋紧密，政府控制大学的模式为法律所确认，罗马传统的高等教育体系最终形成。

罗马传统的高等教育体系基于这样一种逻辑：高等教育权是国家主权的重要组成部分，对领土的统治权是政府拥有创办大学权力和管理大学权力的法理基础。罗马传统的高等教育体系具有三个主要特点：第一，拥有高等教育的国家体制。在这种体系下，所有的大学都处于政府当局的领导下，大学的经费几乎全部来自政府拨款。第二，政治系统与教育系统不分，大学一般不具有法人地位，教师一般具有公务员身份，政府拥有大学人事方面的特殊权力，使国家有可能对高等教育进行具体的监督和管理。第三，教育奉行国家主义的价值观。在培养目标上，强调培养人力的“成才”教育，忽视养成健全人格的“成人”教育，国家

---

① 褚宏启．走出中世纪：文艺复兴时代的教育情怀．北京：北京师范大学出版社，2000：106－107.

对大学课程的控制程度很深，大学被视为致力于国家福利事业的事业单位，应以尽量满足公共事业和企业的专业需求为己任。罗马传统高等教育体系的代表性国家有：意大利、瑞典、法国、德国、俄国、日本。

2. 专业教育的确立

专业教育理念是罗马传统的高等教育体系对世界高等教育的杰出贡献。虽然中世纪大学由文学、医学、神学、法学等专业学部构成，在某种程度上可视为培养教师、医师、神职人员、律师、国家官员的专业教育，但是从教育理念上进行阐明是 16 世纪以后的事情。在经院哲学时期，由于社会需要虔诚的僧侣，故人文主义教育理念开始主宰中世纪大学。在这种教育理念下，教育的中心放在人本身，放在人的灵魂本身，大学所关心的是如何塑造合格的基督徒以满足社会的需要。16 世纪，随着工业、农业和商业的快速发展，地方世俗政府要求大学培养世俗官员等实用人才。在新教的社会里产生了一种新的教育观：教育的功能应该是培养合格公民，大学应该为学生提供一些世俗的训练，“旨在提供给他一些派得上用场的知识，能够使他在条件有利的时候，承担日后将会选择的职业”①。处于新教中心的德意志诸邦进一步认为，科学教育所扮演的角色将会越来越重要，各门科学知识都将无一例外地得到教授。正如 17 世纪德国思想家莱布尼茨所宣称的，德国文化的特性之一，就是对于现实世界的偏好：“我愿意向意大利人和法国人，向利奥十世和弗朗索瓦一世致敬，感谢他们恢复了人文学科，但有一个前提，他们本身也认识到，处理现实的学问几乎无一例外地肇始于德国。”② 一百年后，这种教育理念传入法国。在这种教育理念的引导下，18 世纪中期德国、法国、俄国等地创立了第一批实科学校。1794 年 11 月 28 日，法国通过法律决定建立一所新型的、为公共工程服务的大学，这就是著名的巴黎综合理工学院。这所大学的创办不仅为世界高等教育提供了一种专业性大学的模式，而且实现了专业教育与精英教育的有机结合。从此，按专业实施教育成为现代高等教育的基本特征，专业教育理念在高等教育中取得了合法性地位。

---

① 涂尔干. 教育思想的演进. 李康，译. 上海：上海人民出版社，2003：396.

② 同①401.

专业教育是一个宽泛的概念，它包括综合性的学术教育、单科性的专业教育和职业教育，专业教育的不同表现形式与社会需求密切相关，社会需求对专业教育理念的形成与发展产生决定性的影响。专业教育中的“专业”包括两层意思：一是专门的学业，二是专门的职业。专门学业的教育，源于学科的高度分化；专门职业的教育，源于社会分工的细化。前者的合法性基础是高深学问，后者的合法性基础是社会需求。正因如此，现代大学专业设置的依据不但包括学科逻辑，也包括社会需求的逻辑。事实上，现代大学存在的一个重要理由是社会对专业人才的需要，正是为了满足社会的需要，高等教育才实施专业教育。专业教育随着法国高等教育的崛起而获得巨大成功，至今仍然是世界高等教育的主导模式。专业教育通过大学制度的通道实现了体制化，当今世界有单科性的专业大学，在大学中有专业性学院，在专业性学院中有专门的系科，专门的系科管理一个专业。高度分化的专业教育不仅出现在职业性学科中，而且出现在学术性学科中，专业教育既可以是职业性的，也可以是学术性的。因社会需求的变化，在专业教育理念的基础上，产生了职业教育理念和学术教育理念。

职业教育理念与专业教育理念密切相关，它是中世纪大学留给现代大学的宝贵遗产，罗马传统的高等教育体系将其发扬光大。中世纪大学的主要职能是培养律师、神职人员、医师等专门的职业人才，这实质上是一种职业教育。但是13世纪以后，主宰大学文化的是一种形式主义的逻辑训练，教育的目标不在于教给学生实际的知识，而在于培养他们一些纯属形式性的技能，要么是论辩的技艺，要么是自我表达的技艺①。这与早期基督教给大学建构的知识标准有关，依照它们的标准，只有宗教的、道德的、思想的活动，才能构成真正意义上、本质意义上的人的活动。教育的最高宗旨就是培养学生身上原本包含的人性的种子②。传授谋生手段的知识被认为是大学的“世俗功能”，而这些功能属于较低的等级，就这样，职业教育逐步被排除在大学模式之外。16世纪宗教改革后，人们开始感觉到，需要在迄今为止提供给学生的那种

① 涂尔干．教育思想的演进．李康，译．上海：上海人民出版社，2003：390.
② 同①393.

纯粹精神训练之外再补充些东西，再加上一种世俗训练，以便更好地让他们为现实生活做准备。夸美纽斯系统地阐述了这一原则："教育人民牢记自己的精神生活固然是很重要的，但是，也决不能丧失对世俗生活和公民生活的关注。""教育的所有内容，都必须对此生乃至来世具有真正的用途。""只有那些易于指明用途的东西才能教给学生。"① 随着近代工商业的发展，社会对实用人才的需求越来越大。在这种社会背景下，18 世纪初在德国出现了一种高于国民学校、排除古典倾向、注重实用知识的新型学校——实科学校，这是职业教育的萌芽。19 世纪，在大机器生产的驱动下，德国形成了"双元制"的职业教育模式，即学生在企业接受培训的同时，又在职业学校接受义务教育。第一个把职业教育理念引入高等教育系统的国家当属法国。随着法国大革命的到来，新兴的资产阶级取得了全面的胜利，迫切需要高等职业人才，而原有的大学不能满足这种需要。在这种背景下，从 18 世纪中叶开始，陆续出现了几所旨在为新兴工业部门培养专门技术人才的新型高等专业学院，如国立路桥学院（建于 1747 年）、造船学院（建于 1765 年）、巴黎高等矿业学院（建于 1783 年）等。这种新型高等专业学院被称为"大学校"，主要从事高等职业技术教育。自此之后，高等职业教育理念开始流入欧美诸国，不但对传统精英大学中的自由教育理念形成挑战，而且对现代学术教育形成强大冲击。因为这种教育理念强调大学为学生将来的职业做准备，大学的中心任务在于使学生获得良好的职业技能。二战后，随着高等教育的大众化，高等教育呈现出职业化趋势，培养人力的职业教育在高等教育领域最终取得了全面的合法性。

专业教育理念的另一个发展方向就是学术教育理念。在高等教育历史上，学术教育源于 19 世纪初洪堡创办的柏林大学。如果说中世纪大学早期是一个职业教育者的联盟，文艺复兴后的中世纪大学是一个人文学者的团体，那么洪堡之后的近代大学就是一个科学家的共同体②。一如上述，早期中世纪大学实质上是为学生提供职业资格的一种职业教育。"中世纪大学在很大程度上是职业性学校。它们训练学生掌握一定

---

① 涂尔干．教育思想的演进．李康，译．上海：上海人民出版社，2003：401－402.

② 王建华．高等教育的理想类型．高等教育研究，2010（1）.

的知识，以为从事法律、医学、教学这些世俗专业或献身教会工作所用。”[①] 早期中世纪大学是单科性的，萨勒诺大学是一个单科性医学院，博洛尼亚大学是一个单科性的法学院。直到巴黎大学出现，才正式确立了以文学院、法学院、医学院、神学院为基本构架的综合性大学。其中，文学院是基础学院，提供以“自由七艺”为核心的人文主义教育，这一传统后来为盎格鲁-撒克逊传统的高等教育体系所发扬光大；法学院、医学院、神学院是专门的学院，传授专门的职业知识。1810 年，洪堡以教学与科研相统一的理念改造柏林大学，奠定了学术教育在大学中的地位。此时的学术教育实质上是一种学术性的专业教育，这是对传统职业性的专业教育的一个重大突破。因为这种专业教育将学生的培养与科研训练紧密结合，科研既是教育学生的一种手段，也是整个教育的目的，大学教育的目的是培养学者而不是教师。在 19 世纪以前，科学研究不属于大学的职能，大学的功能仅限于保存和传播已有的自由知识。柏林大学确立了科学研究在大学的重要地位，并将科学研究与教学在人才培养过程中结合起来。洪堡认为，大学的首要任务是追求真理，科学研究应该与教学相结合，因为科学研究具有培养人的功能。为了实现科学研究与教学的结合，柏林大学创造出一种新的教学方式：习明纳（Seminar）教学法。习明纳教学法是一种研讨式的教学方法，其核心思想是：围绕学生感兴趣的问题组织教学，让学生单独或者以小组形式进行研究，获得解决问题的途径，然后写成研究报告，由学生做主题发言，组织学生小组讨论。这种旨在培养学者或者科学家的学术教育取得了巨大成功，使得以柏林大学为代表的德国大学成为世界大学的楷模。19 世纪后，德国大学的学术教育理念传到美国，直接促使约翰斯·霍普金斯人学建立，并由此开创了现代研究型大学的新范式。

由于过于关注学科分化和社会职业需要，专业教育忽视“整全人的培养”的弊端日益凸显。专业教育的极致是苏联的“对口式”专业教育，这种教育理念给高等教育带来了一系列的问题，其中最主要的是它破坏了高等教育的统一性和整体性，培养了精神贫乏的“单向度的人”。

---

① 克拉克．高等教育系统：学术组织的跨国研究．王承绪，徐辉，殷企平，等译．杭州：杭州大学出版社，1994：20.

尤其是职业主义理念的张扬导致大学教育过于职业化，越来越多的大学面临沦为职业培训机构的危险。正如赫钦斯所说的："职业主义使大学逐渐走向职业化，从而使大学对真理的追求逐渐被为生活做准备所取代。这造成了高等教育的极大困惑。"①

（二）盎格鲁-撒克逊传统的高等教育体系

1. 盎格鲁-撒克逊传统高等教育体系的形成与发展

盎格鲁-撒克逊传统的高等教育体系起源于中世纪巴黎大学的文学院。自巴黎大学确立了文学院、医学院、法学院、神学院四院制模式以后，以培养绅士为主的文学院与以培养医师、律师、牧师为主的职业学院之间便存在一种潜在的冲突。根据巴黎大学的模式，文学院传授的"自由七艺"是进入高等职业学院接受专门教育的基础。由于职业学院是为社会培养专门人才的，因此职业学院从一开始便受到政府的特别关注。随着民族国家的兴起，职业学院为政府所控制，而文学院仍由学者自己控制，实行学术自治。这种模式在 12 世纪末 13 世纪初传入英国，起初牛津大学以及其后的剑桥大学模仿巴黎大学的内部结构划分学部，但是很快文学部便在四部中处于核心地位，法学部、医学部、神学部等专业性学部日益边缘化，自由教育一枝独秀。15 世纪后，英国大学的寄宿制学院的地位日益凸显，由此产生著名的学院制。师生在共同的寄宿生活中保持密切的接触，又产生了导师制。学院制与导师制后来形成了英国所特有的大学概念：大学是一个以道德教育为主要任务的团体。"随着学院制组织的产生，相应地出现了使命方面的变化，即学院的使命以从事专业训练转移到从事道德教育，通过建立师生间的密切关系培养国教派的贵族和绅士美德，牛桥学院的这种使命与欧洲大陆普通教育机构的文学部或哲学部的使命相似，但是在欧洲大陆，这些学部至少在 18 世纪前只是从属于各个专业学部的预备阶段教育，而在同一时期，牛桥的专业学部却萎缩了。"② 到 18 世纪，牛津大学和剑桥大学的专业

① 单中惠，杨汉麟．西方教育学名著提要．南昌：江西人民出版社，2000：432.

② 范德格拉夫，等．学术权力：七国高等教育管理体制比较．2 版．王承绪，张维平，徐辉，等译．杭州：浙江教育出版社，2001：83－84.

教育进一步衰退，完全变成了非职业性的上流社会俱乐部，几乎完全与英国的艺术界和科技界分道扬镳。校外人士控制了大学，学术自治处于休眠状态，英国大学进入了“冰河期”。直到19世纪，随着校外影响的衰落，学者影响兴起，学术自治传统得到了恢复，并产生了新的大学治理结构。这一新的大学治理结构最初在伦敦大学学院成型，因为该校于1832年建立了一个评议会①。盎格鲁-撒克逊传统高等教育体系标准的两院制治理结构则产生于19世纪末。“然而真正的里程碑是1870年曼彻斯特欧文斯学院创立的一个实质上是校外人士和本校学者共同参与管理的现代模式，该模式后来很快成为英国的一种典范。”② 这种治理模式后来成为北美和其他英联邦大学的标准模式。

盎格鲁-撒克逊传统的高等教育体系基于这样一种逻辑：在高等教育中没有整合一切的统一目标，只有个人的目标和地域性的目标。由于国家只是地方社区的综合，因此高等教育体系应该是非政府性、非控制性的。盎格鲁-撒克逊传统的高等教育体系具有三个主要特点：第一，高等教育系统的结合是松散的。从根本上说，高等院校处于一种市场体制之下。“它更多的是一种社会选择，是根源于各自治院校间竞争的相互作用和自愿模仿的结果。”③ 第二，政治系统与教育系统分离，大学一般都具有法人地位。人们普遍认同大学自治和学术自由价值观的理念。“由于特定传统的尊重院校自治和个人的学术自由，政府‘羞于’提出国家的目标。”④ 然而，社会通过市场机制对大学提出了自己的需求，因此，大学十分重视学术研究和应用推广。第三，人文主义的绅士教育受到重视。在培养目标上，以养成健全人格的“成人”教育为主，以培养人力的“成才”教育为辅。尽管大学理念不断创新，但英美古老的自由教育理念一直是盎格鲁-撒克逊传统的高等教育体系的核心价值观。“由于英国大学一直重视道德教育，因此职业训练往往只在大学使命观中占次要地位，……虽然高水平的技术教育在大学中已占有一席之

①② 范德格拉夫，等．学术权力：七国高等教育管理体制比较．2版．王承绪，张维平，徐辉，等译．杭州：浙江教育出版社，2001：87.

③ 克拉克．高等教育系统：学术组织的跨国研究．王承绪，徐辉，殷企平，等译．杭州：杭州大学出版社，1994：155.

④ 同③160.

地，但是这些大学的首要使命仍然是进行绅士教育。”① 盎格鲁-撒克逊传统高等教育体系的代表性国家有：英国、美国、澳大利亚、加拿大、新西兰，这些国家对世界高等教育的最大贡献便是传承与创新了自由教育理念。

2. 自由教育的确立

作为一种以理智培养为目的的教育，自由教育源自古希腊。在古希腊，自由教育是少数“自由人”的特权。这种等级性的教育得到了“身心二元说”的强力支撑：上层社会控制下层社会就如同头脑控制身体。因此，最适合上层社会的教育自然是理性教育。“智力能得到高度发展的人在人口中只占很小比例，因为正如亚里士多德指出的，理智教育包括抽象与概括这些无疑构成学习中最困难部分的思维功能。”② 古希腊的这种自由教育传统先是在中世纪的巴黎大学得到了体现，巴黎大学的文学院就以“自由七艺”为主要教育内容，然后传入牛津大学。文艺复兴之后，文学院中的自由教育逐渐演变为大学的人文主义教育，对近代盎格鲁-撒克逊传统的高等教育体系产生了深远的影响。近代自由教育的思想集中反映在纽曼的《大学的理念》一书中。纽曼十分重视自由教育的理性内容，如其所言：“自由教育本身仅仅是发展理智，它的目标就是获得杰出的理智。”③ 纽曼进一步断言，理智的行动等同于理论的思考，因为理论的思考扩大了人的想象中的行动范围。由此，纽曼得出了理论教育是自由教育的核心的结论。自由教育中具有内在理智特色的理念在盎格鲁-撒克逊传统的国家得到了进一步的阐发。美国学者安德逊认为，自由教育就是要过一种理性的生活，理性的生活可以被说成是观察和沉思的生活。美国学者布鲁贝克进一步认为，没有哪一类人类活动比这种理性生活更接近亚里士多德所谓的“神的活动”④。

自由教育在20世纪被建基于永恒的人性。柏拉图有一个经典假设，即人性本质上是理性的，因此，自由教育的目标对于一切人在任何时间

---

① 范德格拉夫，等．学术权力：七国高等教育管理体制比较．2版．王承绪，张维平，徐辉，等译．杭州：浙江教育出版社，2001：88.

②③ 布鲁贝克．高等教育哲学．王承绪，郑继伟，张维平，等译．杭州：浙江教育出版社，2002：76.

④ 同②76－77.

和地方都是相同的。自由教育就是要抽绎出无时无地不相同的共同人性。“教育一个人使他适应某种特殊环境，这种观念是与自由教育的真正思想格格不入的。”① 美国学者赫钦斯进一步认为，这种自由教育只可能存在于“名著”中，名著之所以伟大是因为它们对任何时代都是有意义的②。顺着这一思路，人们很自然地得出，在课程中存在一些永恒的“自由学科”。古希腊的“七艺”中分为“三艺”（文法、修辞、逻辑）、“四科”（算术、几何、天文、音乐），其中，“三艺”历经千年几乎不变，体现了很强的稳定性，这说明人的理性在各个历史时代都是相同的。因此，“三艺”作为自由学科，在现代和古代一样，应该成为课程的基础。由于数学越来越被看作逻辑的近亲和科学的语言，因此应该从“四科”转入“三艺”。“经过这样重组的‘三艺’将成为典型的智力学科。因为这些学科明显是一种永恒学问，因为它们本质上是自由的。”③ 如果高等教育要深深地扎根于自由学科，就应该思考什么知识最有价值这一问题。价值标准只能是教材中包含理智内容的比例，一些学科比另外一些学科有更多的理智成分，因此前者更有价值。经典包含的理智成分最多，因此学习经典名著是最有效的自由教育。自由教育不但强调自由学科，而且强调学习自由学科的动机。自由教育强调为知识而知识，强调自由教育本身就是有价值的。带有强烈功利目的的学习与自由教育无关。“求知是一种具有自身合理性的活动，因此，知识本身就是一种报答。”④ 知识具有如此“无可否认的益处，以至于它足以补偿在探索中付出的大量艰苦的思考和所遇到的大量困难”⑤。

作为一种古老的人文主义教育传统，自由教育理念在现代科学兴起之时遇到了严重挑战。工业革命引发了社会对自然科学和实用学科的强大需求，为了满足社会对科学的普遍兴趣，近代自然科学开始进入英国大学课堂，大学课程开始世俗化。培根提出“知识就是力量”的口号昭示科学脱离哲学取得了独立地位。在这种背景下，英国的斯宾塞对“什

---

①② 布鲁贝克．高等教育哲学．王承绪，郑继伟，张维平，等译．杭州：浙江教育出版社，2002：77.

③ 同①78.

④ 同①79.

⑤ 同①27.

么知识最有价值”提出了另一种回答。“最重要的知识是科学”，“有最大价值的知识是科学”，“为了智慧、道德、宗教训练的目的，最有效的学习还是科学”[①]。科学与技术进入大学，自由学科、自由教育统治盎格鲁-撒克逊大学的根基开始动摇。在这种背景下，纽曼对自由教育进行了重新解释。他认为，自由教育不是漠视社会的现实需求，而是从培养人的理智的高度去回应社会的需求。然而，在社会对专业教育的功利需求日趋强大的时代，纽曼对古典自由教育理念的辩解显得苍白无力。自由教育理念要维持自己的合法性，必须部分吸收专业教育理念。通识教育便是自由教育与专业教育和解的产物。

通识教育理念是美国高等教育对世界的贡献。通识教育理念是在对专业教育、职业教育批评的基础上形成的。20 世纪初，为了适应社会经济的快速发展，美国高等教育中盛行职业主义的理念，培养理智的自由教育在现代大学中日渐式微。为了弥补专业教育与职业主义的偏狭，通识教育作为自由教育的替代物被提出来。通识教育理念集中反映在赫钦斯的《美国高等教育》（1936）一书中。作为永恒主义教育的代表，赫钦斯对美国高等教育中的职业主义进行了严厉的批判。他认为职业主义给大学带来诸多不良后果：第一，职业主义导致大学课程的庞杂和混乱；第二，由于职业主义观念主导下的课程设置仅局限于那些与经验、传统或国家考试有关的学科，致使课程的智力含量降低，经验比重上升，这无助于大学的知识积累和创新；第三，职业主义剥夺了大学存在的合理性依据，通过功利或结果的压力剥夺了大学为自由追求真理提供场所的借口[②]。赫钦斯认为，通识教育是一种人人都应该接受的教育，是属于所有人的教育，这种教育对每一个人都是有用的。通识教育对大学具有特别重要的意义：第一，通识教育是大学的本质特征之一，是大学合法存在的基础，没有通识教育就不能成其为大学。“这是由于通识教育能为大学各专业、各系科的人提供共同的根本观念，使不同专业和部类之间具有交流的基础，只有这样才能真正把大学联结成一个有机整体，否则大学只是不同部类的松散集合，难以发挥出大学自身

① 斯宾塞．斯宾塞教育论著选．胡毅，王承绪，译．北京：人民教育出版社，1997：91.
② 单中惠，杨汉麟．西方教育学名著提要．南昌：江西人民出版社，2000：432－433.

的功用。”[1] 第二，通识教育可以为学生的进一步学习做准备，有助于学生日后更好地理解这个世界，同时，有助于学生形成审美标准和批判准则，养成对社会现象进行批判性思考的智力美德。智力美德是一种通过智力培养而形成的追求真理的习惯，有助于智力美德养成的教育是最有用的教育形式[2]。通识教育的核心内容是永恒学习，这种学习能抽绎出人性中的共同要素，能实现人与人之间的联系，能将学生与人类文明的精华联系在一起。通识教育源于自由教育，但通识教育不同于自由教育。自由教育重在对人理智的培养，通识教育意在强调高等教育中知识的融会贯通；自由教育与专业教育（职业教育）是相互排斥的，通识教育与专业教育（职业教育）则是相互融合的。由于通识教育旨在克服大学学术上的分裂和专业化，扩大学生的视野，因此，在大学中设置综合核心课程就成为加强通识教育的现实可行的方案。美国学者博耶明确提出："通识教育的使命是要使一个学科的有关内容涉及另外一个学科。学科之间的桥梁必须建立起来，而通识教育的核心计划最终应被看作课程与生活的密切联系。”[3] 博耶认为，“综合核心课程”是通识教育的实现方案，这种课程本身关心的是那些人类所共有的普通经验以及共同活动，没有这些活动，人类之间的关系将受损害，生活也会黯然失色。“我们所说的综合核心课程是指这样一种通识教育计划，它不仅向学生介绍最基本的知识，而且也让学生知道各个学科之间的联系，以及这些知识在学校以外生活中的应用。”[4] 博耶认为，语言、艺术、渊源、制度、自然、工作、认同等七个领域能够使课程计划与人类共同经验联系起来，这七个领域组成了大学综合核心课程，这就是通识教育的学术框架。这些综合核心课程是任何专门教育的有益补充。当学生的学习从深度向广度发展，带着关于人生的价值和意义的问题进入专门学习领域时，通识教育的综合知识会对主科的学习有促进作用。“一个以适当的方式设计的学士学位计划中，通识教育与专业教育应该是紧密结合在一

---

① 单中惠，杨汉麟．西方教育学名著提要．南昌：江西人民出版社，2000：434.

② 同①435.

③④ 博耶．美国大学教育：现状・经验・问题及对策．复旦大学高等教育研究所，译．上海：复旦大学出版社，1988：106.

起的。”[①]

自由教育理念的另一个方面的创新表现在与学术教育理念的和解。英国古典自由教育理念强调大学的主要目的是教学，而不是研究。正如纽曼在《大学的理念》中所言：“我对大学采取了下述看法——它是一个传授所有知识的场所，这意味着，一方面，大学的目的是理智的而非道德的；另一方面，它是以传播和推广知识而非增扩知识为目的。”“如果大学的目的是进行科学和哲学的发现，我不明白为什么一所大学要有学生。”[②] 美国学者认为，自由教育理念与学术教育理念有共同的哲学基础——认识论高等教育哲学，正是在这一基础上，盎格鲁-撒克逊传统高等教育体系建立了自己的学术教育理念。在美国殖民地时期，从英国传入的学院在美国提供高等教育，但是与欧洲大陆的学院相比，这些英国式的学院仅相当于德国的文科中学、法国的国立中学。此时主导美国高等教育的是英式自由教育的模式。直到 19 世纪中期后，德国大学的学术教育理念传入了美国，诞生了一些德国模式的新大学，最早的是 1876 年创办的约翰斯·霍普金斯大学。这种新的大学模式以研究生教育为重点、以科学研究与人才训练相结合为主要职能。由于研究成果在彰显大学的独立性方面越来越重要，高等教育开始主要将认识论哲学作为合法存在的根据。“探讨深奥的实际知识是学术事业不证自明的目的”，“大学之所以存在不在于传授给学生知识，也不在于提供给教师的研究机会，而在于在‘富于想象’地探讨学问中把年轻人和老一辈联合起来。由积极的想象所产生的激动气氛转化了知识”[③]。学术教育的目的也是培养人的理性、理智和心灵，正是在这一点上，自由教育理念与学术教育理念有了沟通的可能性。

美国的学术教育虽然源自德国，但是不同于德国的学术教育。随着研究生教育的制度化（研究生院），美国逐渐产生了一种不同于德国的

---

① 博耶．美国大学教育：现状·经验·问题及对策．复旦大学高等教育研究所，译．上海：复旦大学出版社，1988：117.

② NEWMAN J H. The idea of a university. Notre Dame：University of Notre Dame Press，1982.

③ 布鲁贝克．高等教育哲学．王承绪，郑继伟，张维平，等译．杭州：浙江教育出版社，2002：12-15.

学术教育模式：研究型大学。与德国学术教育重心放在本科生上不同，美国学术教育以博士学位教育为中心。这种研究型大学把其合法性基础建立在高深学问的基础之上，以对新知识的探究取代对普遍知识和自由知识的传播。研究型大学对科研高度重视，以博士研究生教育为主体的学术教育成为整个高等教育的核心，以至于大学的本科教学日渐边沿化，教学与科研的矛盾不断加深。在此背景下，引发了人们对高等教育理想的激烈争论。美国学者奥尔特加明确提出，大学应该排除科研活动，集中进行自由教育和专业教育①。然而，更多的人却认为科学研究是大学合法的职能，教学和科研能够在一个校园中共存。随着研究型大学在生产学术知识中的优势越来越明显，学术教育日渐取得了主导地位。“由于一流大学的示范效应，当前对于学术教育的重视已不局限在研究型大学，通过规范化和模仿等机制的作用，整个高等教育系统中学术教育的优势越来越明显。”② 学术教育与专业教育也由冲突关系变成了合作关系。“我们既需要专业方面的高深学问，也需要研究方面的高深学问。经验即历史表明，当两方面需要结合起来的时候，它们各自都得到繁荣并发展。”③ 研究型大学的崛起不但使美国走向高等教育强国，而且是成就其科技强国和经济强国地位的主要原因之一。正因如此，研究型大学的理念引起了世界各国的高度关注。当前提高科研水平，建设一流研究型大学正成为世界各国建设高等教育强国的战略选择。

由于高深学问信奉理性主义，因此，研究型大学的出现使理性更加张扬，人文更加式微。用感觉、直觉、精神等非理性方法去探讨真理为学术教育所排斥，这严重削弱了更广泛的探讨真理的可能性。在这种背景下，学术教育中的纯理性、为知识而知识的传统遭到了严厉批评，一位批评家的观点很有代表性。如其所言：“正像信仰的时代要受到理性的审判一样，现在，理性的时代必须接受感情的审判。杰出的思想先驱们已经提醒人们注意那些被理性时代所压抑的东西。”④ 美国学者加拉

---

① 布鲁贝克．高等教育哲学．王承绪，郑继伟，张维平，等译．杭州：浙江教育出版社，2002：4.

② 王建华．高等教育的理想类型．高等教育研究，2010（1）.

③ 同①25.

④ 同①26.

赫甚至提出要用存在主义的大学来取代研究型大学。“在这样的大学里，学生不受传统的刻板的学术要求的束缚，他们可以自由地去绘画、录音、写作、即席演讲，可以学习非西方的、非理性主义的文化，例如东方文化。学生自己决定什么时候离开这种院校，离开的时候发一个听课证书，然后可以继续学习比较系统的课程，或者参加工作。”①

两大高等教育体系的分化与融合推动了世界学术中心的转移。最近500年来，世界先后出现了四大学术中心，即英国、法国、德国和美国。实际上，世界最早的学术中心是16世纪的意大利，世界学术中心17世纪转移到英国、18世纪转移到法国、19世纪转移到德国、20世纪转移到美国。在这个过程中，专业教育取代了古典人文教育，学术教育取代了博雅教育。直到18世纪末，西方高等教育主要是一种古典的人文教育。到了19世纪，这种高等教育的概念被学术性的专业教育所取代。在法国，这是通过建立一系列专业学院和研究机构来实现的。在大革命中被废除的大学直到19世纪末才被重建起来，中央政府严格控制了这一体系中等级森严和功能分化的部分。相比之下，19世纪在德国的改革是通过重振大学来进行的，而德国政府对大学的控制相对较少。因此，学术职业在德国比在法国有更大的权力，科学研究成为大学最重要的职能。到了19世纪末，德国模式被认为是最成功的，主要是因为它将科研与教学结合在一起，英国和美国对此进行了有选择的模仿。在英国，政府的控制比德国更小，教师崇尚学术自由和学术自治，他们在某种程度上比德国更接近德国的理想。美国仿效了基于研究的专业化发展的趋势，但后来有了一个主要的区别：在本科院校的通识教育中增加研究生院。简单地说，德国和法国没有本科生院，英国没有研究生院，而美国两者都有。这四个国家被本·戴维称为高等教育的中心国家，因为这些国家对世界其他地区，即边缘国家的高等教育结构和课程产生了极不相称的影响。如其所言：“直到今天，现代高等教育仅仅只是在欧洲和北美发展起来了，其他地方的高等教育很大程度上是欧洲和北美模式的翻版，都还无法动摇欧美高等教育的领先地位。”这种“中心-边

---

① 布鲁贝克．高等教育哲学．王承绪，郑继伟，张维平，等译．杭州：浙江教育出版社，2002：27.

缘”二分法强调将研究聚焦于少数发达国家，忽视其他发展中国家的高等教育经验，本质上是一种“西方中心论”。事实上，欧洲大陆高等教育体系曾经受到中国科举制度的影响。近年来，随着以中国为代表的东亚高等教育的崛起，这种理论的解释力受到越来越多的质疑。“中心-边缘”理论与全球文明对话时代的精神也格格不入。

三、中国共产党传承创新高等教育中国模式

在悠久的文明发展历程中，中国呈现出一种与欧美国家截然不同的学术价值体系。中国传统的高等教育，无论从形式还是从内涵上来说，都与西方国家有着重大的差别[①]。中国高等教育的历史源远流长，三言两语难以概括。

历史学旨在描述稳定与变革的关系，历史的常态是长时段的稳定与短暂的变革交替进行的。一般来说，变革期能够提供更多的历史信息，因此研究变革期比研究稳定期更为可取。根据这一方法论，我们选取四个历史片段进行描述。第一个历史片段是五帝与成均。传说五帝时期中国就有高等教育机构，据汉代董仲舒考证，“五帝名大学曰成均”，“成均”是中国最早的高等教育机构的名称。“成均”是官学，学在王官一直是中国高等教育的道南正脉。第二个历史片段是孔子与私学。春秋战国时期，天子失官、学在四夷，私人讲学逐渐兴起。“私学”是春秋战国时期主要的高等教育机构。其后，中国高等教育沿着官学、私学两条轨道并行不悖。第三个历史片段是董仲舒与太学。公元前124年，汉武帝采纳董仲舒的建议，为博士置弟子职，太学正式成立。“太学”是汉武帝以后历代工朝主要的高等教育机构，是官学。第四个历史片段是朱熹与书院。宋代大儒朱熹将晚唐出现的、宋代渐兴的书院理论化、制度化、合法化，产生了中国古典大学，“书院”是私学。“太学”和“书院”是中国古典高等教育机构的杰出代表。中国古典高等教育有两个特点：一是重视人文教育。正如儒学原始经典《大学》所言：“大学之道，

① 许美德．中国大学1895—1995：一个文化冲突的世纪．许洁英，译．北京：教育科学出版社，2000：26.

在明明德，在亲民，在止于至善。”教育的目的是“明明德”，以修身为本，进而齐家、治国、平天下、配天地。二是强调教育的政治目的。所谓“建国君民，教学为先”，“化民成俗，其必由学”。科举制度更是将教育系统与政治系统整合在一起。这种“政学结合”的科举制度17世纪传入欧洲，欧洲人将科举制度视为一种先进的制度文明进行模仿，不但据此建立现代文官制度（公务员制度），而且作为处理大学与政府关系的基本模式，这深深地影响罗马传统的高等教育体系。

中国高等教育的现代化至今只有一百多年。鸦片战争警醒了中国人，为了保种保教，有识之士提出了“师夷长技以制夷”，纷纷兴办了类似于西方大学的洋学堂，最具代表性的是北洋大学、南洋公学、京师大学堂。北洋大学是天津大学的前身，京师大学堂后改名为北京大学，南洋公学则演化出上海交通大学、西安交通大学等名校。如上所述，世界上有两大高等教育体系：一个是罗马传统的高等教育体系，以欧洲大陆的德国、法国为代表；一个是盎格鲁-撒克逊传统的高等教育体系，以英国、美国为代表。前者强调政府管治大学，大学为实现国家目的服务；后者强调大学自治，学术自由。中国高等教育现代化的一个突出特点是模仿多于创新。一百多年来，我们时而学习欧洲大陆，时而学习英美。晚清创办的京师大学堂是模仿日本东京大学建立的，日本东京大学的模板则来自法国和德国，是一种典型的欧洲大陆模式。民国时期，中国大学开始学习美国，试图建立一种盎格鲁-撒克逊传统高等教育体系。新中国成立之后，我们全面学习苏联，强调社会需求逻辑，中国大学再次回到欧洲大陆模式。改革开放之后，我们又开始学习美国，强调学科逻辑。百年高等教育现代化，中国大学始终处于学科逻辑和社会需求逻辑的文化冲突之中。世界著名中国高等教育专家许美德教授在《中国大学1895—1995：一个文化冲突的世纪》中谈道：中国大学的百年模仿并没有寻找到一条适合中国大学自身发展的道路。其实，中国高等教育还有一个重要来源，即中国共产党在革命战争年代创办的新型高等教育机构。中国近代高等教育主要有两个来源：一个是鸦片战争后，受到西方坚船利炮和科技发展的冲击，一批新式教育机构开始在中国设立，北洋大学、南洋公学、京师大学堂等逐渐发展起来；另一个是中国共产党在革命战争年代创办的抗日军政大学、陕北公学、延安女子学院、鲁迅艺术学院等一批高校。以“延安模式”为代表的中国共产党建立的新型高等教育集中体现了中国近代高等教育创新的一面。“延安模式”以马克思主义为指导，坚持党的领导与校长负责有机结合，实行德育为先、学以致用的教育方针，以培养德才兼备的领导干部、高级专门人才为主要任务，建立教学、科研、生产“三位一体”的人才培养模式。“延安模式”为新中国高等教育提供了思想理念、治理框架、办学模式，影响了新中国高等教育的发展历程①。

对中国高等教育影响深远的还有20世纪50年代的“全面学苏”。20世纪50年代随着冷战的形成，中国高等教育效仿苏联经验，建立了高等教育体制，直接为社会主义建设服务。其时，中国人民大学在所有高校中发挥示范作用，引领着中国哲学社会科学的教学和研究。正如许美德所言：“诸如计委、财政部等国家要害部门的主要领导干部都是由人民大学培养或再培养出来的。除此之外，人民大学还负责为高校培训一支过硬的政工干部队伍，以保证在高校和学术队伍中始终坚持马克思主义和党的原则。”② 物极必反，到了20世纪50年代末期，中苏之间发生意见分歧，对于高等教育的全面学苏产生了一种“爆发性的剧烈反应”③。20世纪60年代，中国重新回到早在延安时期就提出的“自力更生”的发展道路上来。“在革命战争年代诞生的边区大学，是在相当艰苦的条件下创办和生存的。这些大学实际上是为党的机关、军队和刚建立不久的边区政府培养输送干部。其中最有名的是当时的抗日军政大学（抗大），它直属于军队的管辖，主要是培养政治和军事人才，培训期为六个月。延安大学则是直接由中国共产党领导，下设艺术学院、理学院、公共管理学院和医学院。延安大学的培训期为2～3年，视具体专业而定。”④ 在当时的边区大学中，没有正规、固定的教学内容，以社

---

① 周光礼．扎根中国大地：创办世界一流大学的方法论．探索与争鸣，2018（6）．

②③ 许美德．中国大学1895—1995：一个文化冲突的世纪．许洁英，译．北京：教育科学出版社，2000：39．

④ 许美德．中国大学1895—1995：一个文化冲突的世纪．许洁英，译．北京：教育科学出版社，2000：39-40．

会实践为导向，融多学科于一体，这与中国古代书院的传统十分相似。中国传统知识价值观的核心就是强调以实践为基础的认识论，坚持整体主义、抵制学科分类。毛泽东在《湖南自修大学创立宣言》中说："回看书院，形式上的坏处虽然也有，但上面所举学校的坏处[①]则没有。一来是师生的感情甚笃；二来，没有教授管理，但为精神往来，自由研究；三来，课程简而研讨周，可以优游暇豫，玩索有得。"[②]

中国高等教育的现代化究竟是对欧洲大学模式的模仿，还是中国本土传统的复兴？这个问题涉及高等教育的中国模式。有人认为中国大学在世界高等教育版图中依然处于边缘地位，但无可否认，近年来中国大学相对于其他亚非拉等发展中国家的大学，的确取得了很大的成就。我们判断究竟有没有一种高等教育发展的"中国模式"，就看中国高等教育的发展有没有自己的特殊性，能否为全球高等教育的发展提供实质性的启示与借鉴。应该说，中国一流大学与英美一流大学不同，前者基本上都是在学习和模仿西方大学的基础上由中央政府直接设置、管理和拨款，大学直接服务于国家，政府在政策制定、资源配置等方面对这些大学的支持力度远远超过其他一般大学。

要准确把握高等教育发展的"中国模式"，需要选择适当的角度进行讨论。首先，从文化传统来看，中国有不同于西方的大学概念。西方主流的大学概念是3A原则，即学术自由、学术自治、学术中立。所谓学术自由，就是"学者可以自由地追随一个观点，而不论其倒向何方"；所谓学术自治，就是大学办学要排除外部一切干预（包括政府干预），使大学成为"国中之国"和"独立王国"；所谓学术中立，强调任何宗教团体和政党不能插手教育。中国传统的大学概念与此完全不同。中国本土的大学概念是："大学之道，在明明德，在亲民，在止于至善。"这种大学概念包含两层意思：一是强调立德树人。大学的目的是明明德，以修身为本，进而齐家、治国、平天下、配天地。二是强调大学的政治目的。大学是为政治服务的，接受政府的领导和管制，科举制就将学术

---

① 指师生之间没有感情；用一种划一的机械的教授法和管理法去戕贼人性；钟点过多，课程过繁。

② 张允侯，殷叙彝，洪清祥，等．五四时期的社团（一）．北京：生活·读书·新知三联书店，1979：72－73.

系统和政治系统合二为一，所谓学而优则仕。这种政治系统与学术系统交叉融合的大学概念在东亚儒家文化圈普遍扩散，甚至在 17 世纪传播到欧洲，深深地影响了欧洲大陆的大学概念。正是这种独特的大学概念塑造了中国独特的高等教育制度。事实上，真正的世界一流大学十分倚重本土的文化传统。如果“在大学的文化、组织环境中缺失了‘大学’这一概念，要创建一所大学就会举步维艰；大环境一旦存在建构‘大学’的蓝图或模式，大学的整个创建过程就会轻而易举”①。其次，从高等教育治理来看，中国有不同于西方的治理模式。根据政府与市场在高等教育资源配置中的作用的不同，可以将高等教育治理分为两种基本模式：科层模式和市场模式。英美发达国家的高等教育治理是典型的市场模式，即英美高等教育系统的分层原则是以各个院校相互竞争为基础的，正如马丁·特罗所言：“各个院校通过在市场上竞争获得有助于提升学术名望的条件，如学术声誉、著名教授、研究经费、捐赠等，从而提高院校地位。在这种地位体系里，决定一所院校名望和生存机会的因素是在上述竞争市场上的成功与否。”② 中国高等教育治理则是一种科层模式，即高等教育系统的分层原则是政府主导的，大学等级是由政府分配给各院校和高等教育各部门的职能、权利、特权和资源决定的。其分配方式是政府政策和其他措施的反映，而政府正是通过这些政策和措施来控制由其提供经费的院校的学术地位的。由此可见，与英美发达国家的高等教育治理不同，政府行为在中国高等教育治理中扮演了重要的角色。从文化传统和高等教育治理方式来看，中国高等教育发展确有其特别之处，强调政府在高等教育发展中的作用是其突出特点。

习近平总书记对高等教育的中国模式有深刻的阐述。习近平总书记认为，中国有独特的历史、独特的文化、独特的国情，决定我们只能走中国特色的教育现代化之路，扎根中国大地办教育。扎根中国大地办教育的思想充分体现了习近平总书记的中国逻辑③。扎根中国大地办教育要做到以下几点：首先，要扎中华传统文化之根。加快高等教育现代

---

① 冈伯特．高等教育社会学．朱志勇，范晓慧，译．北京：北京大学出版社，2013：180.

② 克拉克．高等教育新论：多学科的研究．2 版．王承绪，徐辉，郑继伟，等译．杭州：浙江教育出版社，2001：182.

③ 周光礼．扎根中国大地：创办世界一流大学的方法论．探索与争鸣，2018 (6).

化、建设高等教育强国，必须植根于中国本土文化。中华文明源远流长，在教育上有两个基本传统：重视古典人文教育与强调教育的政治功能。“坚持把立德树人作为根本任务”是对古典人文教育的继承与发展，“坚持把服务中华民族伟大复兴作为教育的重要使命”和“坚持社会主义办学方向”是教育政治功能的具体体现。其次，要扎国家制度之根。党政军民学，东西南北中，党是领导一切的。我国《宪法》明确规定，中国共产党领导是中国特色社会主义最本质的特征。坚持和完善党的领导，是党和国家的根本所在、命脉所在，是全国各族人民的利益所在、幸福所在。“坚持党对教育事业的全面领导”是我们基本政治制度的具体体现，也是办好中国教育的关键。再次，要扎基本国情之根。我们要办知中国、服务中国的学校，要办知中国、服务中国的教育。我国的基本国情是“一变两不变”，即社会主要矛盾已经发生改变，中国处于并将长期处于社会主义初级阶段以及中国作为世界上最大的发展中国家的国际地位没有变。发展中国家赶超发达国家的一个共同战略是优先发展教育事业。“坚持优先发展教育事业”是对基本国情的深刻把握。最后，要扎教育规律之根，扎根中国大地办教育要遵循教育规律。为此，我们既要坚持教育改革创新，善于从中国的实践中总结带有规律性的东西；也要遵循世界文明的共同轨迹，善于吸收西方发达国家先进的教育经验。“坚持深化教育改革创新”就是以改革开放为核心的时代精神的反映。

第二章
大革命时期和土地革命战争时期的高等教育（1921—1936年）

1919年五四运动以后，马列主义传到了中国，解决了中国革命的道路问题。随着革命道路问题的解决，共产主义知识分子意识到，中国教育的革新也必须以马列主义为指针。为推进革命事业的发展，把马克思主义的普遍原理同中国革命的具体实践结合起来，中国共产党及其领导人十分重视教育工作，尤其是劳动群众中的教育工作，探索劳动教育、群众教育、干部教育、军事教育问题。在高等教育领域，最具代表性的是湖南自修大学及其后的革命根据地高等教育。

一、湖南自修大学与大革命时期的实践探索

自1921年中国共产党成立以后，我党将工农教育作为革命的有力武器，工农运动得到蓬勃发展。为了有效组织和发展工农运动，传播马克思主义，培养革命干部，早期共产党人创办了一批新型大学，第一所即湖南自修大学①。这所学校承接了中国传统书院和西方现代大学的形式与内容，对于中国共产党的早期革命、毛泽东教育思想的研究以及中国建设新型大学的探索与尝试而言，都具有非常重要的历史地位。

（一）湖南自修大学的创办始末

湖南自修大学的创办历史可以顺着时间轴分别向前后延伸：一方面，湖南自修大学是在长沙思贤讲舍、船山学社的办学地址上发展起来的文化教育机构；另一方面，湖南自修大学在被迫关闭后，中共湖南省委筹办的湘江学校又在实际上延续了湖南自修大学的传统，不仅大部分学生被转移到湘江学校，而且也继承了湖南自修大学的办学特色和革命精神。

---

① 孙海林．毛泽东早期干部教育实践与教育思想研究：湖南自修大学的创办始末、经验及意义．湖南第一师范学报，2006（2）．

1. 思贤讲舍

湖南自修大学与思贤讲舍和船山学社位于同一地址（见图 2-1），三者的发展演变不仅反映了不同时代的教育思想，也体现出不同阶级的教育理念，既具有前后相续性，又在性质和内容上存在根本区别。同治十一年（1872 年），为感念曾国藩在湘为官，百姓自发筹集钱款，在长沙小吴门正街建立了曾文正公祠。思贤讲舍于 1881 年 5 月 13 日创立[①]，此时正处于清末洋务派发起洋务运动的时期，著名洋务运动理论家郭嵩焘在回到湖南后，将曾国藩祠旁边的校经堂改为思贤讲舍，聚徒授学，以光显曾氏[②]。由郭嵩焘创办的思贤讲舍并非严格意义上的中国传统书院，无论从教育思想、教学内容，还是教学形式和方法上，用郭嵩焘自己的话来说是："总须异乎今世之书院学馆"[③]。

图 2-1　民国初年的曾国藩祠与船山学社旧址

资料来源：长沙市文物考古研究所。

从教育思想上看，作为洋务派的代表人物，郭嵩焘希望思贤讲舍能够"讲求征实致用之学"，发挥"整顿人心风俗"的社会教化作用，在一定程度上开通社会风气、逆转不良人心风俗，相对于清末的书院而言具有一定的进步性。从教学内容上看，郭嵩焘赞扬英国的高等教育各有专攻而又互相弥补[④]，还考察过日本的高等教育，因此，他在思贤讲舍

① 彭平一．从思贤讲舍到湖南自修大学．株洲师范高等专科学校学报，2000（2）．

② 许顺富．论郭嵩焘与思贤讲舍和禁烟公社．船山学刊，2002（4）．

③ 郭嵩焘．郭嵩焘日记：第 3 卷．长沙：湖南人民出版社，1982：907．

④ 郭嵩焘．伦敦与巴黎日记．长沙：岳麓书社，2008：370．

的教学内容方面一再强调要以实用为导向："一皆致之实用，不为虚文"。受到时代观念的限制，尽管他认识到要在思贤讲舍中办实学，但是这里的实学主要还是"经世之书"[①]。他还订阅了《申报》来开阔读书人的视野，在思贤讲舍中鼓励学生关注"时务"。从教学方法上看，郭嵩焘将思贤讲舍与禁烟公社结合起来，打破"两耳不闻窗外事"的传统教学观念，主张读书人要积极联系社会，这已经有了教学与社会实践相结合的雏形——"皆先引其端，旁推交通，使之反隅"[②]。他还认为启发式教学是书院和英国大学共有的教学方式。在听闻下一任主讲彭丽生重开"扃门课试"（关门考课的考试方法）后，郭嵩焘批评道："讲舍缘始，谋一洗三书院陋习，专以读书立身为义，设立章程，以资循守，力荐彭丽生主讲。不意其一入讲舍，毁弃章程，肆意妄为，稍加戒谕，遂成仇罅，今之扃门课试，亦其一端也。"[③] 足见他对科举考试的反感、对改革考试制度的决心。

2. 船山学社

1914 年 6 月 14 日，著名教育家、湖南教育总会会长刘人熙将思贤讲舍改为船山学社，在此举办会讲、出版学报、搜刻船山遗书、开办船山学校、传播船山学术，可谓盛极一时。刘人熙的学术贡献在于肯定并阐述了王船山学说在湖湘文化中的历史地位，在他的努力之下，经批准，省政府为船山学社每月下拨津贴 400 元用于办学，社址即设于小吴门正街曾国藩祠西隅的原思贤讲舍旧址。1915 年 8 月，刘人熙等人创办了《船山学报》，学社以《船山学报》为阵地，不仅传播、阐扬船山学术，而且宣扬和呼吁挽救社会道德危机的主张。总体来看，船山学社在特定的历史时期，尽管由于歌颂宣传伦理纲常等糟粕思想而产生了一定的消极作用，但在开展学术研究、宣扬爱国主义、反对袁世凯复辟帝制等方面也同样发挥了积极作用。

首先，船山学社本身作为教育研究机构，在研究、阐释、传播船山学术方面可谓不遗余力[④]。其次，船山学社的发起人刘人熙及同人们推

---

① 湖南省地方志编纂委员会．湖南省志：教育志：上册．海口：南方出版社，2012.
② 郭嵩焘．郭嵩焘日记：第 3 卷．长沙：湖南人民出版社，1982：395.
③ 郭嵩焘．郭嵩焘日记：第 4 卷．长沙：湖南人民出版社，1982：471.
④ 杨锡贵．民国初年船山学社同人道德救世思想初探．船山学刊，2011（1）.

崇孔孟儒家思想，以此挽救败坏的道德，在社会上产生了深远的影响。再次，船山学社具有政治上的进步性，学社同人赞成民主共和，认识到“当民智已开、民德已蒸之日，则必以宪政改造国民”[①]。最后，船山学社将社会的动荡不安归结于“民德堕落”“道德堕落”，而解决问题的根本方法在于“舍昌明学术，实无他法”。当然，囿于时代限制，刘人熙创办的船山学社与郭嵩焘创办的思贤讲舍在维护封建伦理纲常、推崇儒家思想等方面没有明显的变化，尽管他们都将传播经世致用之学、维护社会道德秩序作为办学出发点，但与新文化运动所提倡的民主与科学、“反传统、反孔教、反文言”的进步思想大相径庭，没能从文化思想上冲击封建思想和封建意识。

3. 湖南自修大学

1920年夏天，时任国民党中央执行委员兼主持湖南党务的仇鳌接任船山学社社长，成立了董事会并担任董事长。1921年中国共产党成立后，毛泽东同志担任中国共产党湘区委员会书记，为了培养党的骨干力量、宣传马列主义，他和何叔衡找到了船山学社董事长仇鳌先生，商量创办自修大学的事情。毛泽东诚恳地说：“要想做好这件大事，无屋、无钱，光凭一身力气，办不成。有屋、有钱，还需好汉帮才能成气候哟。”仇鳌在沉思后做出表态：“可腾出船山学社里的房屋供你们使用。我将尽力从省政府争取些款项，给你们做办学经费。我觉得应在这‘自修大学’四字前面再加上‘湖南’两个字，就气派多了。”随后，仇鳌接受了毛泽东、何叔衡的提议，出任“自修大学”校长，并为“湖南自修大学”写了校牌[②]。1921年8月16日，毛泽东在湖南《大公报》上发表《湖南自修大学组织大纲》，湖南自修大学开始正式招生，1921年9月，被誉为“革命策源地”的湖南自修大学在船山学社的旧址正式开学（见图2-2）。

湖南自修大学是毛泽东早期教育思想的最早实践。1912年，毛泽东在湖南图书馆自学半年后，感觉自修是一种能够使人快速提高的方

① 湖南船山学社．船山学报：第1册．长沙：湖南师范大学出版社，2009：51.

② 李琦．听辛亥老人仇鳌谈与毛泽东的交往：仇鳌孙女仇君好访谈录．党的文献，2011（4）.

图 2-2　长沙市中山东路 74 号湖南自修大学旧址

资料来源：刘燕娟．湖南自修大学：最早培养革命人才的“职业学校”．湖南日报，2021-01-12.

法，同时，毛泽东对当时的私塾教育多有不满，希望亲自组织私塾，从事自由研究。毛泽东非常推崇半工半读的教育方式，也曾尝试了工读互助团的组织形式。1918 年 6 月，毛泽东在湖南第一师范毕业后，与志同道合的同学一起成立了一个名为“工读同志会”的组织，并提出了一个具有浓厚“共产主义”色彩的“新村计划”，希望建立起一个半工半读、和平友爱的“新村”。1918 年 8 月中旬，为了解决就业问题，同时也为了准备接下来赴法国勤工俭学，毛泽东第一次来到北京。此时的北京恰好在左舜生、王光祈、李大钊等“少年中国学会”会友的提倡下兴起一股工读互助运动的浪潮①。1919 年春，毛泽东提出建设新村的“根本理想”，计划先办一个实行社会说、本位教育说的学校，以俄罗斯青年入农村与农民为伍、日本青年盛行的“新村主义”、美国流行的工读主义、中国留美学生的工读会以及留法学生的勤工俭学会为借鉴，以半工半读为助成学业的方法，从事“新生活之创造”。1919 年 12 月，毛泽东在《湖南教育月刊》上发表文章，公开了自己改造社会的“新村计划”：“创造新学校，施行新教育，必与创造新家庭新社会相联。新教育中，以创造新生活为主体。”“新学校中学生之各个，为创造新家庭之各

① 蔡福顺．青年毛泽东的“新村梦”．文史博览，2018（5）.

员。新学校之学生渐多，新家庭之创造亦渐多。”“合若干之新家庭，即可创造一种新社会。”① 此时，毛泽东已经将“自修”与社会结合起来，形成了在“新村”实行工读结合的计划。

在北京大学与进步人士的日常接触和深入交流中，毛泽东关于创办湖南自修大学的思路进一步具体化，在 1920 年 3 月致周世钊信中，他特别提道：“我想我们在长沙要创造一种新的生活，可以邀合同志，租一所房子，办一个自修大学（这个名字是胡适之先生造的）。我们在这个大学里实行共产的生活。”② 此时，毛泽东对于成立一个湖南自修大学的规划和设想已经具体化，并尝试将“主义”付诸实践了。然而，在上海尝试实施“工读互助团”计划不足一月后，1920 年 5 月，毛泽东很快察觉到这种团体生活存在着诸多未曾料想到的弊端，工读互助团在生活上也难以为继。1921 年 8 月，在出席了中共一大回到长沙后，毛泽东与何叔衡一起，在船山学社社长贺民范、董事长仇鳌等人的支持和帮助下，在船山学社地址上，利用省政府每年拨付的 4 000 元拨款创办了理想中的“湖南自修大学”。为了解决有些入学者的文化水平较低的问题，湖南自修大学还专门开办了补习学校。这所大学是中国共产党成立后的第一所培养干部的学校，从 1921 年 8 月创办到 1923 年 11 月被查封，共培养了 200 多名党的干部。

4. 湘江学校

1923 年 11 月，反动军阀赵恒惕派驻军队强行关闭湖南自修大学。由于毛泽东等共产党人对此早有察觉，在自修大学被关闭后仅十多天里，中共湘区执委又以私立的性质筹办了一所正规学校，即湘江学校，并将湖南自修大学和补习学校的大部分学生转移到了湘江学校，继续开展自修学习、宣传马克思主义观点。湘江学校开始由罗宗翰、易礼容任校长，1924 年冬以后，由何叔衡担任校长。湘江学校组建时，经费无从筹措，由“湘江学会”的校董垫付部分经费，再加上湖南自修大学及其附属补习学校的剩余款项作为新校的开办费。校长何叔衡为此专门组

---

① 中共中央文献研究室，中共湖南省委《毛泽东早期文稿》编辑组．毛泽东早期文稿：1912.6—1920.11. 长沙：湖南出版社，1990：454.

② 同①475.

织了千元储蓄会，扩大捐资，并多方奔走募集款项，终于解决了湘江学校当时严重的经费困难。

湘江学校与湖南自修大学一脉相承，继续为党培养具有民族独立精神和革命精神、信仰马克思主义的干部，被誉为“培养革命干部的摇篮”“自修大学的替身”。1924 年 9 月，以毛泽东为首的中共湘区委员会决定在湘江学校开办农村师范部。这在湖南教育史上是破天荒的举动。1927 年 3 月，考虑到革命形势的变化及新教育计划的出台，中共湖南区委决定自行停办该校。在学校举行的收束仪式上，校长何叔衡勉励全体师生说：“（湘江学校）现在为革命的策源地。所有同学和教职员，正好比是酒药子，今后虽改编了，希望这些酒药子到各处发酵。”① 实际上，从湖南自修大学、湘江学校毕业的一批党的干部在推动全国各地的革命斗争中发挥了巨大作用，成为最早一批具有革命精神的共产主义战士，对宣传和推动马克思主义在中国的传播做出了不可磨灭的伟大贡献。

（二）湖南自修大学的历史地位

1. 湖南自修大学的教育经验

被誉为“革命策源地”的湖南自修大学，自创立之日起便在中国共产党历史上、中国新民主主义革命历史上、中国共产党创办高等教育历史上占有极为重要的地位。在培养革命人才、宣传马克思主义理论的过程中，湖南自修大学逐渐形成了一套科学的办学经验，成为以毛泽东同志为主要代表的中国共产党人在探索高等教育办学模式过程中的关键起点。1921 年 8 月，毛泽东执笔起草了《湖南自修大学创立宣言》（简称《宣言》）、《湖南自修大学组织大纲》（简称《大纲》）。《宣言》从一个侧面集中反映了建党初期毛泽东的革命实践，同时又是毛泽东教育思想的生动记录和历史见证。《宣言》总结批判了中国传统书院、西方现代大学的优劣，并在此基础上提出湖南自修大学的办学思路。一言以蔽之，书院的研究形式是值得借鉴的，但研究内容不对；学校（指西方大学）

---

① 中共湖南省委党史委．湖南人民革命史：新民主主义革命时期．长沙：湖南出版社，1991：5.

的研究内容是科学的，但是研究形式有问题；所以，湖南自修大学要结合书院的研究形式与学校的研究内容。

毛泽东在《宣言》中首先比较了学校和书院的研究形式，认为在研究形式上书院比学校更胜一筹，他首先指出了学校的三个弊端：第一，师生之间没有感情，二者是一种商行行为；第二，忽视学生的“人性”，采取知识本位或教师本位的教学方法；第三，课业过于繁重，学生丧失学习的主动性。毛泽东非常重视教育中学生的参与和每个个体个性的发挥，他认为学校出现这些问题的根源是学生是被动的，在学校被消磨掉了个性。相比之下，书院师生关系融洽，学风自由，课程简而研讨周，所以“从‘研究的形式’一点说，书院比学校实在优胜得多”。

《宣言》批判了书院和学校共有的弊端，即非平民主义，进而提出湖南自修大学要建立在平民主义的基础之上。毛泽东在《宣言》中首先指出书院和学校共有的非平民主义造成的三点问题：第一，有些有志向有能力的青年会因为偶然考试失利或入学门槛过高而不能入学，不能得到恰当的教育；第二，在书院和学校里，学术研究被少数“学阀”所把持，让平民对求学形成一种“敬而远之”的错误认识，使知识分子与平民之间出现阶级上的隔阂和对立；第三，无论是书院还是学校，都要收取穷人所不能承担的学费，剥夺了赤贫者接受教育的权利。为了解决这些问题，毛泽东在《宣言》中提出三点对策：第一，入学条件主要是看学生的能力和志向；第二，在研究中打破不平等关系，公开学术内容，破除传统的学术垄断；第三，尽可能不收学费，使赤贫者也可以获得教育。此外，《宣言》还提出了湖南自修大学的教学方法、研究内容和教育目标。在教学方法上，毛泽东认为湖南自修大学的教学方法应该包括学生自学、讨论研究、教员指导三方面；在研究内容上，学生以学科为单位自由选择学习的学科、时间和范围；在教育目标上，湖南自修大学具有明显的进步性，强调培养出的学生不仅要掌握学识、形成健全人格，还要具有革命精神，为投入革命做准备。

《大纲》对湖南自修大学办学的具体事项、内外部关系均做出了相应的说明。就办学宗旨而言，《大纲》指出：“本大学鉴于现在教育制度之缺失，采取古代书院与现代学校二者之长，取自动的方法，研究各种学术，以期发明真理，造就人材，使文化普及于平民，学术周流于社会。”就学校管理而言，《大纲》明确湖南自修大学设立校董会，由校董会“负本大学经费上之责任，并总持本大学大纲”。校董会设置“名誉校董”，在校董会的聘请之下，自修大学设“学长”一职，负责“指导学友之自修，考察学友之成绩”。就学校招生而言，《大纲》首先明确，凡是有自修能力者，不区分年龄、性别、贫富等其他因素均可入学。对于学费问题，主要是学友的“膳费及杂费”，且“学友应否缴纳学费，及学费缴纳多寡，临时依所研究之情形规定”。就学科与研究内容而言，《大纲》规定湖南自修大学设文、法两科；另外，湖南自修大学的研究范围分为科学、哲学与文学三类，学友至少选修一类进行研究。就研究方法而言，《大纲》提出了湖南自修大学使用的两种研究方法和三项补助方法。其中，研究方法包括单独研究、团体研究，补助方法包括通函指导、特别教授、特别研究。

除此之外，《大纲》还提出了湖南自修大学其他的办学事宜，包括一些有进步性的教育观点：第一，重视在自修大学中开展劳动教育，强调脑力与体力的共同平衡发展。为此，自修大学准备了园艺、印刷、铁工等设备供学生使用。第二，开设图书馆和实验室用于研究，把原有船山学社藏书楼改为图书馆，大量采购进步书刊，购置的书刊总计 421 种，达 1 004 册[①]。第三，办学经费主要来自学社津贴和公私捐助两个途径，大部分经费用于建设和充实图书馆及实验室。

2. 湖南自修大学的历史意义

（1）对传统书院的扬弃。书院是我国古代重要的高等教育办学形式，属于与太学等官学相对的私学范畴，在宋朝时达到巅峰。湖南自修大学的创办实际上是对中国传统书院的一种传承和超越。从传承的角度来看，宋代书院特别重视“学术自由”，允许学生自由学习和老师自主研究任何儒家思想；注重学术交流，形成了自由开放的讲学风格；师生之间情深意笃，构成了学术共同体。此外，宋代书院在教学管理上特色化，在经费筹措上多样化，这些优良的、符合高等教育规律的办学传统在湖南自修大学的办学过程中都得到了不同程度的传承和体现。湖南自

① 蒋国海．论湖南自修大学的创办及其历史地位．湖南师范大学社会科学学报，2007（4）．

修大学还纠正了传统书院中体现出的弊病：第一，在教育目的上，湖南自修大学的宗旨不仅是要让学生研究各种学术，从而成长为高尚的人；还要让文化在平民百姓中得到普及，确保绝大多数人的受教育权利；此外，还要让学生形成有社会责任感、有革命精神的健全人格，为革新社会做准备。第二，在教育内容上，湖南自修大学批评书院学习的是"'八股'等等干禄之具"，认为"致用的学术"才是应当让入学的学友们学习的内容，所以湖南自修大学的学习内容是近代社会科学知识以及马克思主义的理论，具有明显的时代进步性。第三，在教育形式和方法上，传统书院和湖南自修大学最为接近，可以说湖南自修大学对传统书院在研究形式上的借鉴是最多的，这一点毛泽东也在《宣言》中有过具体的描述。但是，湖南自修大学实际上是毛泽东在进行过工读互助团的实验之后进行的更进一步的尝试，所以在自修大学非常强调对学友的劳动教育，重视学生脑力和体力的同时发展。为了实现真正的"自修"、降低学费实现平民主义，湖南自修大学还专门设置了补习学校，这不得不说是其在教育方式上的进步。

（2）早期干部教育实践。湖南自修大学不仅是我国高等教育事业发展的有益探索，同时也是中国共产党举办干部教育的早期实践，培养了一批革命骨干，因此，它被湖南人民誉为"革命策源地"[①]。第一，创办刊物《新时代》来教育和培养青年干部和青年积极分子，传播马克思主义理论。1923 年发表的《〈新时代〉发刊词》如是写道："倘能借此引起许多志同道合的人们从事这种社会主义的事业和研究，那是同人所十二分盼望的。"[②] 第二，组织参加工人运动、学生运动和反帝爱国运动等革命斗争。湖南自修大学的学员在中共湘区委的领导下，发动和组织了湖南第一次工人运动高潮[③]。1922 年 10 月 23 日，6 000 名工人举行游行示威，迫使军阀赵恒锡政府接受谈判。1923 年 8 月，广州政府任命的湖南省省长兼湘军总司令谭延闿，由广东进入湖南，举兵讨伐赵恒惕，谭赵战争爆发。中共湘区委员会采取支谭驱赵的策略，并通过省

① 蒋国海．论湖南自修大学的创办及其历史地位．湖南师范大学社会科学学报，2007（4）．

② 中共湘区委员会旧址陈列馆，长沙市博物馆．中国共产党湘区执行委员会史料汇编．长沙：湖南出版社，1993：97．

③ 同①．

工团联合会、省学生联合会筹备“长沙市民欢迎讨贼军大会”，湖南自修大学的学友们在此过程中积极联络各界人士，沉重打击了赵恒惕的反动统治。第三，为中国共产党培养了一大批具有革命精神和健全人格、能够深刻理解马克思主义理论的革命骨干。湖南自修大学作为高等教育机构，为中国共产党培养了一大批早期革命干部，校友有毛泽东、何叔衡等 30 余人[①]。这些革命骨干在湖南自修大学接受教育后，树立起马克思主义世界观和共产主义远大理想，成为具有政治远见和革命精神、坚持理论联系实际、密切联系群众的爱国同志。

3. 湖南自修大学的成就

创办湖南自修大学的过程也是毛泽东教育思想演化的过程，湖南自修大学的特殊意义在于它是青年毛泽东对各种社会政治学说不断汲取、实践、取舍之后的产物，是在吸收了古代传统书院优秀“遗传基因”的基础上，与毛泽东早期教育思想相结合的改良结果。湖南自修大学的可贵之处主要体现在传承书院、学生中心、平民主义、干部教育等四个方面。

(1) 传承书院。湖南自修大学是在思贤讲舍和船山学社的地址上建立起来的，早期还接受了每年 4 000 元的政府津贴，但总体上仍旧属于私人办学的性质。作为湖南自修大学的创办者，毛泽东在剖析了私人书院与现代大学利与弊的前提下，同有志于改革彼时混乱的教育状况的仁人志士们一道，在充分吸收了古代书院优秀特征的基础上创办了自己理想中的自修大学。湖南自修大学是在混沌的、濒临分崩离析的教育体制和社会背景中形成的一股清流，是中国近代教育史上从未出现过的新事物。首先，湖南自修大学继承了私人办学的传统。无论是郭嵩焘创办的思贤讲舍、刘人熙创办的船山学社，还是湖南自修大学、湘江学校，都是以私学的名义在办学。此外，湖南自修大学延续了宋代书院自由学习、自由交流的教学模式，形成了融洽和谐的师生关系和学友关系。同时，湖南自修大学顺应了时代的潮流，在保留书院教育形式的基础上引入了西方先进的教育理念和科学内容，不仅摒弃了传统书院的“非平民主义”，而且不再将科举做官作为教育的最终目的，不再将四书五经、

① 王兴国．船山学社百岁生日颂．船山学刊，2014 (4).

人伦道德作为教育内容。相反，湖南自修大学的教育目标是培养具有健全人格的革命战士，教学内容是具有科学性、进步性的人文社科内容及马克思主义理论，允许有能力的学生在不需要缴纳高额学费的情况下接受高等教育，自由研究、互相讨论。湖南自修大学在传承和改良传统书院的精华的基础上变得充满生机与活力。

（2）学生中心。毛泽东认为，在教育过程中要注重学生的个性，学生要把握自我，不失去自我，以保证生动活泼地学习，德智体美劳全面发展，以便真正成为社会有用之才①。因此，湖南自修大学不仅非常重视学生的自主研究和互助讨论，而且强调学生要参与劳动，从劳动中获得成长，实现理论与实践的完美结合。毛泽东十分反感他所接受的填鸭式教育，认为在严苛的学校管理中，学生作为学习者的中心地位彻底丧失，当他还是湖南省立第一师范的学生时，他就在《体育之研究》中写道："吾国学制，课程密如牛毛，虽成年之人，顽强之身，犹莫能举，况未成年者乎？况弱者乎？观其意，教者若特设此繁重之课以困学生，蹂躏其身而残贼其生，有不受者则罚之。智力过人者，则令加读某种某种之书，甘言以饴之，厚赏以诱之。嗟乎，此所谓贼夫人之子欤！"他认为当学生在求学过程中受到教育管理、教育方法和教育内容上的限制与束缚时，就很难有机会通过自学自修的方式，自由地追求真理，自由地与其他人探讨并获得知识。因此，毛泽东创办的湖南自修大学非常重视学生的自主学习和讨论研究，学习方法以自由研究、共同讨论为主。教师负提出问题、订正笔记、修改作文等责任。这充分表达了毛泽东所希望的以学生为中心展开的自主学习、自由研究的教育思想。除此之外，他还将劳动教育作为学生成长必不可少的教育类型，认为以往的读书人在接受教育时仅仅注重对脑力的开发，导致身体素质低下，脑力和体力不能平衡发展，甚至导致知识阶级和劳动阶级之间出现了隔阂和分离。为了改变这一状况，他强调读书人作为个体，应当实现德智体（美劳）全面发展，并在湖南自修大学中专门准备了园艺、印刷、铁工等相关设备。

（3）平民主义。毛泽东认为，无论是传统书院还是西方现代学校，

① 刘振环．不使学生失去"自我"是毛泽东教育思想的重要内容．教育研究，1998（8）．

共同的弊端就是“非平民主义”，这种非平民主义具体又体现在三个方面：首先是考试问题。毛泽东认为，要想通过“极严峻的程限”进入学校接受高等教育，不得不通过考试，但有些有能力有志向的学生很有可能偶尔失利，如果因此而不再继续学业就会非常可惜。其次是学阀问题。毛泽东认为，书院和学校里充满了学阀对知识的垄断和对学生的控制，这不仅会使学生受到束缚，而且让平民感觉学术遥不可及，甚至出现高等教育“与平民社会隔离愈远，酿成一种知识阶级奴使平民阶级的怪剧”。最后是学费问题。想要获得高等教育，必须向书院和学校缴纳高额的学费，这让许多贫穷的平民丧失了接受高等教育的权利，“无钱的人之于大学，乃真‘野猫子想吃天鹅肉’了”。所以，毛泽东在湖南自修大学特别强调要革除非平民主义的弊端，只要是“有志向学”的青年人均可入学；打破学术秘密，使学术公开，让每个人都可取得一份；只收取学生的杂费和伙食费，酌情考虑学生的学费，让贫困者也能入学学习。这一系列平民主义的措施在湖南自修大学得到了切实的贯彻和落实，在20世纪20年代的社会中展现出极强的进步性。

（4）干部教育。1921年中国共产党成立后，在组织上、政治上、思想上、理论上都对党的干部提出了更高的要求，但全国还没有专门开展党的干部教育的机构。湖南自修大学作为革命策源地，是最早作为党校开展干部教育的教育机构，也是毛泽东关于干部教育思想的最初尝试。湖南自修大学的成功创办，充分而深刻地反映了他早期的干部教育实践与教育思想。第一，在教育目的上提出“为革新社会做准备”。第二，在教育内容上，除文化课程外主要是进行马列主义的思想教育。第三，在教育实践中，湖南自修大学将学生运动、工农运动作为实践课程①。学生在参加爱国主义的政治运动的过程中，更加坚定了革命信仰，这使他们更快地成长为党的优秀干部。湖南自修大学还以校刊名义创办并发行《新时代》，进一步指出了革命者在教育上应该探讨的问题：“将来国家如何改造？帝国主义如何打倒？武人政治如何推翻？教育制度如何改

① 张腾霄．中国共产党干部教育研究资料丛书：第1辑．北京：中国人民大学出版社，1988：148.

革？文学艺术及其他学问如何革命，如何建设？”[1] 对思想领域阵地的开辟同样也是干部教育革命性的重要体现。

二、苏区高等教育与土地革命战争时期的创新发展

苏维埃革命根据地地处穷乡僻壤，无论是在经济发展上还是在文化教育上都十分落后，绝大多数工农群众和红军战士都是文盲，没有接受过系统的教育。革命根据地刚刚建立时，还面临国民党反动派的不断“围剿”，革命形势非常严峻，因此，提高革命干部和人民群众的文化与觉悟、巩固和发展新生的红色政权、动员人民群众加入革命斗争中是苏区面临的重要任务。为了培养领导革命斗争的优秀干部和专门人才，提高红军战士的作战能力，中国共产党在苏维埃革命根据地大力发展苏维埃文化教育事业，创办了一批具有鲜明特色的大学，主要有马克思共产主义学校、中国工农红军大学、国立沈泽民苏维埃大学及其他多所专门大学。

（一）苏区教育发展历程

1. 发展阶段

苏区教育从 1927 年冬开辟井冈山革命根据地起，到 1937 年 7 月全民族抗战爆发前夕为止，历时十个春秋，大体上经历了创建、发展和艰苦坚持三个阶段[2]。第一个阶段是创建阶段（1927 年 10 月—1931 年 11 月）。这个阶段的主要特点是在紧张的战争环境和激烈的群众运动中进行，学校教育很少，主要是办训练班。训练班时间的长短因环境而定，有的三五天，有的一星期或十多天。第二个阶段是发展阶段（1931 年 11 月—1934 年 10 月）。这个阶段苏区形成了一个相对稳定的局面，苏区从中央到地方建立了各级教育行政部门，制定了苏维埃的文教政策，召开了全苏区的文化教育建设大会。教育的主要任务是既要提高干部群

① 张腾霄．中国共产党干部教育研究资料丛书：第 1 辑．北京：中国人民大学出版社，1988：54.

② 董纯才．中国革命根据地教育史．北京：教育科学出版社，1991：33－45.

众的政治思想觉悟程度，又要提高干部群众的文化程度；既要培养优秀的政治军事人才，又要培养各种专门人才。前者主要通过普遍开展群众性的识字运动进行，后者主要通过大量创办各类干部学校实现。第三个阶段是艰苦坚持阶段（1934年10月—1937年7月）。1934年10月，中央红军主力被迫战略转移，离开中央苏区，进行了二万五千里长征。中央苏区留下的红军游击队和地方干部，在项英和陈毅的领导下，坚持了三年艰苦的游击战争。这个阶段苏区教育分为两个方面：一是红军转移过程中的教育，二是原有根据地的教育。

2. 高等教育办学实践

马克思共产主义学校是中国共产党创办的第一所中央高级党校。中共临时中央在1933年1月迁至中央苏区后，决定创办“马克思共产主义大学”，并将其作为苏维埃党校，归苏区中央局直接领导①。学校的校址是瑞金洋溪，后迁至沙洲坝。学校正式开学时间为1933年3月13日，首任正副校长是任弼时、杨尚昆，后由张闻天、董必武接任正副校长，教务主任是冯雪峰②。马克思共产主义学校共分为三类教学班：新苏区工作人员训练班，党团、苏维埃、工会干部训练班，高级干部训练班。课程因班而异，教学方法以自修为主，董必武和张闻天分别主持过两次学术讲演会对重点问题进行讲解，还会结合实际问题开展实践活动。

中国工农红军大学是中央苏区最高军事学府。中国共产党非常重视对红军的教育和对干部的培养，在1931年第三次“反围剿”胜利、中央革命根据地形成之后，中国工农红军大学的前身中央军事政治学校在瑞金夫子庙后杨姓宗祠成立，任务是培养训练红军高、中级军政干部，共办六期。1933年10月，随着战争形势的发展，中央苏区的红军学校教育逐步开始了正规化历程，从形式简单的随营学校发展到层次和学科相对齐全的各种类型红军学校③，根据中央军委的决定进行了改组④。

---

① 陈桂生．中央苏区几所著名大学略考．教育发展研究，1988（4）：104－109.

② 刘少林．一笔价值颇丰的宝贵历史文化遗产：中国共产党战时创办高等教育的方略与办学精神管窥．西安欧亚学院学报，2011，9（3）：1－14.

③ 梁尔铭，庄暨军．中央苏区红军学校教育的正规化历程．井冈山大学学报（社会科学版），2013（2）.

④ 陈桂生．中央苏区几所著名大学略考．教育发展研究，1988（4）.

中国工农红军大学于 1933 年 10 月 17 日成立，校址在江西瑞金。

国立沈泽民苏维埃大学是中央苏区的最高综合性大学。早在苏维埃政权初创时期，各地就创办了许多短期训练班，这些短训班具有灵活易行、短期高效的特点，提高了各类干部的政治和文化素养，克服了干部能力不足或不能胜任工作的情况。至 1931 年 11 月，临时中央政府成立后，短训班从非正规走向半正规和正规化，分别在 1932 年 1 月、3 月、6 月和 9 月举办了四期苏维埃工作人员训练班。由于临时中央政府各部都在举办训练班，且随着革命战争的不断升级，对各个战线上的专业人员的需求量迅猛提升，比如查田运动、肃反工作、新苏区发展和选举运动等都需要大量具有政治觉悟和专业能力的干部，因此，在综合多方考虑之后，临时中央政府出于统一教学内容与方法的目的，于 1933 年 8 月 16 日正式开办综合性的苏维埃大学。1934 年 7 月 16 日，仅开办一期的苏维埃大学被并入马克思共产主义学校中，不久又被编为干部团参加到长征中。

其他专门学校。除上述三大学校之外，苏区高等教育体系中另外一个重要组成部分是各类专门学校：师范类院校，如中央列宁师范学校等，培养初级师范、短期师范和中等普通学校、职业学校教员；艺术类院校，如高尔基戏剧学校是中华苏维埃共和国临时中央政府教育人民委员部培养文艺戏剧干部的专门学校；农林类院校，如苏区创办的第一所半工半读农业干部学校中央农业学校；医学类院校，为了培养革命战争所需的医务人员，1931 年 11 月中革军委总卫生部创办了中国工农红军军医学校，该军医学校又称中央红军总医院附属学校，是中国医科大学的前身。

3. 取得的主要成就

党对教育事业的全面领导。党和苏维埃政府非常重视高等教育事业的建设，从高等教育院校的创办到管理再到教学，每一个环节都强调党的领导，这也成为苏区高等教育事业得以产生和发展的重要前提与保证。党对教育事业的全面领导成为战争时期中国共产党创办高等教育的鲜明特点，这一特点像基因一样一直存在于我们党所创办的高等教育事业中，不仅有利于保证学校正确的政治方向，也能很好地回应党对高等教育事业的要求，克服办学过程中存在的困难，使得高等教育办学秩序在战时得以稳定，招生就业等相关工作得以顺利完成。

办学宗旨是为政治服务、为革命战争和苏维埃根据地建设服务。苏区创办高等教育得以成功的一个根本原因在于继承了教育为政治服务的中国高等教育传统。苏区创办高等教育的最初愿望也是想要通过办教育来培养一批革命需要的各行各业的人才，这是因为：一方面，苏维埃革命根据地的确立只是革命初期的胜利，必须培养更多的具有坚定的革命理想、理论修养和实践经验的教育干部；另一方面，学生需要接受进一步的思想政治教育，从而更加坚定理想信念、提高自身素质，真正成长为无产阶级革命队伍中的可靠战士。因此，尽管苏区的生活条件非常艰苦，但是学生们在上学的过程中十分刻苦认真，在毕业后以坚定的政治理想和革命信念投身于革命斗争中，成为中国革命的中流砥柱，不少学生甚至献出了宝贵的生命。

教学方法是理论联系实际，注重发挥劳动的教育性。为了适应战争的需要，苏区的高等教育特别强调一切从实际出发，特别重视理论与实践相结合的原则，并在办学过程中真正形成了一套完整的教学制度，具体体现在教育与革命实践相结合、教育与生产劳动相结合上。在教育与革命实践相结合方面，中国工农红军大学作为最高军事学校，把教育与革命实践相结合的原则运用得得心应手。中国工农红军大学的学生在平时接受各种军事演习和训练，学生能够在学校接触和了解实战中遇到的各种问题，极大地提升了学生的战斗能力。在教育与生产劳动相结合方面，由于战争环境的艰苦和恶劣，苏区大学纷纷组织学生参与到各式各样的劳动中，这不仅是在艰苦条件下的不得已的选择，更是一种重要的教育理念：学生通过劳动极大地拉近了与工农阶级的感情，强化了与人民群众之间的关系，在劳动中体悟到革命的光荣和艰巨。中国工农红军大学的学生还在劳动教育中形成了正确的马克思主义劳动观，认为“劳动成为最光荣的事情，不劳动成为可耻，劳动不派谁，谁就气坏了，说是不信任他”。

注重教师和学生共同参与学校民主管理。在苏区的高等教育中，师生之间建立起了融洽且亲密的关系，校长、教职工、学生都是亲密的革命同志，彼此之间相互尊重，在对学校内部事务的管理上体现出强烈的民主精神。比如，苏区的高等教育院校在校长及学校管理委员会的监督之下，普遍设立了“学生公社”，“由全体学生选举干事会领导之”，这是学生自发组织、自我管理的组织形式，是政治民主精神在苏区高等学校中的延伸。在教学活动中，苏区大学的教师们强调在教学方法上因地制宜、灵活多样，得益于融洽的师生关系，教师们讲课时深入浅出，语言通俗易懂，问题讲得清楚明了，所举的例子也非常贴切恰当，给学生们留下了深刻的印象。在日常生活中，教师十分重视言传身教，用自身言谈举止来感染学生，不仅与学生们一起建造校舍房屋，一起吃饭睡觉，而且师生们常常在休息时一起聊天、散步、运动，教师对学生呵护备至、学生之间互相帮助，在整个苏区的各个大学中，教师、学生和学校的领导之间建立起了一种难能可贵的平等、民主、革命的关系和情感。

（二）苏区的红军教育

1. 红军教育体系的发展历程

以红军学校为代表的非正规、半正规化办学。红军初创时期，在中共中央的指导及中央军委的要求下，各地红军自行组建和创办了多种形式的军校，他们名称不一，有教导队、教导大队、随军学校、随营学校、训练班等多种叫法，但是目的相同，都是为了在艰苦的环境中发展和壮大红军力量，为人民军队培养大批高素质军政人才。各地武装起义领导人在起义过程中充分认识到了培养军队骨干的重要性，并根据实际情况不约而同地举办了一些教导队，其中时间早、规模大、比较有代表性的是由毛泽东创办并不断壮大的井冈山教导队。1927 年 12 月，毛泽东在井冈山龙江书院创办了中国工农革命军第一军第一师第一团教导队，即井冈山军官教导队，这是红军的第一个教导队，也是红军学校的雏形①。1928 年 4 月，毛泽东、朱德两部在井冈山胜利会师以后，两支部队合编为中国工农革命军第四军（6 月根据中央精神改称中国工农红军第四军），原井冈山军官教导队改为“中国红军第四军军官教导队”。

---

① 熊武一，周家法．军事大辞海：上册．北京：长城出版社，2000：262.

1928年12月，彭德怀率红五军上井冈山后，根据中共井冈山前委的决定，在红四军军官教导队的基础上创办了红军第一所正式学校——井冈山红军学校，校址设在井冈山茨坪的黄竹坳，彭德怀任校长，刘之至、王展程等任教官。井冈山红军学校的形成和发展经历了一个从无到有、从弱到强、从非正规到半正规的发展历程，这同时又是中国共产党举办军事教育不断摸索进步的过程，井冈山红军学校不仅为井冈山红军培养了一批军事骨干人才，更重要的是作为我们党创建军事政治学校的最早源头和最初实践，为苏区发展红军教育奠定了坚实基础、发挥了基石作用。

以中国工农红军大学为代表的正规化办学。如果说红军学校只是中国共产党创办军事学校、开展红军教育的雏形和基石，那么在这基石之上的，便是以中国工农红军大学为代表的、正规化的苏区红军教育。1929年3月14日，红四军攻占闽西长汀城后就地举办了随营学校以开展红军教育；1930年1月，在成功举行两期教育后，红四军主力离开闽西向赣南转移，随营学校留在闽西继续办学，归闽西特委领导，因此改称“闽西红军学校”；同年4月10日，经中央决定，在扩大闽西红军学校规模的同时再次改名为“中国工农红军军官学校第一分校”，于1930年8月初开学，由新十二军代理军长贺沈祥与邓子恢一起负责学校的领导工作，但受到战争形势的影响，该校仅办一期即搁置，并在1930年年底重新开办了彭杨军事政治学校①。1931年11月7日，中华苏维埃共和国临时中央政府宣告成立之后，中共中央出于对红军教育的重视，决定在瑞金创办中央军事政治学校，将彭杨军事政治学校等校址在瑞金的红军学校并入其中。1932年2月，中央军事政治学校改名为中国工农红军学校，简称“红校”。1933年10月，随着各方面工作的正规化，中国共产党和苏维埃政府对红军教育提出了更高要求，加快了红军教育正规化的步伐②。为了培养更多红军的高级和上级干部、专门人才、一般中级干部，中华苏维埃共和国中央革命军事委员会于1933

① 马建堂．川陕苏区的彭杨军事政治学校与红军大学．四川文理学院学报，2021（1）.
② 陈桂生．中央苏区几所著名大学略考．教育发展研究，1988（4）.

年 10 月 17 日发布《关于改编红军学校的命令》[①]，“红校”的分编，标志着人民军队的院校教育形成了初、中、高级培训体系，中国工农红军大学是最高学府[②]。中国共产党在苏区创办的中国工农红军大学被毛泽东誉为“红埔军校”，以中国工农红军大学为代表的苏区红军教育体系是苏区高等教育十分重要的组成部分，是中国共产党从非正规、半正规再到正规化举办红军教育的实践成果，不仅为夺取土地革命战争的胜利培养了一大批具有军事领导才能的军政干部，同时也积累了党创办军事政治学校、开展军事政治教育的最初经验，是中国共产党创办高等教育历史上的光辉一页。

2. 苏区红军教育的具体实践

开展思想政治教育，造就合格红军战士。无论是在战争年代还是在和平年代，军事教育的首要任务都是开展思想政治教育，用马克思主义武装战士头脑，使中国共产党能够牢牢掌握军队的领导权。实际上，在 1929 年 12 月通过的古田会议决议中，就已经做出判断：“不提高党内政治水平，不肃清党内各种偏向，便决然不能健全并扩大红军，更不能负担重大的斗争任务。”毛泽东非常重视军事教育的政治方向，他认为“没有正确的政治观点，就等于没有灵魂”，并据此提出中国工农红军大学的思想政治教育应当占到所有课程的 4/10，比如开设了“帝国主义与中国”“中国革命与中国共产党”“阶级斗争”“土地革命问题”“红军问题”“苏维埃问题”“政治工作”等课程[③]。此外，中国工农红军大学还举办政治研讨会，定期开展党的民主生活会，目的在于引导学员形成坚强的意志和顽强的作风，纠正他们在未入伍之前存在的自由散漫、缺乏组织纪律性等缺点，使这些暴动而来的农民、工人或带有小资产主义思想的青年能够形成革命军队的意识和观念，在理论水平和政治素质得到提高后真正成长为合格的红军战士。

开展军事技能教育，培养各级各类红军。苏区的红军教育是一个完整的教育体系，特别是在红军学校被分编后，培养对象也开始分层为初

① 《项英军事文选》编辑委员会．项英军事文选．北京：中共中央党校出版社，2003：226.

② 钟同福．苏区红军大学的点点滴滴．人民政协报，2019－06－06（10）.

③ 吴凯乐．毛泽东与军队院校建设．军事历史，1994（1）.

级、中级和高级军官，但无论是哪一个层级，红军教育都始终强调军事技能教育的开展，从而不仅培养具有专业军事技能的士兵，还要造就一批政治素质高、实战能力强、业务技术精湛的高级红军干部。校址设在瑞金武阳围的红军特科学校就专门设置了炮兵科、工兵科、轻重机枪队、高射队等；中国工农红军大学的军事训练课程更是占到了全部课程的 60%，比如要求学员熟练地掌握从单兵到营的攻击、防御、追击、退却、侦查、警戒等战争手段及其军事行政①。军事技术教育既强调对战术战略的理论研究，提高学生的军事理论水平，也十分强调对战场经验的总结，从而在提升专业知识的同时增强战士们的实战能力。

开展文化知识教育，开拓红军战士视野。红军队伍中吸纳的战士绝大多数是参加过暴动的农民或者工人，很少有人接受过正规教育，部队文盲率非常高，这很大程度上影响了党中央和中央军委做出的政策指令以文件的形式逐级下达，也影响了士兵认识问题、分析问题的能力，他们在思想上和视野上具有狭隘性，不能很好地理解革命战士所担负的历史使命。正如毛泽东所言："没有文化的军队是愚蠢的军队，而愚蠢的军队是不能战胜敌人的。"② 因此，在苏区红军教育中，文化知识教育是非常重要的组成部分。在苏区开展的文化知识教育不仅让学员们成长为战场上英勇的战士，而且使他们的视野得到开阔、思想境界得到提高，帮助红军战士们树立起正确的战争观，让他们自觉为正义而战、为人民而战，将红军锻造成一支有文化有觉悟的革命部队，在革命战争中实现救国救民的纯粹理想。

追求教学方法创新，建设高水平教员队伍。在土地革命战争时期，苏区红军教育无论是对教学方法的选择和创新，还是对教员队伍的建设和充实，都非常强调从实际出发、实事求是。毛泽东指出："应确立以研究中国革命实际问题为中心，以马克思列宁主义基本原则为指导的方针，废除静止地孤立地研究马克思列宁主义的方法。"③ 就教学方法而言，红军教育选择启发式教学法、实践教学法、"官教兵、兵教官、兵

① 双传学．毛泽东与中央苏区的学校干部教育．江西社会科学，2003 (8).
② 毛泽东．毛泽东选集：第 3 卷．2 版．北京：人民出版社，1991：1011.
③ 同②802.

教兵”教学法，一方面让学员在上课时设身处地地思考问题，另一方面又能在实践中应用理论，为所学理论找到事实依据。毛泽东特别强调以学生为中心的教育思想，他在中国工农红军大学给学员讲课的过程中非常注意启发和调动学员的学习兴趣，针对学员和军事干部存在的困惑、遇到的问题，有的放矢地开展教学。从实际出发创新而来的生动活泼的教学方法，使学员们对理论性很强的知识也能透彻理解，得到很快提升。除了教学方法的先进性，苏区红军教育还建设起一支高水平的教员队伍，其中又区分为专职和兼职，既保证了红军教育的教学质量，也充分表明了中国共产党对红军教育的关注和重视。

3. 苏区红军教育的启示经验

“治军必先治校”：军事政治教育的重要性。毛泽东在与何长工就红色军校的创建问题进行谈话时说：“有权必有军，有军必有校”。在1932年1月接替何长工担任红校校长兼政委的刘伯承也曾多次提到“建军先建校”“治军必先治校”[①]，可以说，在创办红军教育的问题上，尽管党内曾存在过“战争时期不宜办教育”的机会主义思想，但是中国共产党的领导人高屋建瓴地认识到军事政治教育对建设强有力军队的重要性，有力地促进了土地革命战争时期苏区红军部队的建设。中国共产党在苏区创办的红军教育体系经历了从无到有、从小到大的正规化进程，办学形式从教导队转变为中国工农红军学校及中国工农红军大学，在类别上开办了专科类学校和综合类学校；并最终探索出了一套符合红军实际的教育和训练方法，在中国工农红军学校内开展思想政治教育、军事技能教育、文化教育，创新出启发式教学、实践教学、互助教学的多种教学方式；同时也形成了一套培养红军各级各类军政干部人才的教育体制，造就了政治信念坚定、业务素质精湛的高级军事指挥人才，培养出一批理想信念坚定、革命视野开阔、术业有专攻的初中级军事人才。红军教育对于苏区高等教育的创办和土地革命的胜利而言至关重要，不仅积累了丰富的军政教育办学经验，也为抗战的胜利和解放战争的胜利储备了大量军政人才。

“治校一定要严”：军事政治教育的严肃性。军事政治教育的直接目

① 《刘伯承传》编写组．刘伯承传．北京：当代中国出版社，2007：332.

的是提高军队的战斗力，而军人以服从命令为天职，军队特别强调纪律性和严肃性，因此，苏区红军教育的另一个经验是“治校一定要严”，即提高军事政治教育的严肃性。首先是思想政治上要“严”。苏区红军教育将思想政治教育摆在首要位置，红军战士们光有良好的业务能力和文化水平是远远不够的，要有全心全意为人民服务的思想，能够学习并自觉运用马克思主义理论来指导自我的言行，不仅从组织上入党，还要从思想上入党。刘伯承认为，思想政治就是“德”，只有德行良好才是合格的红军战士，才能取得毕业证书，“不管是军事、政治、行政、技术等任何一个干部，都应强调政治学习，即学习马列主义毛泽东思想，掌握其思想的立场、观点、方法，确立为人民工作与学习的态度”①。可见，红军教育对思想政治教育要求十分严格。

（三）苏区的干部教育

1. 干部教育创办的原因

第一，有与无：缺乏足够的干部投入革命工作中。1927 年 7 月大革命失败后，还在幼年的中国共产党吸取教训，将党的工作重心转移到农村，土地革命、武装斗争等相继在苏区革命根据地上全面开展，但随着革命根据地的不断扩大和苏维埃政权的迅速发展，苏区的干部无论是在人数上还是在文化水平和政治素养上都存在较大的提升空间，这成为干部教育亟待完成的艰巨任务。因此，在大革命失败后，进入土地革命战争时期，中国共产党创办高等教育、开展干部教育的一个极为迫切和艰巨的任务便是壮大干部队伍。只有培养出足够数量、较高素质的人才和干部，才有能力进一步扩大革命根据地，才可以实现工农武装割据，才能对开展工作所需要的大批干部缺口和需求进行填补和满足。

第二，强与弱：干部文化水平有待提升。中国共产党自诞生之日起就扮演着先锋队的角色，但当时中国是一个小农经济占优势、小资产阶级像汪洋大海的国度，中国共产党内农民出身的党员占了绝大多数，他们文化水平很低，无产阶级政治意识较薄弱，还带有大量的非无产阶级思想，不能很好地理解马克思主义理论和共产主义理想，文化素质和政

① 刘伯承军事文选．北京：解放军出版社，1992：501.

治理论水平都有较大的提升空间。1929 年 12 月，《中国共产党红军第四军第九次代表大会决议案》在首段即点明："四军党内种种不正确思想的来源，自然是由于党的组织基础的最大部分是由农民和其他小资产阶级出身的成分所构成的。"① 更为严重的是，由于自 1928 年 5 月湘赣边界党的第一次代表大会召开以后，在发展党员的过程中只重数量、不重质量，一批投机分子趁机混入党内，在白色恐怖时期，他们纷纷反水，带领国民党反动派捉拿共产党员，这为党的建设留下了非常深刻的教训，在苏区开展干部教育、纯洁党的组织，增强党的战斗力刻不容缓。毛泽东指出："边界各县的党，几乎完全是农民成分的党，若不给以无产阶级的思想领导，其趋向是会要错误的。"② 因此，干部教育的开展迫在眉睫。

2. 干部教育体系的形成历程

高度重视干部教育，颁布一系列指示与政策。土地革命战争时期是我党独立领导革命战争的时期，为了抓好干部教育，应对干部数量不足、水平有限的问题，中国共产党做出一系列指示和决议，将干部教育问题提到一个十分重要的高度，为高等教育在苏区的开展指明了方向。1931 年 8 月 27 日印发的《中共中央关于干部问题的决议》明确指出："党在四中全会后坚决的执行国际路线与实行全部工作伟大转变的过程中，因干部需要的增加与干部的缺乏，形成干部恐慌的现象，成为党在执行政治上组织上的紧急任务中一个严重的困难问题。"③《中共中央关于干部问题的决议》还对干部的教育培训问题给出了具体执行办法。毛泽东在第二次全国苏维埃代表大会报告中曾明确阐述，苏维埃文化教育的中心任务"是厉行全部的义务教育，是发展广泛的社会教育，是努力扫除文盲，是创造大批领导斗争的高级干部"④。

建立不同层次、不同类型的干部教育机构。苏区干部教育最早是从训练班开始的，1931 年后，苏区政权逐步稳定下来，干部训练班和随营

① 中共中央文献研究室．毛泽东文集：第 1 卷．北京：人民出版社，1993：78.

② 毛泽东．毛泽东选集：第 1 卷．2 版．北京：人民出版社，1991：77.

③ 中共中央文献研究室，中央档案馆．建党以来重要文献选编：1921—1949：第 8 册．北京：中央文献出版社，2011：531.

④ 毛泽东．毛泽东同志论教育工作．北京：人民教育出版社，1958：15.

学校相继得到发展，并陆续从不正规向半正规、正规化过渡，干部教育机构在层次上和类型上向完整体系的方向发展。从层次上讲，为了培养党政高级干部，苏区相继创立了马克思共产主义学校、苏维埃大学、中国工农红军大学等；为了培养中层干部，苏区还创立了中央农业学校、中央列宁师范学校、高尔基戏剧学校、中国工农红军通信学校、看护学校等；除此之外，各根据地也都办有一些固定的，有一定规模的党、政、军干部学校①。从类型上讲，马克思共产主义学校作为党校，主要任务是培养能领导前方和后方政治工作的干部；中国工农红军大学作为军事学校，主要任务是培养营团军以上德才兼备的中高级军事政治干部和革命战争的领导骨干；中央农业学校的主要任务是培养苏区农业建设中下层干部；中央列宁师范学校的主要任务是培养各类教育事业发展的师资；高尔基戏剧学校则是专门培养苏维埃文艺人才和俱乐部、剧社剧团的干部。干部教育是苏区高等教育中十分重要的组成部分，也是苏区高等教育的特色所在，已经具备以中央党校为主、各类学校分层发展的完整结构。

确定以思想政治、专业知识、文化知识为主的干部教育内容。1927年12月，毛泽东在“工农革命军教导队”的开学典礼上发表讲话说：“从今天起，你们就要在这里学政治、学军事、学文化。”毛泽东的讲话概括了苏区干部教育的主要教育内容，即思想政治知识、专业知识和文化知识。干部教育的首要任务是对学员进行基本的马克思列宁主义教育，以克服党内存在的各种非无产阶级思想。鲜明的思想政治教育贯穿干部教育的始终，政治教育与业务教育相辅相成、同时进行。开展干部教育的目的是让党的指令得以实行，因此，所培养的干部应当有足够丰富的专业知识，以确保他们能够顺利开展工作。国民党反动派为了愚弄人民和巩固自己的反动统治，使当时全社会受教育程度十分低下，绝大多数劳动人民对教育望而生畏，最终沦为文盲和半文盲。为此，毛泽东特别将“努力扫除文盲”，“创造大批领导斗争的高级干部”作为苏维埃文化教育的中心任务之一。

党对干部教育的绝对领导和有效管理。在第一次国共合作期间，中

---

① 孙培青．中国教育史．4版．上海：华东师范大学出版社，2019：491.

国共产党与国民党共同创办了著名的黄埔军校，但由于两党分别代表着不同的阶级，国共合作下的干部教育在许多原则性问题上存在不可调和的分歧和矛盾，无论是在教学方法上还是在课程内容上都受到严重限制。苏区高等教育中的干部教育与这一时期有显著的区别，此时的干部教育是在中国共产党的绝对领导下开展的，无论是在培养目标的制定、课程内容的选择，还是在教学方法的使用上，中国共产党都具有绝对的领导权。正如聂荣臻回忆的："在中央苏区，红军都办有各种在当时环境下堪称'正规'的学校，比如红军大学和各种训练班，甚至有团政委训练班，各个部队还办有自己的教导队，训练最基层的干部。学校培养再结合在工作岗位上培养，使我们培养了大批能讲理论与实际相结合的干部，一茬接一茬，源源不断。"① 正是以党的领导作为前提和保障，中国共产党和苏维埃政府才能够按照革命形式和根据地的需要，有针对性地开展干部教育，并在建立起包括了各级各类干部学校和训练班的完整干部教育体系后，为接下来中国共产党承担历史使命储备了大量人才。

3. 苏区干部教育的经验与启示

苏区干部教育为革命事业培养了多层次、多专业的大批优秀干部，积累了丰富的办学经验，这些有益的经验对开展好今天的干部教育仍然具有十分重要的意义。

将思想政治教育作为干部教育的首要任务。坚持以思想政治理论培训为重点，用马克思主义中国化的成果教育干部，从思想上建党、讲政治是我党的一个优良传统。首先是思想政治教育，马克思列宁主义理论是思想政治教育的关键内容。1933年8月，中共中央组织局在《关于党内教育计划致各级党部的信》中明确指出，应有计划、有目的地提高党内政治理论水平，以马克思列宁主义的思想武装所有新旧同志的头脑，进行有组织的教育工作②。其次，理想信念教育是思想政治教育的重要内容。只有对干部开展理想信念教育，才能让广大干部的政治觉悟

---

① 中共中央党史资料征集委员会，中共中央党史研究室．中共党史资料：第5辑．北京：中共党史资料出版社，1983：68.

② 王泉．中国共产党干部教育创新研究．北京：人民出版社，2011：37.

得到提高，才能帮助他们树立起正确的三观，使党员干部在艰苦的斗争中仍然拥有一个坚强的精神支柱。邓小平在回忆起这段历史时，深情地谈道："过去我们党无论怎样弱小，无论遇到什么困难，一直有强大的战斗力，因为我们有马克思主义和共产主义的信念。"[①] 最后，阶级教育是思想政治教育的一部分。苏区的干部教育特别注重发挥劳动教育的作用，因为只有让广大干部在劳动中了解到阶级之间的压迫和剥削，才能真正感同身受地理解被压迫阶级的悲惨生活，才能真正以革命为己任，真切提高苏区干部的政治觉悟和历史使命感。

坚持从群众中来、到群众中去的群众路线。1930 年 5 月，毛泽东为了反对当时红军中存在的教条主义思想而专门发表了《反对本本主义》，提出"没有调查，没有发言权"的著名论断。调查研究是从实际出发的中心一环，是尊重客观规律、发挥主观能动性的典型形式，因此，这个论断后来成为中国共产党人深入实际，深入群众，形成正确工作方法的行动口号[②]。在创办苏区干部教育的过程中，以毛泽东同志为主要代表的中国共产党人十分重视调查的作用，坚持在发现和解决干部教育问题的过程中，从群众中来、到群众中去，直接深入部队进行调研，将调查结果作为探究如何进一步开展干部教育的基础。群众路线不仅使干部在工作和生活中存在的困惑与问题得到了解，同时也保证干部教育的开展能够有针对性地将这些存在的问题进行解决，从而最大限度地发挥出干部教育应有的作用。

在职教育与全日制教育相结合。干部教育的教育对象是已经在岗位上的干部或者毕业后有机会走上干部岗位的储备人才，特别是在土地革命战争时期，中国共产党和苏维埃政府的干部人数缺乏，完全开展全日制在校干部教育并不能很好地适应环境要求。为了尽可能体现干部教育的育人效果，苏区的干部教育十分重视在职干部教育，其中最早也是最典型的在职干部教育是苏区开办的形式多样的训练班："建立各种列宁读书班，研究小组，学习会议，最广泛地进行个别教育的工作，用一切

① 邓小平．邓小平文选：第 3 卷．北京：人民出版社，1993：144.
② 中共中央宣传部理论局．马克思主义哲学十讲．北京：学习出版社，2013：30.

方法去提高干部的政治水平线，使每个干部在日常工作中积极学习。”①将在职干部教育和全日制干部教育相结合的实践在苏区取得了成功，这种学制安排遵循了干部教育的发展逻辑，不仅迅速提高了党和苏维埃各级政府、各种企业和机关在职干部的政治素质和文化水平，而且为接下来的革命斗争培养了一批有理想、有能力的人才。

坚持因地制宜、以人为本的教学方法。在土地革命战争时期，中国共产党开展干部教育的最终目的是有足够数量的干部能够执行党的路线、方针、政策，因此，干部教育不仅注重提升学员的理论素养和知识水平，而且特别强调锻炼和提升学员应用理论解决实际问题的能力，避免在工作中出现理论与实践相脱节的问题，各个学校在选择干部教育的教学方法时，在理论与实践相结合的大原则下同时遵循因地制宜的原则，以根据地的实际条件为基础，客观分析和有效利用革命形势与根据地优势，比如中国工农红军大学的教育方针是：理论与实际相结合、理论与实际并重，军事与政治并重，少而精。此外，苏区开展的干部教育十分注重个体在学习上的差异性，“政治路线确定之后，干部就是决定的因素”，但这“决定的因素”存在很强的个体差异性和复杂性，要真正使每个学员成长为革命战士，就必须把握干部成长的内在需求，将以人为本作为干部教育的价值导向。

三、中国古典高等教育与传统高等教育模式

（一）中国高等教育的历史遗产

中国古典高等教育包括官学和私学，官学的代表是公元前 124 年汉武帝创办的太学，私学的代表是晚唐出现、宋代渐兴的书院。

1. 中国古代书院

中国古代书院是独具特色的文化教育机构，在中国古代教育中可谓独树一帜。中国古代书院萌芽于唐，形成和兴盛于宋，此后在明清各朝都大致经历了沉寂、勃兴和禁毁的曲折过程。与此同时，书院精神在书

① 中央档案馆．中共中央文件选集：第 7 册．北京：中共中央党校出版社，1991：348.

院长期发展历程中不断沉淀和凝练，是书院办学风格和特色的集中体现，值得反复认识与实践、不断传承与创新。作为中华民族高等教育遗产宝库中的珍贵财富和遗传基因，书院和书院精神在中国共产党创办高等教育的历次实践中再次得到丰富和创新，获得源源不断的生命力。

书院精神是动态的而非静止的，是流动的而非凝固的，是不断丰富的而非一成不变的。时代进程和社会进步虽然直接推动了书院在制度上和形式上的变革与存废，但是中国古代书院的特征却在这个过程中不断酝酿、积累、沉淀下来。

南宋书院：以德为先、研究学问、学术自由、师生平等。南宋书院的勃兴发轫于淳熙六年（1179 年）复兴的白鹿洞书院和绍熙五年（1194 年）复兴的岳麓书院（见图 2－3），两大书院的复兴直接带动了宋朝书院的发展，各地纷纷创设书院、延聘名师，聚徒讲学蔚然成风。书院以育德为先，以培养学生德性为办学宗旨，将儒家的“道”作为追求目标；同时，儒家文化又强调对“道”的实现必须建立在掌握高深知识的基础上，因此，书院为了实现对“道”的信仰，必须建立在对知识的追求之上，成为新儒学的研究和传播基地，创新和传播高深学问也成为书院最典型的标志之一。此外，书院是南宋理学家们讲学和传播自己学说思想的重要基地，又是不同学术流派之间开展讨论、学术争鸣的重要场所，无论是流派之间，还是师生之间、学生之间，南宋书院在学术交流上均强调自由且平等，这在很大程度上促进了南宋理学的发展和学术文化的繁荣。

明代书院：兼容宽量、求同存异、敢于怀疑、关注政治。书院发展到明代，形成了一套完备的讲会制度，讲会活动产生于南宋，到了明代被制度化，讲会定期举行，举行之日还有隆重的仪式，讲学内容为儒家经典，与会者之间“各虚怀以听”，待结束后相互交流，其间还有茶点、午餐等。制度化的会讲活动使得明代的书院更加提倡不同思想和学派之间的交流和碰撞，形成了求同存异、坦诚相见的良好学风，学术交流更具生机和活力，书院精神也为之一新。此外，东林书院作为明代书院的典型代表，十分关注时事政治，将书院的学习研究内容和讲学活动与社会政治斗争紧密联系起来，书院旧址的石柱上至今还刻着“风声雨声读

图 2-3　位于湖南长沙的岳麓书院

书声声声入耳，家事国事天下事事事关心”的对联。明代书院“讲习之余，往往讽议朝政，裁量人物。朝士慕其风者，多遥相应和”，敢于批判权贵，揭露极度腐败的朝堂局势，不仅专注于学术活动，还主动将其与政治斗争结合，这是明代书院对书院精神的最大贡献。

清代书院：追求实学、经世致用、道艺并重、中西兼学。尽管清朝初期的统治者出于巩固自身统治的目的而下令“不许别创书院”，但是私学传统源远流长，书院也早已在文化教育事业中占据了十分重要的地位，强行禁毁书院必将激化社会矛盾，也不利于清朝统治者进一步实施“尊孔崇儒”以利用汉族知识分子的统治，因此，清代的书院再次表现出极强的生命力，继承和发扬了宋明以来讲求实学的传统。以黄宗羲所创办的甬上证人书院为代表，黄宗羲认为书院要讲究实学，反对空谈，经世致用：“学必原本于经术，而后不为蹈虚，必证明于史籍，而后足以应务。”学生要“先必穷经，兼令读史”，这对于扫除明末脱离实际的恶劣学风起了极大的作用。在“经世致用”思想的指导下，宗羲讲学既重经史之学，又重自然科学，“道”与“艺”并重，包括了天文、地理、数学、历法等学校科目；教学方法多以学生自学为主、以教师讲解为辅，自由讨论，互相辩论，因材施教，独立思考。此外，受西学东渐的影响，黄宗羲还将“远西测量推步之学”引入甬上证人书院，这是书院特征的一次重要突破。

1923 年 12 月，胡适在东南大学发表了题为《书院制史略》的演讲，他在细数了书院的历史后，将书院精神归结为三点：代表时代精神、讲学与议政、自修与研究。毛泽东曾说过："自修大学""这个名字是胡适之先生造的"。因此，胡适对书院精髓的提炼更显意味深长。

首先是代表时代精神。他将书院的祠祀作为这一时代的精神，"一时代的精神，只有一时代的祠祀，可以代表。因某时之所尊奉者，列为祠祀，即可觇某时代民意的趋向，古时书院常设神祠祀，带有宗教的色彩，其为一千年来民意之所寄托，所以能代表各时代的精神"，"由此以观，一时代精神，即于一时代书院所崇祀者足以代表了"。书院精神的时代性确实是书院精神中一个十分显著和突出的属性，纵观书院发展史，书院精神随着时代的变迁而不断丰富、增加，及至湖南自修大学创办时，民主共和精神、马克思主义理论等，已经成为新教育的灵魂，书院也再一次被革新。

其次是讲学与议政。南宋书院兴办之初注重淡泊名利、潜心学术，随着官学化程度不断加深，书院到明清时期也成为在野士大夫们议政之所。"书院既为讲学的地方，但有时亦为议政的机关。因为古时没有正式代表民意的机关；有之，仅有书院可以代行职权了。……明朝太监专政，乃有无锡东林书院学者出而干涉，鼓吹建议，声势极张。此派在京师亦设有书院，如国家政令有不合意者，彼辈虽赴汤蹈火，尚仗义直言"，"于此可知书院亦可代表古时候议政的精神，不仅为讲学之地了"。既学习理论，又关注时事，这是湖南自修大学在创办过程中十分注重的一点，也在苏区高等教育的创办过程中以反对教条主义的形式体现出来。

最后是自修与研究。书院本是私人用以藏书研读的地方，后来才有了聚徒讲学的教育功能，自修的方法和专注研究是书院与生俱来的特征。"书院之真正的精神惟自修与研究，书院里的学生，无一不有自由研究的态度，虽旧有山长，不过为学问上之顾问；至研究发明，仍视平日自修的程度如何"，"所以限于一小题或一字义，竟终日孜孜，究其所以，参考书籍，不惮烦劳，其自修与研究的精神，实在令人佩服！""因为研究学问，遇困难处若以调人自居，则必不肯虚心研究，而近乎自暴自弃了。"胡适在对书院精神的提炼中得到了"自修"一词，后来被毛泽东用作学校名称，可以说湖南自修大学鲜明地体现了这一精神，是书院精神传承和创新的典范，也是一次伟大的实践。

2. 中国古代太学

自夏商西周时，奴隶主阶级便通过垄断教育权的方式巩固自身的统治地位；以太学为代表的国家中央官学在汉朝正式创办，到唐朝实现最大繁荣，中央和地方政府创办的各级各类官学机构相继成熟，制度趋于完备。南宋以后，官学的发展开始走下坡路，特别是在明清时期，中央和地方官学逐渐衰落，俨然成为科举制度的附庸，已是名存实亡，最终在清朝末年被新兴学堂和现代学校所取代。中国古代官学在培养优秀人才、继承民族文化遗产、繁荣科学学术事业等方面都发挥了不可替代的作用，在几千年的发展过程中也始终遵循着一系列内在的发展逻辑，成为中国教育发展内化了的固有属性。

形成了完备的学校体系。中国古代官学在历朝历代统治者的发展下，形成了一套完备的学校体系。在唐朝时，中央官学已经是具有经科、法科、实科等的综合高级学府，并附设了许多专科学校用以培养多种专门人才。在清朝时，中央官学还包括贵族学校如宗学、觉罗学、景山官学、咸安宫官学等。地方官学与中央官学相衔接，州县学在各个地方行政区广泛设置，地方官学不仅有经学，还有医学等专科学校，且私学与官学并存于社会，官学是教育的主干而私学是教育的重要补充。横纵交织、官私结合成为古代学校教育体系的重要特征。

确立了专门的教育行政管理机构。隋以前，学校教育事务由太常寺管理，而太常寺是专门负责管礼乐的机构，隋朝为了加强对官学的管理，将中央官学国子学从太常寺分离出来，改称国子监，国子监作为最高官学学府的同时执行教育行政管理职能。至此，中国古代官学的行政管理体制基本形成，中央官学由国子监祭酒负责，地方官学由地方行政长官负责，专门学校则由对口的行政机构管理。分级管理的教育行政体制使官学教育发展很快收到实效。

官学教育由行政部门或事务部门直接创办。由于统治阶级不仅需要后继的统治者，还需要有一批专门人才负责履行各个不同方面的服务职能，因此，这些具体的行政部门或事务部门会直接基于现有的师资、设备、场所等资源，开办专业教育。唐代太医署就附设了医药学校，“取庶人十六以上二十以下”，“各习专业之知识技术”。此外，还有太仆寺附设的兽医学校专门负责培养兽医，太常寺太乐署附设乐舞学校专门负责培养舞郎、散乐，秘书省司天台的天文学校则专门负责培养司天监。由此可见，部门办学的传统在中国古代官学中已经体现。

官学内部的配套制度完善。在隋唐以前，官学内部事务的运作主要依靠惯例，如果社会动荡，统治者不够重视，官学教育就很容易走向衰退，教学秩序在规则尚未制度化的情况下很难有所保证。隋唐以来，官学教育工作中的许多内容被制度化，唐朝甚至直接将有关学令集中整理后形成了《唐六典》，对官学的入学制度、学礼制度、教学制度、休假制度、考核制度等做出明确规定。明朝又创立和发展了监生历事制度、积分法制度等，进一步推动官学教育工作制度化。

社会局势对官学的影响较大。纵观历史，官学总是随政局而起舞，因时事而起伏，每当社会局势稳定、经济发展繁荣、统治阶级十分重视教育时，官学便能大发展、大繁荣，官学教育也能迅速达到高潮；相反，如果战乱不断、朝政腐败，或统治者重科举轻学校、不重视儒学的正统地位，就会造成官学荒废，师徒怠散。正如唐代李绛在《请崇国学疏》中所言：“故太学兴废，从古及今，皆兴於理化之时，废於衰乱之代。”官学既然是由统治阶级所创办、为政治经济服务，那么自然会受到社会局势的直接影响。

（二）古典高等教育的现实意义

1. 中国共产党创办高等教育的人文精神

中国高等教育的发展，从传说五帝到清朝末年，可谓“人文”阶段；近百年来，可谓“科学”阶段；正在发展的为“人文·科学”阶段[①]。因此，可以说高等教育传统模式的“人文性”是其主要特征。人文性由人文知识与人文精神共同构成，人文精神是指一种注重人格的发展与完善，强调人的价值和需要，关注“生活世界”存在的基本意义，并且在

① 涂又光．论人文精神．中国哲学史，1997（1）.

现实生活中努力实践这种价值、需要和意义的精神①。书院是中国传统高等教育模式中以“道”为核心的人文精神的主要践履者，“传道”“明道”被放置于书院教育的首要位置，并按照儒家的道德理想模式，从人才培养模式到学规章程等各个方面进行了完整设计，使书院“重视道德教育、对‘道’执着追求”的人文精神得以充分显现。儒家对“道”的追求又区分为两个相互关联的层次：一方面，士人以“道”修身、完善自我人格，所谓“格物、致知、诚意、正心、修身、齐家”；另一方面，将对“道”的追求转化成对社会秩序的完善，以“道”治世，所谓“治国、平天下”。所以，书院所追求的“道”，首先是个体对自我的道德完善，然后在个体道德完善的基础上实现整个社会秩序的完善，从而将自我道德完善的人文追求与治国平天下的社会关切紧密结合在一起。高等教育传统模式的人文精神对中国共产党早期创办的高等教育产生了诸多影响。

第一，强调道德教育，坚持以人为本的教育宗旨，形成为国为民的价值理想。中国共产党在最初创办高等教育的实践中，继承了这一精神。首先，无论是湖南自修大学和湘江学校，还是苏区高等教育机构，都将思想政治教育放在首要位置，并引导学生形成为国为民的正确价值理想，学生们不仅信仰马克思主义，而且通过学习和接受道德思想教育，能够成长为革命斗争所需要的共产主义战士。其次，在办学过程中，中国共产党坚持以人为本的教育宗旨，以正确的高等教育逻辑指导办学。毛泽东在教育上是十分重视发挥个人的主观能动性的，他在创办湖南自修大学时就明确指出，中国古代书院的宝贵之处就是有一个“好形式”：一来是师生的感情甚笃；二来没有教授管理，但为精神往来，自由研究；三来课程简而研讨周，可以优游暇豫，玩索有得。因此，学生在学习中的主体位置得到了很好的保证，研究学术也更加得心应手。在苏区的高等教育中，不论是红军教育还是干部教育，都非常注重让学生自主研究学习，在理论与实践相结合的学习工作中，感同身受地接受革命知识，养成高远的革命志向。最后，引导学生形成正确的革命观。创办南宋书院的学者们所追求的“道”、所实施的道德教育，不仅要求

① 欧阳玉，谢炳炎．大学教育思想论要．长沙：湖南大学出版社，2001：55.

学生养成良好的思想道德并将之付诸实践，而且要求他们将个人抱负和道德理想与兼济天下、完善社会秩序的崇高目标相结合。中国共产党最初创办高等教育时，全国仍处于革命战争和阶级斗争的大环境下，党组织也还在成长的过程中，许多被新吸收进干部队伍、红军队伍和党员队伍中的工人、农民或小资产阶级中的知识分子，还没有形成一个正确的革命观和战争观，具有革命上的不彻底性，眼界不够开阔、认识不够深刻，因此，开展广义的道德教育、使学员树立正确的理想和三观是中国共产党早期创办高等教育的必由之路。

第二，将价值信仰建立在知识追求的基础上，实现价值与知识的统一。中国共产党早期创办的高等教育，不仅注重马克思主义理论在中国的传播，同时也注重对各类专业知识的传授和学习，在大学和专科院校中不仅开展思想政治教育，还将思想政治教育与各类专业教育有机结合起来。湖南自修大学对中国传统书院教育的一大改造就是把“专用科学”作为教育内容，用“科学的方法去研究哲学和文学”，在科目上也设置了文法两科，具体包括中国文学、西洋文学、英文、论理学、心理学、教育学、社会学、历史学、地理学、新闻学、哲学、法律学、政治学、经济学等具体学科知识，《湖南自修大学创立宣言》也写得很明确：“自修大学学生不但修学，还要有向上的意思，养成健全的人格，煎涤不良的习惯，为革新社会的准备”①。苏区高等教育更明确地将思想政治教育同专门知识教育结合起来共同育人。在红军教育中，思想政治、军事技能、文化知识构成主要的教学内容；在干部教育中，政治理论、工作技能、文化知识三者并重；在专门院校中，不仅对学员开展思想政治教育，而且引导学生将马克思主义理论同专业知识相结合，比如高尔基戏剧学校既教给学生戏剧运动及革命文艺运动的基本知识，又有组织地将学生分派到各革命根据地的俱乐部、剧社、剧团去实习，为苏区“红色戏剧”的建设和发展做出了贡献。

第三，形式上强调自修，学风上强调务实自由，师生关系上强调融洽互助。中国古代书院教育的这些精神在中国共产党早期创办的高等教

---

① 中共中央马克思恩格斯列宁斯大林著作编译局研究室．五四时期期刊介绍：第 2 集：上册．北京：生活·读书·新知三联书店，1959：32－33.

育中得到了很好的继承和超越。首先在形式上，湖南自修大学的学习方法就是单独研究、团体研究，并将通函指导、特别教授、特别研究作为补充，以“自己看书，自己思索”“共同讨论，共同研究”的方式完成教育活动；苏区的高等教育也重视学生的主动参与式学习，毛泽东在给学生讲课时，常常深入浅出地引导学生认识到革命的艰巨性和局势的复杂性，参与到工作和斗争实践中的学生也能够自觉地总结经验，将理论和实践结合起来。其次，苏区的高等教育在学风上活泼而务实，反对教条主义。苏区的大学学习和生活条件极其艰苦，教学条件也极其简陋，许多校舍都是学生和教师在上课之前自己动手盖起来的，课桌也直接用石板或木板充当，有时连食盐都吃不上，但即便是这样，苏区的大学依然形成了活泼向学的优良学风，学生在艰苦的环境中仍然刻苦学习，未曾有丝毫懈怠。最后，在苏区的大学中，教师和学生之间的关系非常融洽，专职和兼职教师们十分重视言传身教，毛泽东、周恩来等中央的领导同志结合自身的革命实践经历，讲课时深入浅出、理论与实践紧密结合，在教学上取得了非常好的效果。通过教学活动，师生之间也建立起了民主、平等、革命的师生关系。

2. 中国共产党创办高等教育的政治功能

第一，中国古代高等教育在“学而优则仕”的教育观念和科举制度的影响下，强化了高等教育的政治功能，相对弱化了社会经济功能等其他功能。中国的教育始于黄帝时期，《庄子·外篇·在宥》有云：“昔者黄帝始以仁义撄人之心”。《尚书·虞书·舜典》记载：“契，百姓不亲，五品不逊。汝作司徒，敬敷五教，在宽。”这两句话清晰地阐释了中国教育的起点和有关教育的三个方面：办学权、教育功能、教育内容。“昔者黄帝”“帝曰”，说明办学权属于统治者；“撄人之心”“百姓不亲，五品不逊”，说明教育的功能在于使百姓更文明，使社会更安定；“仁义”“五教”是教育的内容，与后世儒家思想高度一致。随后，历朝历代在举办高等教育时，都没有在这三个方面实现突破性改变，相反，科举制度的出现又反过来制度化了这一系列教育安排。我国高等教育传统模式对教育政治功能的强化由此体现为两点：一是办学权由统治阶级掌握，二是教育功能集中强调“取士”与“化民”。我国古代高等教育重视发挥其政治功能的传统，在中国共产党创办高等教育的初期表现得十分明显，特别是苏区大学办得成功的根本原因，正在于揭示了教育为人民服务的必然规律，这既是对传统模式的继承，也是基于时代的主动选择。

第二，党的领导是中国共产党创办高等教育的前提和保障。在办学权问题上，中国共产党的领导显然不同于封建社会统治者的统治：首先，中国共产党代表了最广大人民的根本利益，党的领导是人民掌握办学权乃至教育主权的重要保障；其次，中国共产党的领导是一种集体领导而非个人专制，是科学的、民主的；最后，党的领导是在法制框架下完成的，是一种依法领导的体现。但有一点没有发生变化，那就是中国共产党坚持掌握高等教育的办学权，并让“文化教育为革命战争与阶级斗争服务”。必须认识到，党对教育的重视、对各级学校的绝对领导，是大革命时期和土地革命战争时期高等教育事业得以繁荣的根本保证。党对高等教育事业的绝对领导体现在政治领导、思想领导和组织领导上。首先，在政治上领导。从工读互助团，到湖南自修大学，再到中国工农红军大学，毛泽东主动谋划、亲力亲为。他认为，学校工作有很多，但“最重要的问题，是选择校长教员和规定教育方针”[①]。被誉为“儒将”的刘伯承作为我军院校建设的主要奠基人，在苏区创办红军教育的过程中，更是为我军学校教育和军事建设做出了突出贡献。其次，在思想上领导。湖南自修大学作为中国共产党最初创办的传播马克思列宁主义和培养训练革命青年干部的学校，为了保证思想上的纯洁性，将原来的船山学社藏书楼改为图书馆，大量采购进步书刊，包括《共产党宣言》《社会主义史》《新青年》等，还创办理论性杂志《新时代》，经常翻译一些马克思主义经典著作，以及刊登运用马克思主义观点探讨和分析中国革命问题的文章，以坚持自修大学正确的政治方向。最后，在组织上领导。在学校领导的选用上，大学的校长、副校长、政委都是思想水平高、政治素质强的党的同志，比如中国工农红军大学的第一任校长兼政委是何长工，后由周昆、刘伯承代理；苏维埃大学的校长先后由毛泽东、瞿秋白担任，沙可夫、林伯渠、梁柏台、潘汉年则是

① 毛泽东．毛泽东选集：第1卷．2版．北京：人民出版社，1991：177.

大学校委会委员，而且这些学校的领导几乎都在中央任职，足见中央领导发展高等教育的决心和对高等教育的重视。

第三，高等教育培养了大批革命斗争急需的各类人才。古代高等教育的政治功能之一是“取士”，科举制度催化了这一功能的实际效果，使统治阶级通过高等教育获得源源不断的补充。“古者取士之法，莫备于成周，而得人之盛，亦以成周为最。自唐以后，废选举之制，改用科目，历代相沿。而明则专取四子书及易、书、诗、春秋、礼记五经命题试士，谓之制义。有清一沿明制，二百余年，虽有以他途进者，终不得与科第出身者相比。”随着官学教育和科举制度的不断完善，人才培养也不再局限于经学人才，而是扩展到各个不同类别、不同专业中，在清朝实施的分斋教学制度中，“明经者，或治一经，或兼他经，务取御纂折中、传说诸书，探其原本，讲明人伦日用之理。治事者，如历代典礼、赋役、律令、边防、水利、天官、河渠、算法之类”。中国共产党在革命战争时期，通过创办高等教育培养了一大批斗争急需的人才，为夺取革命战争的胜利做出了重要贡献。首先是通过创办红军教育造就了一大批治国治军、驾驭战争的军事栋梁。在开辟了苏区革命根据地之后，中国共产党和苏维埃政府的领导人深刻领悟到“枪杆子里面出政权”的道理，开始有意识地建设军校、培养军事人才。包括中央军事政治学校、中国工农红军大学在内的著名军事院校的开办，培养了红军发展急需的人才，造就了具有坚强意志和顽强作风的红军战士，使红军队伍不仅听党指挥，而且掌握先进的军事技能，为部队的发展壮大开辟路线，使之更好地担负起历史使命。其次是发轫于建党时期、发展于苏区时期的中国共产党的干部教育培养了大批领导干部。中国共产党从筹备建党和诞生之日起，就非常关注干部教育和干部培训工作，在苏区革命根据地不断扩大的情况下，对优秀干部的需求日益凸显，因此，中国共产党发展干部教育事业，初心在于造就干部、培养领导。实际上，苏区已经形成了较为完备的干部教育体系，特别是中国共产党在苏区创办的，以中央党校、苏维埃大学和中国工农红军大学“三大名校”为主干，以高尔基戏剧学校、中央列宁师范学校等专科学校为主体的高等教育体系，是中国共产党早期干部教育的成功探索，为中国共产党培养了大批各级各类干部。

第四，在全社会传播和弘扬了马克思主义理论。古代高等教育的另一政治功能是“化民”，即通过学校定期举行的传统礼仪活动，向社会普遍推行道德教化。这一功能是通过官学与私学、中央官学与地方官学共同实现的。汉景帝时，蜀郡太守文翁深感蜀地地方偏僻，文化落后，“有蛮夷之风”，便选择属下聪颖官吏十余人到京师向博士学习，学成后回到蜀郡授予官职，并在成都建立官学，抽调一批年轻人到官学学习。儒家思想因此在蜀地快速发展起来，改变了当地的风俗，也促进了当地的社会发展。“文翁兴学”展现出教育在化民成俗过程中的巨大作用，此后，历代施行德政的统治者都重视教化民众，强调劝学行礼，视教育为巩固统治的重要手段。湖南自修大学的可贵之处在于其“平民主义”，既然是平民主义的学校，使广大好学之士能够入学接受教育便是应有之义。《湖南自修大学创立宣言》中提到“自修大学为一种平民主义的大学”，此外，湖南自修大学在反动统治的社会大环境下，仍能引导学生学习和研究马克思主义，研究中国革命的实际问题，从事社会改造的事业，且在湖南自修大学的校刊《新时代》上，毛泽东、李达等革命家曾发表了《外力、军阀与革命》《马克思学说与中国》等论文和大量诗歌、小说，分析国内外革命局势，研究和介绍马克思主义，这些努力均从不同角度发挥了发动和领导广大群众参与革命的作用。在苏区开办的高等教育不仅培养了干部和军事人才，还满足了苏维埃革命根据地的广大人民的受教育权。中国共产党、苏维埃政府重视苏区高等教育事业的发展，这既是革命的需要，也是为了从真正意义上解放人民，让人民获得知识以摆脱愚昧和贫困。

第三章

全民族抗战时期和解放战争时期的高等教育（1937—1948年）

中国近代高等教育主要有两个来源：一个是鸦片战争后，受到西方列强的冲击，为了富国强兵，建立起来的一批西式学堂，如北洋大学、南洋公学、京师大学堂；另一个是中国共产党在革命战争年代创办的抗日军政大学、陕北公学、鲁迅艺术学院等具有红色基因的高校。后者对中国现代高等教育影响至深，为中国现代大学提供了概念框架和治理模式。

一、陕北公学与全民族抗战时期的高等干部教育

抗日战争时期，陕甘宁边区是中共中央所在地。随着新民主主义教育在根据地的建立，高等教育与抗战的需要结合起来，大学在数量和质量上得到蓬勃发展。其中，培养高级干部的学校大多集中在延安，单由中央直接领导的学校就有 17 所，学员达数万人，其中有中共中央党校、陕北公学、中国人民抗日军政大学、马列学院、鲁迅艺术学院、中国女子大学、自然科学院、医科大学、延安大学、行政学院、俄文学院、民族学院、泽东青年干部学校、新文字干部学校、炮兵学校，以及延安日本工农学校、朝鲜革命军政学校等①。

（一）陕北公学的创办始末

1. 办学历程

（1）陕北公学的事先筹建。陕北公学的创办，是陕甘宁边区高等教育发展的一件大事。创办能够适应抗战需求的学校、在边区发展新教育是党中央做出的纲领性决策。而在当时的延安，由苏区的马克思共产主义大学发展而来的中共中央党校和由中国工农红军大学发展而来的中国人民抗日军政大学，尽管分别负责培养党的工作干部和军事政治干部，但是仍然远不能适应和满足战时对人才、干部的需要和要求，因此，另

① 孙培青．中国教育史．4 版．上海：华东师范大学出版社，2019：498.

外创办一所专门用来培养财政经济、教育卫生等专门人才，以及边区政府所需的其他各类地方干部的大学，对于适应形势发展、接纳不断涌入延安的进步青年、培养越来越多的可堪重用的干部人才，具有十分重要的意义。陕北公学在此背景下应运而生，被党内外寄予厚望。

（2）陕北公学的正式开办。1937 年 9 月 1 日，陕北公学将招收的全国各地青年及海外华侨青年编班上课。1937 年 10 月 19 日，毛泽东做了题为《论鲁迅》的报告，他在这次报告中，将鲁迅的政治远见、斗争精神和牺牲精神概括为“鲁迅精神”，并号召革命队伍学习“鲁迅精神”。随后几天，毛泽东根据“鲁迅精神”为陕北公学做了长篇题词，指出陕北公学的主要任务就是培养抗日先锋队：“要造就一大批人，这些人是革命的先锋队。这些人具有政治远见。这些人充满着斗争精神和牺牲精神。这些人是胸怀坦白的，忠诚的，积极的，与正直的。这些人不谋私利，唯一的为着民族与社会的解放。这些人不怕困难，在困难面前总是坚定的，勇敢向前的。这些人不是狂妄分子，也不是风头主义者，而是脚踏实地富于实际精神的人们。中国要有一大群这样的先锋分子，中国革命的任务就能够顺利的解决。”1937 年 11 月 1 日，陕北公学正式举行开学典礼①。

1938 年 3 月 3 日，毛泽东在陕北公学毕业典礼上发表了题为《对陕北公学毕业同学的临别赠言》的讲话，他在讲话中将陕北公学、陕北公学的毕业生提到一个新的高度：“陕公是全中国的一个缩影”，“你们是进步分子，是创造新中国的分子。因此，陕公代表着全中国的统一战线，是中国进步的一幅缩图”②。1938 年 3 月 10 日，他再次题词：“陕北公学是属于中华民族的，因为他为抗日救亡而设，因为他收纳了全国乃至海外华侨的优秀儿子。”1938 年 4 月 1 日，在陕北公学第二期开学典礼上，毛泽东重申了“政治方向”和“工作作风”的重要性，他说：“今天陕公开学，我应当送点礼物。但是，我没有多少东西，只能送你们两件礼物。第一件，是坚定不移的政治方向。第二件，是艰苦奋斗的

① 孙国林．“中国不会亡，因为有陕公”：毛泽东与陕北公学．百年潮，2006（4）．
② 中共中央文献研究室．毛泽东文集：第 2 卷．北京：人民出版社，1993：104．

工作作风。”[①]

（3）陕北公学办分校与并入华北联合大学。1938 年 7 月 7 日，中共中央决定在关中栒邑看花宫开办陕北公学分校。1939 年 1 月，陕北公学总校迁至栒邑与分校合并。1939 年 7 月，由于日军战火迫近，与国民党顽固派的“摩擦”加剧，党中央决定陕甘宁边区几所主要的大学大部分师生开赴敌后办学，陕北公学、鲁迅艺术学院、安吴堡战时青年训练班、延安工人学校等四校联合，成立“华北联合大学”，这所大学是中国共产党在敌后办起的第一所高等学府，被誉为“插在敌人心脏上的一把剑”。1939 年 7 月 9 日，毛泽东专程到陕北公学为即将开赴华北抗日前线的陕北公学师生们讲话，在此次讲话中，他说，我也赠给你们三样法宝，这就是：统一战线、武装斗争、党的建设。这个提法同年 10 月发表在《〈共产党人〉发刊词》中，“统一战线，武装斗争，党的建设，是中国共产党在中国革命中战胜敌人的三个法宝”。这就是著名的“三大法宝”论断[②]。毛泽东对陕北公学的师生寄予厚望，他深情地说：“你们到前方去创造根据地，不但要争取民族的解放，而且要争取社会的解放。”[③] 华北联合大学的师生们随后带着党中央的嘱托，高唱着战歌踏上征程，离开延安，向华北挺进。

（4）陕北公学的后续沿革。抗日战争期间，华北联合大学在残酷的敌后战场办学 6 年，抗战结束后，华北联合大学得到全面恢复，1948 年，华北联合大学与北方大学合并成立华北大学，为迎接全国解放做准备。新中国成立后，中国人民大学在华北大学、中国政法大学等学校基础上组建[④]。此外，1939 年 11 月，党中央决定复办陕北公学，一般称为“后期陕公”。1941 年 7 月 13 日、7 月 30 日，经中央政治局两次会议讨论，中共中央决定将泽东青年干部学校、中国女子大学、“后期陕公”三校合并，命名为延安大学，吴玉章为校长，赵毅敏为副校长。

---

① 中国人民大学前身时期校史读物编委会．中国不会亡　因为有陕公：陕北公学（1937—1939）．北京：中国人民大学出版社，2017：22.

② 殷之俊．毛泽东最早提出的三大法宝是什么？．中国统一战线，2013（6）.

③ 同①118.

④ 中国人民大学．中国人民大学历史沿革．[2020-09-09]．https://www.ruc.edu.cn/history.

1943年3月16日，中共中央西北局决定合并延安大学、鲁迅艺术学院、自然科学院、民族学院、新文字干部学校，名称仍为延安大学①。

2. 教育模式

陕北公学是延安时期创办较早且影响深远的一所大学，前后办学四年，在教育方针与任务、教学计划、学制安排、课程设置、教学方法、师生与校风等方面形成了别具一格的独特教育模式。陕北公学的教育方针是“坚持抗战，坚持持久战，坚持统一战线，实行国防教育，培养抗战干部”。政治路线确定之后，干部就是决定的因素，陕北公学的主要任务是培养政治工作干部，培养一批革命的先锋队。毛泽东指出：“我们要造就大批的民族革命干部，他们是有革命理论的，他们是富于牺牲精神的，他们是革命的先锋队。”②

（1）陕北公学的师资和生源。在学制和课程上的创新突破与学校拥有一支富有斗争经验、理论和实践紧密结合的师资队伍分不开。1938年2月，中央政治局召开常委会，讨论陕北公学工作，会议确定陈昌浩、王若飞、徐冰、吴亮平等高级干部兼任陕北公学教员，张闻天、毛泽东、周恩来、朱德、董必武、任弼时、陈云、李富春等中央负责同志都要经常来校讲课或做报告③。在招生方面，由于七七事变后国民党执行片面抗战路线，广大国土相继沦陷，因而从东北、华北、华中、华南等沦陷区奔赴延安的青年与日俱增，为了更好地容纳来延安的广大知识青年、形成统一战线，陕北公学不仅在三原、西安、延安等地设立了报名处，而且中国共产党设在国统区的八路军办事处，也成为介绍、接收陕北公学学员的重要阵地。在招生要求上，党中央从革命的需要出发，没有对学历、文化水平等做机械的规定，强调只要有志于抗日救国，年满十八岁，身体健康，无不良嗜好，不分性别、出身、职业、党派信仰，均可报考。由于在招生时秉持统一战线的思想，截至1937年11月陕北公学举行开学典礼，陕北公学学员已编了五个队，其中第一到第四

① 西北政法大学．校史：从陕北公学到西北政法大学．(2016-12-19)[2020-09-09]. https://www.nwupl.edu.cn/hjgk/hjjg/63819.htm.

② 中共中央文献研究室．毛泽东文集：第2卷．北京：人民出版社，1993：63.

③ 中华全国总工会．永远的丰碑：陕北公学．(2007-01-29)[2020-09-09]. http://www.acftu.org/template/10041/file.jsp?aid=52653.

队是男生队，第五队是女生队，共约六百人[①]。陕北公学强大的师资和优秀的生源，使得陕北公学的毕业生能够很好地适应抗战和革命工作的需要，陕北公学的教育可以说是成功的。

（2）陕北公学的教育体制与课程教学。在教育体制上，陕北公学根据局势需要形成了两种学制：一种是普通班（学员队），一般学习四个月，具有短期训练班的性质，主要任务是培养抗战急需的民运干部；另一种是高级研究班（高级队），一般学习一年，主要任务是培养师资及宣传教育干部。在课程设置上，普通班有四门课，即“社会科学概论”（“政治常识”）、“抗日民族统一战线”、“游击战争”、“民众运动”等；高级班再加上“哲学”、“政治经济学”、“中国革命基本问题”等课程；时事政策之类的报告，是普通队和高级队所共有的。而且，根据当时的实际需要，课程内容可以多，也可以少；学习期限可以长，也可以短，有伸缩性，可以灵活掌握[②]。比如，“游击战争”课主要讲游击战争的理论、战略战术、政治工作等。在教学方法上，理论与实际相结合、少而精、学用一致是陕北公学所遵循的三条主要原则。在陕北公学，教师不仅强调学校教育的计划性和规律性，同时也鼓励自动的、集体的学习，使学生在教员的指导下，可以通过自主思考和集体讨论的形式，提高自己分析理论和解决问题的能力。总之，这些课程的设置和教学方法的选择，完全针对当时形势的需要进行。

（3）陕北公学的学风。陕北公学是在极端困难的条件下办学的，但正是在物质匮乏、条件艰苦的环境下，陕北公学逐渐形成了“忠诚、团结、紧张、活泼”的校风，这是陕北公学全体师生的共同生活准则、共同作风。忠诚，就是忠于抗战，忠于革命，对共产党员来说，还必须忠于共产主义信仰，忠于马列主义原则。只有无限忠诚于民族革命战争，忠诚于党和人民的革命事业，才能真正成为革命的先锋战士，为民族解放事业献身。团结，就是团结抗日，巩固和发展抗日民族统一战线。陕北公学在招生时奉行统一战线原则，因此，在性别、年龄、民族、党派

---

① 李维汉．回忆与研究．北京：中共党史出版社，2013：305.

② 中华人民共和国教育部．陕北公学：救亡图存育英才．（2015－08－03）[2020－09－09]. http://www.moe.gov.cn/jyb_xwfb/xw_zt/moe_357/jyzt_2015nztzl/2015_zt05/15zt05_kzdx/201508/t20150804_197868.html.

上，学生之间的差异很大，尽管来自五湖四海，但是大家都有一个共同的目的，那就是抗日，因此，陕北公学在办学过程中必须搞好团结。紧张，就是培养严守纪律、迅速果敢、雷厉风行、一丝不苟的精神，陕北公学的生活是军事化、战斗化的，且经常会有各种军事战斗演练，在陕北公学接受了紧张的军事化培训后，到毕业时，学生都具有严格的组织纪律性，能吃苦耐劳，养成了集体生活的习惯，工作说干就干。活泼，是指丰富多彩的文化生活和生动活泼的政治局面，目的都是调动全体成员的积极性、主动性，使学校团结进步、朝气蓬勃、欣欣向荣①。

3. 内生与转型：从干部教育到国民教育

（1）短训班性质的干部教育。

陕北公学创立以前，陕甘宁边区急需大量知识青年充实革命干部队伍，而抗大和中央党校的培养能力还很有限，因此，陕北公学从诞生之日起，便肩负着发展干部教育、培养抗日救国先锋的责任和使命②。中央领导的重视反映了陕北公学培养新干部、创办新教育的迫切，陕北公学也围绕如何开展干部教育这个中心问题，制定了五条教育方针，包括"培养学员成为抗日战争中的民众运动工作者和文化教育工作者"等③。陕北公学的短期训练班主要由思想政治教育、行政工作和群众动员工作的理论与能力、军事知识三个部分的内容构成。

第一，思想政治教育是干部教育工作中的首要任务，目的在于培养学生成为有政治远见、能够完成党的嘱托和重任的优秀干部。陕北公学校长成仿吾曾说："教育计划的安排原则是七分政治、三分军事。"④ 只有对学员进行马克思主义基本原理的教育，进行思想政治教育，才能将培养出的干部在思想上武装起来。在课程设置上，陕北公学所开设的课程以政治教育为主。普通班具有短期训练班的性质，注重在实践中进一步加深对理论知识的理解；相比之下，高级班的学习期限更长，学习课

---

① 中华人民共和国教育部．陕北公学：救亡图存育英才．(2015-08-03)[2020-09-09]. http://www.moe.gov.cn/jyb_xwfb/xw_zt/moe_357/jyzt_2015nztzl/2015_zt05/15zt05_kzdx/201508/t20150804_197868.html.

② 游海华，饶泰勇．造就抗日救国先锋：陕北公学的干部教育．党史研究与教学，2017(2).

③ 李维汉．回忆与研究．北京：中共党史出版社，2013：308.

④ 成仿吾．战火中的大学：从陕北公学到人民大学的回顾．北京：人民出版社，2014：27.

程门数更多，理论知识基础也更加深厚[①]。高级班是专门培养教员师资、高级干部的，因此也更侧重于对革命理论的深入讲解和学习，从而能够切实提高学员们的理论修养，以正确的政治方向来接任毕业后的教员工作和革命工作。在教材的选择上，陕北公学特别注重让学员学习和研读马列原著。在师资安排上，为了提高学员对马克思主义理论的理解，真正摸清、吃透革命形势和党中央的方针政策，学校领导还常常邀请中央的领导专门到校做报告，比如毛泽东曾为陕北公学题词、做报告等，并为陕北公学的师生们就游击战的打法、国共长期合作的方针、张国焘叛逃问题等一些时事热点做过报告[②]。

第二，传授学员行政工作和群众动员工作的理论与实践能力。陕北公学的学生在毕业后将要奔赴各地开展行政管理工作和群众动员工作，因此，陕北公学开设的课程一方面要让学员了解到民众运动在中国革命和抗日战争中的意义和作用；另一方面，要让学员明白建立革命根据地的重要性，以及如何才能在敌后建立抗日革命根据地、相关的党的政策又有哪些等。民众运动课程由具有丰富理论知识和群众运动经验的邵式平主讲，在实践中发挥了很大的作用[③]。此外，为了更好地提高学生的工作能力，陕北公学常常组织学员走出校门，在实际工作中锻炼。例如，学校规定每周三为救亡日，学员应有计划地开展各种救亡活动，应走出学校到地方政府和民众组织中去做统一战线工作和群众工作[④]。

第三，向陕北公学的学员传授基本的军事知识，对他们进行军事化的锻炼。陕北公学采取半军事性的编制，注重军事训练，在课程设置上也遵循“七分政治、三分军事”的原则，这是为了“如果说真的枪响起来了，那么我们就可以及时地都变为学生军，与敌进行战斗，至少绝不至于惊惶失措，因而星散”[⑤]。在特殊时期开展军事教育，也正是陕北公学办学的特殊性的体现，比如普通班开设的军事课程“游击战争”和

---

① 李维汉．回忆与研究．北京：中共党史出版社，2013：309.

② 成仿吾．战火中的大学：从陕北公学到人民大学的回顾．北京：人民出版社，2014：27.

③ 同①.

④ 游海华，饶泰勇．造就抗日救国先锋：陕北公学的干部教育．党史研究与教学，2017(2).

⑤ 李国强．邵式平教育文选．南昌：江西教育出版社，1989：11.

“政治常识”就对一些基本的军事常识做了讲解[①]。由于陕甘宁边区不时受到日军飞机的空袭和国民党顽固派的骚扰，为了提高学员的军事素质，陕北公学对学员采取了军事编制管理的方式，以 8～12 人为一班，每个班都编进一两个政治文化水平较高的学生，起到带头的作用。班是最基础的学习单位，各个班都通过学员民主选举出本班的班长和副班长，学生干部通常文化水平较高、工作能力较强，能够团结全班同学。班以上是队，相当于军队中的连，队不仅是教育单位，也是自治单位，每队由 8～10 个班组成，共有 100～120 人，各个队配有队长、指导员（最初叫队主任）、副队长、助理员、队学生分会主任领导专门负责全队的工作，指导员相当于队的党支部书记，负责党务工作，队长和副队长则分别负责学习、生活和军事工作，在编制和分工上向军队看齐[②]。

陕北公学严格的军事化、战斗化生活，一方面能够适应边区物质条件极端困难、随时面临战争的紧张局势；另一方面也磨炼了学员们的意志，学员们在集体生活中增进了彼此的感情，提高了自身的思想觉悟，思想、作风都很快发生深刻变化。

（2）从干部教育向国民教育过渡。

中国共产党成立后，清醒地认识到干部在革命斗争中发挥的重要作用，因此，无论是在大革命时期、土地革命战争时期，还是在抗日战争时期，都十分重视自身干部队伍的建设和干部教育的开展，也正是党中央考虑到要在严酷的战争环境中及时满足对各级各类干部的需要，陕北公学才在延安已经有了中国人民抗日军政大学和中共中央党校的情况下，仍然得以创办并受到党中央的高度重视。实际上，就干部教育和国民教育的关系而言，当时的中共中央秉持这样的态度：“干部教育第一，国民教育第二”。因此，陕北公学的创办和办学过程中的各种制度安排，更多的是从干部教育而非国民教育的角度出发的，但陕北公学从形式上所延续分化出的多所大学、从办学中所积累的教育经验和校风学风，深刻地影响了国民教育的走向。

---

① 刘葆观．血与火的洗礼：从陕北公学到华北大学回忆录：上卷．北京：中国人民大学出版社，2007：69－97.

② 李维汉．回忆与研究．北京：中共党史出版社，2013：310.

一方面是由陕北公学发展而来的多所现代化大学。陕北公学（包括“后期陕公”）如今已经成为国民教育的组成部分。中国人民大学的诞生，使陕北公学的血脉得到留存。中国人民大学深刻影响了我国高等教育的办学模式，这是因为党中央和政务院在组建中国人民大学时，决定将其与哈尔滨工业大学作为全国示范性大学进行重点建设，不管是办学模式、组织架构方面，还是师资培养、课程设计、教材编写方面，全国的高校都要向中国人民大学学习，以中国人民大学为榜样，为此，党中央为中国人民大学配备了最好的师资、物资等教育资源，比如中国人民大学由吴玉章担任校长，行政领导健全；时任中央人民政府副主席刘少奇出席学校成立仪式并发表讲话以示重视；中国人民大学一所学校所获得的财政经费就占到了教育部全部预算的 1/5；等等。此外，中央政府还为中国人民大学聘请了众多苏联专家，使中国人民大学能够更好地学习苏联的高等教育发展经验，从而为我国其他高校做出表率和榜样作用，全国其他大学还专门派教师来中国人民大学进修学习，并在人大专家的指导下开展教材的编写工作。从这一角度来看，陕北公学对中华人民共和国成立后国民高等教育事业的发展所产生的影响十分深远。

另一方面是从陕北公学的办学中积累的教育经验和校风学风。陕北公学在办学过程中积累的经验，反映了中国共产党在延安、在陕甘宁边区创办高等教育的独特教育模式，这些教育经验形成于干部教育，却转型和应用于国民教育，对中华人民共和国成立后的教育模式产生了深远影响。在办学宗旨上，在党中央转移到延安之后，陕甘宁边区的各项工作才刚刚起步，当地的文化教育事业还相当落后，且不说群众的文化水平，即便是区乡的干部中也还有大量文盲，在较短的时间内抓紧培养一批讲政治、懂专业、有文化的边区干部成为边区高等教育的根本宗旨和重要使命。时至今日，这种具有短训班性质的干部教育仍然在广泛使用，教育为政治服务的办学宗旨也深刻影响了新中国高等教育事业，特别是新中国成立后高等教育办学宗旨的形成。在课程内容上，陕北公学实施的高等教育主要由马列主义理论教育、思想政治教育、军事教育、劳动教育、专业知识等共同组成，这些教育内容在今天的现代大学中仍然存在：大学中普遍将马列主义理论课程和思政课程作为必修课和公共课，学生要接受严格的军事训练以接受国防教育，发挥劳动的育人功能以促进学生德智体美劳全面发展，学习各类专业课并强调理论与实际相结合等。在办学方式上，陕北公学在学制上强调灵活多样，一切从实际出发，根据培养目标和学员文化水平分设普通班和高级班，学习时间、具体科目均从实际出发，根据形势的发展和工作实际的需要随时随地进行调整。在教学方法上，陕北公学强调把校内教学与校外实践联系起来，把课堂教学与实际生活联系起来，坚持学用一致的原则安排教学计划。在转型为国民教育后，陕北公学教育形式多样、学制灵活、学以致用的办学方式仍体现在现代大学的办学方式中。在管理体制和校风建设上，陕北公学内部实施党团领导下的校长负责制，通过学生会、民主集中制等组织及制度实现民主自治；对外则直属中央组织部、中央宣传部领导，因陕北公学是一所具有统一战线性质的干部学校，因此在外部管理层面属于部门办学管理体制。经过长期实践和摸索，党团领导下的校长负责制演化为党委领导下的校长负责制，部门办学的管理体制也曾在计划经济时期创办的高等教育事业中发挥了巨大作用，重视思想政治教育和艰苦奋斗的优良学风至今仍对我国的高等教育产生着深刻影响。

（二）陕北公学的历史地位

1. 教育经验

第一，教育与实际统一，从实际出发，实事求是。陕北公学的学制、课程、教学方法等都是从实际出发、为实际服务的，理论与实际统一是贯穿陕北公学各项功能工作的基本原则。1937 年抗日战争全面爆发后，当年 7 月份，毛泽东在发表的《反对日本进攻的方针、办法和前途》中提出了实行全面抗战的八大纲领，并在第六条纲领中明确要求“根本改革过去的教育方针和教育制度。不急之务和不合理的办法，一概废弃”[①]。1938 年 10 月，毛泽东在《论新阶段》的报告中论及“实行抗战教育政策”时提出，“在一切为着战争的原则下，一切文化教育事业均应使之适合战争的需要”，“伟大的抗战必须有伟大的抗战教育运动

---

① 毛泽东．毛泽东选集：第 2 卷．2 版．北京：人民出版社，1991：348.

与之相配合”。可以看出，抗日战争时期在陕甘宁边区执行的教育政策具有一个共同的要求，那就是强调教育须即时应变，教育事业与民族解放战争相结合，一切从实际出发，实事求是。

为了满足革命战争的迫切需求、适应革命根据地的艰苦条件，陕北公学在学制上学习年限灵活，普通班一般为四个月，高级班一般也只有一年，能够很好地起到迅速培养大批革命干部的作用。在课程设置上强调少而精，课程的内容、讲授的分量、时间的安排都不是死板的，除了常设课程外，还有不定期的时事报告。在教学方法上，受客观条件限制，上课采取大课堂制，但教学时间紧、任务重，为了更好地使学生们学习到抗战中所需的知识，提高抗战能力，陕北公学废止了注入式教学方法，注重启发学生思考。在师资安排上，不仅有专职教员，也有由中央领导兼任的兼职教员。这些革命前辈不仅具有深厚的理论知识，还有丰富的实践经验，他们在陕北公学执教期间，处处以身作则，言行一致，十分注重从实际出发引导学生的思考和应用。比如，邵式平在陕北公学讲课时，常常因深入浅出、语言幽默又富有热情而受到学生欢迎，在回答学生提出的“如何选择起义时机”这样一个疑难问题时，邵式平将起义时机比作铁匠打刀时看火候，当火候烧到一定程度，赶紧用锤子打几下再往凉水里一涮，如果涮早了，钢太硬容易爆，如果涮晚了，钢太软容易卷，所以起义领导者就像铁匠一样，有掌握恰当火候的主要职责[①]。正是这些有能力从现实出发，将理论与实践相结合传授知识的陕北公学教员们，使那些来自四面八方、拥有不同文化水平和学习能力的学生坐在一起，为夺取抗日战争的胜利而在陕北公学不断进取。

第二，教育管理民主自治，师生关系融洽。陕北公学是一所具有统一战线性质的学校，各个党派在陕北公学都是公开存在的。在招生时，只要是有志于抗日的青年，无论他是哪个阶级、哪个党派，陕北公学都以团结的心态和革命的热情予以接纳，这符合民族矛盾高于其他矛盾的局势特征。因此，陕北公学形成了民主自治的优良作风，具体体现在教育计划、学习方法、日常生活、课外活动、学校管理等各个方面。民主是陕北公学治校的根本指导思想之一，也是陕北公学区别于国统区学校

---

① 李国强．邵式平与陕北公学．教育学术月刊，1992（1）．

的根本标志之一。在办学过程中，陕北公学遵循民主的原则：学校成员，不论有无党派关系，一律平等；凡属于政治与理论方面的原则问题，遇有意见分歧，采取辩论、讲道理的办法解决；凡教学和工作中的实际问题，采用大家商量、讨论、少数服从多数的办法决定；学校教育计划与工作计划的讨论、决定、检查，由学员派代表参加，并在实施过程中监督；凡学校成员，对学校全部工作有权随时提出自己的意见和建议；副队长以下各级干部，由学员选举；各队设立意见箱和救亡室，任何人都有权越级上告，每星期三为救亡日，救亡室的壁报是各队的喉舌[①]。陕北公学的民主、自治，还突出地表现在学生会的工作和活动中，学校充分尊重学生会的独立性，吸纳学生会成员参与学校的各种行政管理工作，倾听学生们通过学生会反映的问题，学生会的骨干也均是由学生民主选举出来的；同时，学生会也是全体学生的自治机关，不仅领导全体同学恪守学校的制度、规则、纪律，协助组织学习和开展课外研究，而且组织和开展各种互助活动、课外活动，改良行政设施、改善生活和物质条件的活动，等等。

在抗日救国的共同目标下，在民主自治的优良作风中，陕北公学的师生关系民主平等、互相尊重，十分融洽。在教学上，民主的作风使课堂思想十分活跃。陕北公学反对一切武断的、教条的、愚昧的观点，极力避免运用行政手段来解决思想认识上的问题，而是通过教员言传身教、学员批评与自我批评的方式，使师生共同成长。在生活上，师生互相关心、打成一片，常常举行各种体育类、文娱类活动和赛事，开展军事演习、参加集体劳动。陕北公学的各级领导也具有民主的领导作风，不仅倾听各方面的意见，实行民主治校，而且在生活上与教员、学员完全一样，吃小米、住窑洞、穿补丁衣服，每月领一元左右的津贴，领导干部遇事与群众商量，听取群众意见，集中群众智慧，在学校行政管理中十分重视民主自治。正如毛泽东在 1938 年 10 月 14 日发表的《中国共产党在民族战争中的地位》中所说的："大批能干人材的创造，也只有在民主生活中才有可能。"[②]

---

① 李维汉．回忆与研究．北京：中共党史出版社，2013：315.

② 毛泽东．毛泽东选集：第 2 卷．2 版．北京：人民出版社，1991：529.

第三，教育与劳动相联系，养成艰苦奋斗的作风。在教育与劳动相联系的问题上，陕北公学延续了苏区高等教育、湖南自修大学的一贯原则，将劳动摆在教育的重要位置。陕北公学是在物质条件极其困难的情况下办学的，无论是窑洞、粮食，还是教材教具，都极缺乏，如果外面下雪，那么教员就要头顶雪花上课；如果碰到雨天，泥泞满地，教员就赤脚上课。当时的主食是小米饭，土豆是主要的蔬菜，数九寒天吃饭，饭凉菜冻，若遇上狂风，饭菜里还要掺杂点沙尘、草芥[①]。为了克服困难，学校除了精打细算、节约开支、开展互助活动和社会募捐活动之外，主要的方法就是师生一起劳动，自己挖窑洞、修操场、筑路、挖厕所、开荒种菜、打柴等，来自全国各地的进步青年们也积极响应“自己动手，丰衣足食”的口号，一边学习一边积极参加劳动。1939 年 5 月 4 日，毛泽东在延安青年纪念“五四”运动 20 周年大会上发表了题为《青年运动的方向》的报告，他说：“延安的青年们干了些什么呢？他们在学习革命的理论，研究抗日救国的道理和方法。他们在实行生产运动，开发了千亩万亩的荒地。开荒种地这件事，连孔夫子也没有做过。”“中国古代在圣人那里读书的青年们，不但没有学过革命的理论，而且不实行劳动。现在全国广大地方的学校，革命理论不多，生产运动也不讲。只有我们延安和各敌后抗日根据地的青年们根本不同，他们真是抗日救国的先锋，因为他们的政治方向是正确的，工作方法也是正确的。所以我说，延安的青年运动是全国青年运动的模范。”[②]

抗战时期，陕北公学在办学过程中，以实事求是的态度进一步继承和发扬了教育与劳动相结合的教育原则，形成了艰苦奋斗、自力更生的优良作风，在陕北公学和抗日革命根据地的高等教育实践中取得了成功：首先，创造了物质财富，满足了坚持抗战的需要。抗日战争是持久战，要想取得最后的胜利，必须做好充分的物质和精神准备。学员参与边区劳动，既具有教育意义，也具有经济意义，不仅加快了革命根据地的生产建设，而且创造了支撑他们生活的物质财富，在偏僻穷困的革命根据地解决生存所需的物质需求。其次，在劳动中引导学生将理论与实

---

① 李维汉．回忆与研究．北京：中共党史出版社，2013：316.

② 毛泽东．毛泽东选集：第 2 卷．2 版．北京：人民出版社，1991：568.

践相结合，丰富了对理论知识的理解。学员在课堂上学习了关于革命的意义、马克思主义理论、群众运动工作的开展步骤等一系列的理论知识，必须在实践中进行检验，内化成自己的认识和思想，陕甘宁边区地处相对落后的地区，将劳动列入学校计划中，作为课程的组成部分，是发挥劳动这一育人方式的重要安排。最后，增强了学员对工农群众的理解，提高了革命的使命感。陕北公学统一战线的性质，要求对前来学习的青年在思想上和革命观上进行统一，通过边学习边劳动，青年学员们能够亲身了解到革命根据地的生产过程和农民、工人阶级的真实疾苦，使他们的意志得到磨炼，最终成长为具有坚定理想信念、有信心和能力取得最后胜利的骨干力量。

2. 历史意义

第一，培养了大批革命先锋。陕北公学在较短时间内，为抗日战争和中国革命培养了一大批优秀干部和革命先锋，其办学实践无愧于历史赋予的重任，为中国抗战胜利和革命最终胜利做出了重大而突出的贡献。毕业学员有的分到各敌后根据地，有的分到国统区或敌占区，也有一部分留在边区工作，少数转到抗大、中央党校、马列学院或通讯学校、卫生学校等继续学习。每期学员毕业，陕北公学都举行隆重的毕业典礼，党中央负责同志也来参加，1938年1月30日第一期第二批学生举行毕业典礼时，毛泽东还给毕业生送来了“勇敢向前，牺牲一切，为着驱逐日寇、解放中国而斗争!”的题词[①]。据统计，从1937年9月至1938年10月，陕北公学毕业学员总计约4 500人。陕北公学栒邑分校成立以来，共毕业学员约1 700人。在前期陕北公学办学的两年间，共培养了6 000多名抗战干部。1939年冬，陕北公学复办，在近两年的时间内培养干部3 000多名。由此累计，整个陕北公学期间，共为社会培养了近万名干部。[②]。除了东北地区、新疆、西藏外，几乎每个省份都有陕北公学的毕业生，且留在边区工作的毕业生数量最多，主要是由于边区对知识分子和干部的缺口很大，保证延安和边区的干部数量与质量也是情势所

① 李维汉．回忆与研究．北京：中共党史出版社，2013：326.

② 中国人民大学前身时期校史读物编委会．中国不会亡　因为有陕公：陕北公学（1937－1939）．北京：中国人民大学出版社，2017：33－34.

需[①]。陕北公学为夺取最后胜利、建设新中国打下坚实的干部基础，毕业生们在建设新中国的过程中成长为各行各业的领军人物及党和国家的高级干部。陕北公学不负党和人民所望，为中国革命的胜利建立了不朽的功勋。

第二，影响了新中国成立之后的教育模式。陕北公学的办学模式对陕甘宁边区的高等教育，乃至新中国成立后举办的高等教育都产生了深远影响，这笔宝贵的精神财富，在今天得到了继承和发扬。首先是理论与实践相结合。陕北公学为了让学员尽可能理解和应用所学知识，在办学的每个环节都强调从实际出发，为实际服务，理论联系实际、学用一致成为贯穿陕公各项工作的一条重要原则，这也成为今天创办大学所遵循的重要原则之一。其次是民主自治的学校管理制度。陕北公学的教师、学员和领导、职工在学校里过着一种初步共产主义的生活，在民主自治的学校管理制度下，形成了“忠诚、团结、紧张、活泼”的校训和学风，民主管理也使陕北公学得到不断发展与壮大。今天的各个学校都有学生自己的组织，如学生会、校友会等，学校也经常倾听这些学生组织的意见和呼声，还有学校会吸收学生干部参加学校的管理工作，贯彻学校民主管理的原则。最后是以人为本的教学方法。陕北公学的教员在课堂上重视以学生为中心的教学方式，采用启发式和联系式的教学方法，一切教学活动的开展都从便于学生听懂、理解、掌握和运用出发，注意提高学生的思维力、想象力及创造力。如今在教学改革的指导思想中，以人为本的教学改革思想越来越发挥着主导性作用，教学活动也更加生动活泼起来。

二、华北联合大学、华北大学与解放战争时期高等教育的实践探索

（一）华北联合大学的九年曲折发展

1. 华北联合大学的发展历程

（1）华北联合大学的诞生。1939 年 10 月后，抗日战争进入相持阶

---

① 李维汉．回忆与研究．北京：中共党史出版社，2013：326.

段，国民党开始实施消极抗日、积极反共的政策①。与此同时，八路军在敌后普遍地展开了游击战争，建立了许多解放区，需要大批干部坚持华北抗战局面。根据抗日战争形势发展的需要，中共中央决定成立华北联合大学。1939 年 7 月 7 日，华北联合大学在延安正式成立，成仿吾任校长兼党组书记，分别将陕北公学等四校改编为社会科学部、文艺部、工人部、青年部，并在原陕北公学流动剧团和鲁迅艺术学院的基础上成立了文工团。1939 年 7 月 12 日，在三五八旅派出的两个主力军团的护送下，华北联合大学以第五纵队独立旅的番号从延安出发，经过三个多月的长途跋涉，到达了第一个在中国北方建立起来的抗日根据地——晋察冀边区②。华北联合大学是中国共产党在敌后办起的第一所高等学府，其教育方针是：为革命实际斗争的需要而培养革命干部、注意理论与实际相结合、贯彻少而精和通俗化的原则③。

（2）华北联合大学正规化发展时期。由于晋察冀边区的办学条件十分艰苦，华北联合大学没有固定的办学地点，且各个部都分散在乡村中，不仅财政困难、设备简陋，而且也没有教室、宿舍甚至桌椅板凳，但正是在这样艰苦的环境中，华北联合大学开始向正规化方向发展。1940 年 10 月中旬，根据中共中央北方分局的指示，华北联合大学的各部改为学院，增设了本科和预科，本科修业年限为三至四年，预科修业年限为一年，专修科修业年限为六个月。1941 年 2 月增设群众工作部，并将抗战建国学院与华北联合大学的社会科学院合并改编为华北联合大学法政学院；7 月又设立中学部，并决定扩大规模、增加招生。由于第一期的学员主要是联大前身四所学校的学生，在抵达晋察冀边区后，《人民日报》的前身《晋察冀日报》对华北联合大学进行了一系列报道，华北联合大学派出招生组到冀中、冀东等分区广泛招生，使华北联合大学的影响力得到扩大，学员们将华北联合大学视为学术的前沿阵地、探求真理的最高学府，如潮水般涌入，1942 年 7 月，全校共 4 000 多人，

---

① 王大广．华北联大的办学特色及历史贡献．北京教育（高教版），2017（9）．

② 中国人民大学前身时期校史读物编委会．人民的大学：华北联合大学（1939—1948）．北京：中国人民大学出版社，2017：12．

③ 中国人民大学．中国人民大学历史沿革．[2020-09-14]．https://www.ruc.edu.cn/history.

其中学员 3 000 多人[①]。

（3）华北联合大学坚持在战争中办学。1941 年 8 月起，晋察冀边区战争频繁、生活艰苦，进入最困难的时期，华北联合大学的学生随时还有进入游击战争的可能。随着边区形势日益紧张，华北联合大学决定在 1942 年 10 月缩编，只保留教育学院，改由边区行政委员会领导，以保存实力。1943 年 9 月，日寇对晋察冀边区实施大规模"扫荡"，华北联合大学的课堂教育再也无法坚持，师生分散到各个村庄中，与农民共同生产、与民兵一起抗日。1944 年春，教育学院设置了政治班，专门吸收和训练从北平、天津来的青年学生。这一年，晋察冀边区还开展了大生产运动，华北联合大学的教职工和学生们都参与到生产当中，用自己的劳动来改善生活，减轻负担。到 1945 年 8 月抗日战争胜利时，全院教职工和学员已达 600 人。在战争环境中坚持办学的经历使华北联合大学形成了教育、生产、劳动相结合的办学特点。

（4）华北联合大学复校与转移办学。抗日战争胜利后，华北联合大学全面恢复，由成仿吾主持全面恢复工作，原来的文艺学院、法政学院、教育学院和一个文艺工作团得到恢复，并于 1946 年 6 月新成立了外国语学院。在城市办学的一年间，华北联合大学配合了城市的中心工作，在 1946 年春天组织慰问团到前线慰问人民解放军战士，在春节时组织大秧歌队与市民共同庆祝，在 4 月与市民一起挖修市外西沙河的工程，在 5 月参加张家口参议员选举，在 7 月又到乡村参加土地革命，宣传土地革命的政策等[②]。9 月初，国民党全面进攻解放区，学校从张家口撤出，并及时缩短学制、调整培养方案，但仍然保持文艺、政治、教育、外国语四院。1947 年后，解放区局势逐渐稳定，中央决定成立华北解放区，区内的教育机构进行大规模调整[③]。1948 年 8 月，华北联合大学和北方大学合并为华北大学，华北联合大学就此完成了自己的历史使命。

---

① 中国人民大学前身时期校史读物编委会．人民的大学：华北联合大学（1939—1948）．北京：中国人民大学出版社，2017：15.

② 同①19.

③ 王大广．华北联大的办学特色及历史贡献．北京教育（高教版），2017（9）.

2. 华北联合大学的办学特色

（1）一切从实际出发，坚持实事求是的办学方针。在抗日战争爆发后，国内绝大多数高校选择从东南沿海地区前往内地，但华北联合大学在严峻的战争形势下依然决定到战斗最前线坚持办学。为了更好地适应特殊办学环境，华北联合大学坚持实事求是的办学方针，一切从实际出发办学，培养革命斗争所需的干部，正如《华北联合大学章程》中明确的：华北联合大学应该是为抗日战争服务的一支文化纵队……帮助华北地区的党、政、军、民各界培养、提高各种干部，推动华北敌后的抗日战争，就是华北联合大学最主要、最实际的任务[①]。抗战需要什么人才，华北联合大学就克服困难、创造条件培养什么人才；抗战不需要、不急需的事情，华北联合大学就有选择地舍弃，保存实力灵活办学，真正做到了从实际出发、为抗战服务、为新中国成立做准备，将办学与抗战有机结合在一起。

（2）将思想政治教育放在首要位置。华北联合大学之所以重视思想政治教育，一方面是在苏区高等教育办学基础上的继承，另一方面更是由于华北联合大学的生源十分广泛，必须重视思想政治教育，使他们在思想上成长为优秀人才。为此，华北联合大学在组织上加强思想政治教育体系建设，不仅在学校层面设立政治指导处，而且在各个学院也设立了政治指导科，专门负责开展思想政治教育工作；开设了多门思想政治课程，并将其作为全校公共必修课，所有学生都要学习这些课程；中央领导同志还常常到学校为大家做专题报告，让在校的学生们了解抗战局势；组织学生在敌后与军民共同生产、生活，使他们在实践中形成对抗日战争和解放战争的正确认识，具有崇高的使命感。

（3）采取学生中心的教学方法，强调理论联系实际。华北联合大学与湖南自修大学、苏区的大学在教学方法上秉持了一脉相承的原则，即强调发挥学生的主观能动性，坚持理论联系实际的教学方法，以人为本、以学生为中心开展教学活动。在华北联合大学，教员们上课前会提出问题并让学生通过阅读自主思考，在上课时大家共同发言讨论，解决

① 中国人民大学校史研究丛书编委会．造就革命的先锋队．北京：中国人民大学出版社，2007：125.

提出的问题，这种引导式的教育方法不仅可以调动起学生学习的积极性，而且在讨论中也形成了集体性、民主性的良好学风和学习氛围。成仿吾曾回忆起自由讨论式教学在华北联合大学的实施情况，并对此给予了很高的评价，“讲授容易有教条主义的倾向，难以符合实际要求”，但是以学生为中心、自由讨论的教学方法则会引导学生开动脑筋，对问题有更深刻的了解和认识①。

（4）从非正规化向正规化方向过渡。华北联合大学在办学过程中，已经开始有意识地向正规化方向发展。华北联合大学云集了一批国内外知名的高水平学者，即便是在如此动荡的战争环境中，这些学者也依然坚持教学工作，并抓住时间和机会开展科学研究，取得了诸多研究成果。比如何干之于1940年出版了《三民主义研究》一书，沙可夫编译了高尔基、莎士比亚、莫里哀等人的经典作品②。华北联合大学的学者们学术水平高、学术能力强，为推动大学发展正规化提供了原动力。在强大师资的保障下，华北联合大学的学科门类齐全，组织机构正规。华北联合大学开设了包括社会科学、自然科学等几乎所有学科门类的课程，并围绕学科建立起作为教学科研机构的学院和研究院，以育人为首要任务为各级党政军部门培养了一大批专业干部和优秀人才。

3. 华北联合大学各院系

华北联合大学的办学环境十分动荡，在敌人后方办学的过程中，华北联合大学的组织机构随局势的变化经历了多次调整。1939年建校之初，华北联合大学下设社会科学部、文艺部、青年部、工人部和文工团。1940年3月，青年部取消建制；同年7月，又成立师范部；同年10月，在向正规化发展的方向中，各部被改为学院，即社会科学院、教育学院、文艺学院、工学院。1941年2月，社会科学院与抗战建国学院合并改编为法政学院，群众干部学校改编为群众工作部，另设立高中部、群众工作部。1942年7月，华北联合大学已经形成了三院两部的组织机构格局。随着边区形势日益紧张，1942年10月，华北联合大

① 成仿吾．战火中的大学：从陕北公学到人民大学的回顾．北京：人民出版社，2014：199-200.

② 王大广．华北联大的办学特色及历史贡献．北京教育（高教版），2017（9）.

学缩编，仅保留教育学院，直到 1945 年日本投降、华北联合大学进入张家口，文艺学院、法政学院、教育学院和一个文艺工作团得到恢复；1946 年 6 月又新成立了外国语学院；1947 年，延安平剧研究院并入华北联合大学。1948 年 8 月，在与北方大学合并成立华北大学之前，华北联合大学的院系机构设置包括教育学院、政治学院、文艺学院、外国语学院、平剧研究学院、附属外国语学校。

教育学院是华北联合大学各院系中坚持办学时间最久的一个学院，历经 1939 年的教育系、1940 年的师范部，在正规化发展中改为教育学院并一直保留，未曾中断。教育学院院长为于力，副院长为丁浩川，设有国文系、教育系、史地系和文化班，任务是培养为人民服务的教育行政干部和中等教育师资。在课程方面，除了全校所有学院都有的“新民主主义论”“国民党的批判”“中国共产党党章”“思想方法论”“专题报告”“形势报告”“时事报告”等政治思想课程，还开设了教育学院的必修课“教育概论”和“文教政策”[①]。教育系的专业课有“教育行政”“小学教育”“社会教育”，史地系的专业课有“中国通史”“近代世界史”“中国地理”“历史研究法及教学法”“地理研究法及教学法”，国文系的专业课有“国文选读”“文法”“修辞”“问题研究”“国文教学法”[②]。在教学方面，教育学院的教育方针强调理论与实践相结合，教育系的学员在 1947 年 3 月至 7 月间曾到县里进行乡村小学教育、社会教育和教育行政的实习和研究，他们分散在不同的村庄，每个月集中汇报交流一次实习心得，半年后又回到学校进行集中总结讨论。通过实习和实践，教育学院的学员们对教育工作的热情得到极大提升，不仅增加了基层教育工作经验，也使他们对教育事业的发展产生了强烈的责任感。史地系的学员们曾参加了三次土地改革工作，在这三次工作中，从开始认识中国农村的阶级关系和广大农民在封建、半封建土地制度下的悲惨生活，到认真检查自己的工作表现、反思自己的思想和阶级立场，再到实际组织群众开展土地改革、贯彻土地改革政策，学员们获得了实

① 刘葆观．血与火的洗礼：从陕北公学到华北大学回忆录（1937—1949）．北京：中国人民大学出版社，2007：438.

② 中国人民大学前身时期校史读物编委会．人民的大学：华北联合大学（1939—1948）．北京：中国人民大学出版社，2017：28.

实在在的成长。

政治学院由法政学院于 1946 年秋改编而来，学院院长是何干之，设有政法系、财经系和以思想政治教育为主的短期政治训练班。在课程方面，除校级公共必修课外，政治学院还开设了“辩证唯物主义”“科学社会主义”“政治经济学”“联共（布）党史”“中国革命史”等院级必修课，并在政法系开设“马列主义”“国家与法的理论”“法的实质”“新旧法比较”“边区政权建设”等专业课，在财经系开设“资本论”“边区经济建设”等专业课[①]。在教学方面，强调理论与实践相结合，在方法上实行“教三学七”，即教员先向学生学习七分，再教给学生三分，建立“自学互助辅导”制度，践行教学上的群众路线[②]。在师资方面，政治学院汇聚了一批来自政治学、经济学、历史学、哲学领域的专家、学者，他们在华北联合大学依然坚持学术理想，取得了一系列重要的学术成果，比如在政治学院任教授并兼任院长的何干之，是我国著名经济学家、历史学家，曾先后出版了《中国经济读本》《中国的过去、现在与未来》《中国社会性质问题论战》《中国社会史问题论战》等专著，并发起成立了鲁迅研究会。这些教员不论是否为共产党员，不论是解放区的还是外来的，都在华北联合大学政治学院为新民主主义事业而共同奋斗。在招生方面，政治学院的学员们来自五湖四海、四面八方，既有经过革命锻炼的干部，又有工人阶级、农民阶级的子弟，既有城市小资产阶级的子女，也有地主、富农的子女，这些不同民族、不同年龄、不同阶级成分的青年都被政治学院所接纳，并在这里接受新民主主义教育的洗礼。

文艺学院的前身是鲁迅艺术学院，院长是文艺界著名的组织领导者沙可夫，副院长是著名革命诗人艾青，学院的任务是培养忠实的为人民服务的艺术干部，方针是教学与实际密切结合，艺术与群众密切结合。在课程方面，除了全校公共必修课之外，文艺学院还开设了院级公共课“文艺讲座”“社会科学概论”“国文”，并在文学系开设“文学概论”

---

① 张金辉，郎琦．中国人民大学办学正规化现代化的重要时期：华北联大在张家口办学的历史考察与价值分析．河北北方学院学报（社会科学版），2013（4）.

② 中国人民大学前身时期校史读物编委会．人民的大学：华北联合大学（1939—1948）．北京：中国人民大学出版社，2017：32.

“近代中国文学史”等专业课，在美术系开设“美术概论”“色彩学”“解剖学”“素描”等专业课，在戏剧系开设“戏剧概论”“戏剧运动史”“舞台技术”等专业课，在音乐系开设“音乐运动史”“民间音乐研究”“作曲法”“指挥”等专业课，在新闻系开设“新闻学概论”“编辑”“采访”“专题性课程”等专业课①。其中，就课程性质而言，政治与业务之间是二八比例，授课时间大约占总学程的 2/3，剩下 1/3 学程用于实习、民主活动或节假日等②。在教学方面，华北联合大学在农村办学时，坚决贯彻理论与实际相结合的教学方针，文艺学院的师生和广大群众生活在一起，音乐系的学员教儿童和妇女唱歌，文学系的学员主动与老乡交流积累素材，美术系的学员在农村创办街头画报等。在师资方面，文艺学院有一支专职的教师队伍，教员大多数来自鲁迅艺术学院，他们之中不乏在群众中有名气的作家、有丰富艺术运动经验的艺术工作者。此外，学院还常常邀请各地出色的民间艺人来校参加教学工作或者进行表演交流。文艺学院创作了大量的诗歌作品、美术作品、音乐作品，培养了大批青年艺术家和艺术工作领导者，利用文艺的力量团结了群众，宣传普及了新民主主义文化③。

华北联合大学的外国语学院于 1946 年 6 月在张家口成立，院长是浦化人，下设俄文系和英文系，旨在培养新民主主义政治坚定的英俄文翻译或外交工作干部，方针是学以致用，发扬集体学习和集体创造的精神。在课程方面，除校级公共必修课外，俄文系还开设“读本”“文法”“会话”“文选”“苏联历史”“作文”“翻译”等专业课，英文系开设“英文文章选”、“文法”、“翻译”（口译及笔译）、“作文”、“会话”等专业课④。两个系都按照业务课的成绩高低划分为三个学习班，且都设置了研究室，俄文系的研究室成员为全体教员，英文系的研究室中不仅有研究员，还有由普通学生升学而来的研究生。在教学方面，外国语学院

① 张金辉，郎琦．中国人民大学办学正规化现代化的重要时期：华北联大在张家口办学的历史考察与价值分析．河北北方学院学报（社会科学版），2013（4）.

② 中国人民大学前身时期校史读物编委会．人民的大学：华北联合大学（1939—1948）．北京：中国人民大学出版社，2017：24.

③ 王大广．华北联大的办学特色及历史贡献．北京教育（高教版），2017（9）.

④ 同①.

更加重视培养学员们在政治上的坚定性，学员们不仅要学习掌握马列主义毛泽东思想，还要通过小组讨论会、生产劳动等多种形式，不断锻炼自身的革命品质，抛弃旧思想、接受新思想，从而在提高业务能力的同时提升政治觉悟。此外，外国语学院的学员们在艰苦的环境下，仍然表现出炽烈的学习精神，通过大喇叭口头进行英俄文广播、摘抄英俄文新闻的黑板报等活泼的形式，创造性地学习和掌握西方语言，在坚定的政治立场上运用它，为祖国的解放事业服务①。

（二）从华北联合大学到华北大学

华北大学是在华北联合大学和北方大学的基础上合并成立的，同时也是中国人民大学的前身。1948 年 5 月，为迎接人民解放军的胜利和为全国解放培养大批建设干部，中共中央、中央军委决定成立华北大学，由吴玉章任校长，成仿吾、范文澜担任副校长，校址设在河北省的正定县城（今正定 256 医院）。北方大学 1945 年 11 月成立于晋冀鲁豫边区，是中共晋冀鲁豫中央局和边区人民政府创办的一所规模较大、学科专业比较齐全的高等学府②。北方大学的办学宗旨是培养全心全意为人民服务、从事国家建设工作的各项专门人才；办学方针是以培养解放区发展经济生产所需人才的院、系为建设重点，面向新解放区具有中等以上文化水平的青年招生。这一办学宗旨和方针显然不同于早年中国共产党在抗日战争时期举办的各种干部学校。晋冀鲁豫边区政府根据全国时局的发展趋势，从本地区的实际情况出发制定的办学方针得到了中共中央的首肯。在北方大学正式开办的过程中，院系逐渐增至七个，即行政学院、财经学院、文教学院、工学院、医学院、农学院、艺术学院③。

1948 年 8 月 24 日至 27 日，在举行了隆重的开学典礼后（见图 3-1），

---

① 中国人民大学前身时期校史读物编委会．人民的大学：华北联合大学（1939—1948）．北京：中国人民大学出版社，2017：31.

② 中国人民大学．中国人民大学历史沿革．[2020-09-09]．https://www.ruc.edu.cn/history.

③ 中国人民大学前身时期校史读物编委会．迎接新时代的曙光：华北大学（1948—1950）．北京：中国人民大学出版社，2017：9-10.

华北大学正式成立。华北大学在组织机构方面设置了“四部两院”：一部为政治训练部，二部为教育学院，三部为文艺学院，四部为研究部。研究部又设中国历史研究室、哲学研究室、中国语文研究室、国际法研究室、外语研究室、政治研究室、教学研究室、文艺研究室等八个研究室。“两院”是工学院和农学院[①]。华北大学的校训是“忠诚、团结、朴实、虚心”，吴玉章对每个语词的内涵都做了阐释：“忠诚”要求为人民服务、对人民负责，“团结”呼唤思想行动统一的力量，“朴实”强调实事求是的作风和态度，“虚心”指明增长学识能力的条件。可以说，华北大学的校训既是对学生思想和行动的严格要求，也指明了同学们前进的道路和努力的方向。

图 3-1　华北大学成立典礼（1948 年 8 月 24 日，正定）

资料来源：中国人民大学校史馆。

根据中共中央的指示，在北平解放之后，华北大学将迁往北平办学，并在平、津公开招生。1949 年 1 月 31 日，北平宣告和平解放。1949 年 3 月，华北大学终于顺利迁入北平。遵照中共中央关于放宽招生条件、大量吸收知识分子、为解放全中国迅速培养大批干部的指示精神，华北大学放手招生，敞开门来办学，并把办学重点放在一部，即短期政治训练班，共招收学员 15 000 余人，并在正定和天津各办一所分

① 王律，刘建军．西柏坡时期的华北大学．领导之友，2013（4）．

校。1949 年年底，大部分学员经过培训毕业并走上工作岗位，成为人民解放与新中国建设的骨干力量①。

华北大学是解放区最高学府，是新民主主义文化的中心。华北大学汇聚起一批著名专家学者，为推动高等教育事业发展做出杰出贡献。校长吴玉章是党内外享有盛誉的革命元老、教育家，他曾为华北大学的学生讲历史课，并时常做工作形势任务报告。此外，还有著名历史学家范文澜、哲学家艾思奇、法学家何思敬、经济学家钱俊瑞、教育学家张宗麟、文学家艾青等等。这些学者以自己的学术成就和教学科研成果，为新中国高等教育事业的发展奠定了坚实的基础。尽管在正定办学仅有不到两年的时间，但是华北大学仍然为解放区进而为新中国培养了各方面的建设干部，造就了大批优秀人才，不少学生后来成为社会栋梁，仅军政界司局级以上领导干部就有几百人之多②。华北大学还是新中国文教事业的摇篮，1949 年夏，全国大部分地区已经解放或即将解放，百废待兴，新生的人民政权面临严峻考验，中共中央根据当时的国内外形势，规划了新中国高等教育的战略框架，并把学习苏联经验、培养社会主义建设人才的重要任务交给了华北大学。除将校本部的大部分力量作为建立新型的中国人民大学的基础以外，华北大学还将一些院、部、系、室划分出去，按照专业类别建设新的高等院校、科研机构或文艺单位，创办“华大式的学校”，成为新中国文教事业的摇篮。

（三）正规化办学

从陕北公学、华北联合大学，到华北大学，从非正规、半正规的干部教育到正规化的国民教育，中国共产党不断探索，逐渐形成了对于高等教育及创办高等教育的深刻认识，积累了宝贵的兴办高等教育的经验。实际上，在抗战之前，中国共产党在成立初期先后创办了湖南自修大学、上海大学等高等教育机构，又在苏区形成了以马克思共产主义大学、苏维埃大学、红军大学为主干，多所专门院校并存的高等教育体

---

① 中国人民大学前身时期校史读物编委会．迎接新时代的曙光：华北大学（1948—1950）．北京：中国人民大学出版社，2017：45－47.

② 王律．中国人民大学从这里走来：华北大学在正定．党史博采（纪实版），2012（11）.

系。随着抗日战争的爆发，中国共产党在经历了大革命时期、土地革命战争时期的成长后，对各项社会事业的发展、抗日战争及革命斗争形势的认识逐渐深刻，教育对中国革命和建设事业的重要性得到普遍关注，改革旧教育、兴办新教育成为全面抗战的十大方针政策之一，在过去创办高等教育的经验之上，实施国防教育并建立新的教育体系成为全面配合抗战的必然之举。

“新教育”是扎根中国大地“长”出来的。陕北公学是中国共产党独立自主地探索新教育制度的开端。陕北公学诞生于迫切需要大批干部参加抗日的特殊年代，因此，中共中央因时而动，将最初计划设置五个系的陕北公学转变成具有短期培训班性质的干部学校，学制缩短为四个月至一年，以培养边区所需的各级各类干部为目标，以思想政治教育、军事教育和干部行政能力教育为主要教学内容，以统一战线的思维指导招生，以专兼结合的原则组建师资队伍，教学上强调理论联系实际、学习内容少而精、教与学相一致，生活上注重军事化、战斗化。

华北联合大学是中国共产党对陕北公学办学传统的继承和发扬。华北联合大学成立之初设置的各部仍然具有短训班的性质，学习时间短、学习内容少而精。到 1940 年 10 月，华北联合大学开始向正规化方向发展，主要措施是将各部改为学院，在原有专修科的基础上另设学制为四年的本科和学制为一年的预科。值得注意的是，尽管华北联合大学已经有意识地进行正规化办学，但在抗日战争和解放战争的大环境下，办学仍然是为抗战服务、为根据地建设服务的，因此，华北联合大学的招生对象、师资安排、学习内容及年限、院系的缩编与恢复等相关内容也就都是从抗战的实际需求出发的，此时的华北联合大学处于从非正规到正规化过渡的时期。

华北大学是中国共产党创办正规高等院校的尝试。华北大学是在华北联合大学及北方大学的基础上合并建立的，而在 1948 年成立华北大学时，这两所学校已经在办学方向、院系设置、管理体制、课程教学等各个方面逐渐展现出了现代综合性大学的初貌，在探索符合中国国情的现代高等教育上做了诸多努力。因此，华北大学在“创办正规化、综合性现代大学”的办学方针的指导下，从院系专业设置、教育模式等方面沿袭了两所前身大学的正规化方向，不仅设置了研究部以便专门开展科学研究、培养大学师资，还使工学院和农学院按照正规大学的要求开展教学和科研双重工作。如果说现代大学的特征是科研进入大学并在大学中实现制度化，那么从这个意义上讲，华北大学已经可以归到正规大学的序列当中。

三、中国共产党创新形成的高等教育“延安模式”

（一）高等教育“延安模式”的形成

党中央和毛主席等老一辈革命家，在延安生活战斗的十三个春秋里，先后领导了抗日战争和解放战争，中国共产党也由弱变强，开始从延安走向中国、走向世界。党中央在延安期间，领导陕甘宁边区和华北地区的人民创办和发展了有别于旧教育、西方教育的高等教育事业，并在办学过程中逐渐形成了具有稳定特征和鲜明特色的高等教育模式，可以将其称为高等教育“延安模式”。高等教育“延安模式”是在革命战争时期淬火而生的，是中国共产党领导全国各族人民，以马克思主义为指导，扎根中国大地办大学的一次探索创新和伟大实践，对新中国高等教育事业的建设和发展做出了卓越贡献，是中国特色高等教育模式的真正源头和逻辑起点。

1. 高等教育“延安模式”形成的历史背景

首先，党中央和红军队伍到达延安时，从中央到地方的党政军各战线都严重缺乏干部，不足以领导人民抗战。中央红军到达陕北时，全国红军不到三万人，全国中共党员也仅四万人，周恩来面对部队严重减员，曾心情沉重地说：“我们红军像经过一场暴风雨的大树一样，虽然失去了一些枝叶，但保留下树身和树根。”① 陈赓也回忆说：“我当大队长，骑着马在前面走，不敢回头看，因为一看就把整个大队看完了。”经过万里长征的考验，多数中共党员和战士在实际斗争中进一步坚定了革命意志，丰富了实战经验，深刻体悟了党的政治路线和军事路线正确

① 王家云．略论周恩来与长征精神．毛泽东思想研究，2012（4）．

的重要性。尽管如此，相比长征前，党的力量受到较大削弱，造成的损失急需得到有效补充。一种方式是提拔任用经受住长征考验的革命战士："边区创建之初，要干部的呼声遍于各地，于是，饲养员一跃成为营政委者有之；特务员、文书一跃而为队长、团政委、主任者有之；党龄才两天即任营教导员者有之。"① 这从侧面也反映出干部的严重匮乏。另一种方式便是自主办学、兴办教育，培养一批适应边区需求的优秀人才和可堪重用的党政军干部。

其次，西安事变后，为了支持和拥护中国共产党坚持抗日的政治主张，广大青年学生和知识分子涌向延安，兴办教育以吸收和培养他们便成为党的重要工作。西安事变前，蒋介石消极抗日，并将"攘外必先安内"作为既定国策，在空前严重的民族危机下，置民意于不顾，严重违背了全国人民的意志。1936 年 12 月 25 日，在中共中央和周恩来主导下，西安事变以蒋介石接受"停止内战，一致抗日"的主张而得到和平解决，为抗日民族统一战线的建立准备了必要的前提。中国共产党坚持抗日的正确主张得到了全国各族人民的支持和拥护，统一战线的建立更是迅速增强了党的组织力量，解放区、国统区和沦陷区的知识分子和青年学生们如潮水般涌入延安，1938 年 5 月至 8 月，仅经八路军西安办事处介绍赴延安的知识青年就有 2 288 人，全年总计有一万多名青年从这里获准去延安，他们紧紧跟随中国共产党的领导，为抗日救国做出贡献②。知识青年云集延安，对于中国共产党而言，既是机遇又是挑战，正如毛泽东所言："我们的责任，就在于组织他们，培养他们，爱护他们，并善于使用他们。"③ 为了使这些富有蓬勃革命朝气与热情的知识青年统一思想，增强他们的革命坚韧性，使他们在理解马克思主义、了解中国共产党历史的基础上，形成正确的革命观和战争观，中国共产党把握机会、克服困难、因时而动，在延安及各解放区大力兴办高等教育。

再次，抗日战争时期，中国共产党同中国国民党第二次建立的合作，抗日民族统一战线的形成，客观上使延安和陕甘宁边区进入一段相

① 张耀灿．中国共产党思想政治工作史论．北京：高等教育出版社，1999：119.
② 朱鸿召．延河边的文人们．上海：东方出版中心，2010：2.
③ 毛泽东．毛泽东选集：第 2 卷．2 版．北京：人民出版社，1991：526.

对稳定的时期。西安事变和平解决后，长达十年的内战基本结束，在抗日战争的大背景下，民族矛盾代替阶级矛盾成为中国社会的主要矛盾，中国共产党为建立以国共合作为基础的抗日民族统一战线进行了长期不懈的努力，以国共合作为主体的抗日民族统一战线正式建立。此外，1938年武汉会战后，中国抗日战争进入了漫长的战略相持阶段（1938年10月至1943年12月），日本在中国人民的英勇抗战下，被迫调整了侵华政策，逐渐将主要兵力转移到敌后战场打击由中国共产党领导的八路军和新四军，对国民党政府则采取避开正面战场、以政治诱降为主的方针。因此，在抗日战争战略相持阶段，作为中国共产党抗战的大后方，延安和陕甘宁边区的局势相对而言更为稳定，这为高等教育"延安模式"的形成创造了环境条件。

最后，中国共产党在诞生之初创办的高等教育取得了显著成功，积累了行之有效的丰富经验。湖南自修大学是毛泽东等党的革命先驱对我国高等教育传统模式的继承和改造，在保留了传统书院形式的基础上，对教育机构的教育目的、教育内容、教学方法和学习方式等进行了彻底改革，强调以平民主义为指导，以近代社会科学和马克思主义理论为内容，在教师的引导下鼓励学生自主研究与相互讨论，在实践和劳动中检验和获取真理，以民主自治的方式鼓励学生认真学习。湖南自修大学是中国共产党在大革命时期独立自主地探索和创办高等教育的杰出代表，不仅加快了马克思主义在中国大地的传播，也为中国共产党培养了最早的一批具有革命精神和健全人格、能够深刻理解马克思主义理论的革命骨干。

总之，自中国共产党成立以来，高等教育事业就一直受到重视和关注，既为中国共产党的初期成长、革命的不断开展培养了源源不断的优秀人才，也形成了党办教育的最初风格和迥异路径。此外，干部和人才的匮乏、青年才俊的追随和相对稳定的外部环境，也构成了高等教育"延安模式"形成的历史条件，因此，党中央进入延安后，这些卓有成效的办学实践和教育经验就成为高等教育"延安模式"的基础和起点。

2. 高等教育"延安模式"形成的三个阶段

第一个阶段是由"旧教育"到"新教育"（1937年8月—1941年

11 月）。1937 年 7 月 7 日卢沟桥事变发生后，全民族抗日战争开始，8 月 22 日至 25 日，为了进一步贯彻党的抗日民族统一战线的策略，中共中央政治局在陕北洛川城郊召开了政治局扩大会议（洛川会议）。洛川会议是中国共产党在历史转折关头召开的一次重要会议，在深刻分析了中国的革命形势、军事问题及中国共产党与国民党的关系问题后，会议规定了党的全面抗战路线，明确了党在抗战时期的方针、任务和政策，并于 1937 年 8 月 25 日通过了《中共中央关于目前形势与党的任务的决定》《中国共产党抗日救国十大纲领》等。在中国共产党的主导下，1937 年 9 月，中国共产党同中国国民党第二次建立合作，动员一切力量争取全面的、全民族的抗战胜利，此时，对民族矛盾和阶级矛盾关系的正确把握是中国共产党需要解决的重要问题。一方面，国民党本身具有双面性，既有抗日、联共的一面，又有对日妥协和“溶共”“防共”“限共”，乃至“反共”的一面，因此，需要继续维护民族统一战线，警惕国民党激化阶级矛盾。正如毛泽东所言：“共产党人现在已经不是小孩子了，他们能够善处自己，又能够善处同盟者。”[①] 另一方面，在空前的民族危机面前，中国共产党发挥了凝聚各阶级的主导作用，并随着抗战形势的发展，提出“发展进步势力、争取中间势力、孤立顽固势力”的策略，尽最大可能控制阶级矛盾，集中力量解决民族矛盾。

在抗战形势越来越错综复杂、民族矛盾最为突出的情况下，“抗日的教育政策”被列为中国共产党抗日救国十大纲领之一：“改变教育的旧制度旧课程，实行以抗日救国为目标的新制度新课程。实施普及的义务的免费的教育方案，提高人民民族觉悟的程度。实行全国学生的武装训练。”高等教育“延安模式”正是在这种大环境和新要求之下走出了第一步。为了适应新的斗争形势、培养后备人才，毛泽东指示：“每个根据地都要尽可能地开办大规模的干部学校，越大越多越好。”[②] 随后，各个抗日革命根据地均开办了一批新式高等学校，仅延安地区就先后扩大和新办了十余所高等学校。受战争环境和边区条件的影响，最早在延

① 毛泽东．毛泽东选集：第 1 卷．2 版．北京：人民出版社，1991：157.
② 毛泽东．毛泽东选集：第 2 卷．2 版．北京：人民出版社，1991：769.

安创办的学校具有明显的短期训练班性质。总之，在抗日战争全面爆发后，为了维护抗日救国统一战线、落实中国共产党在抗日战争时期的基本政治主张、争取抗战最后胜利，实施“抗日的教育政策”，这是中国共产党全面抗战路线的具体化，对延安及各个地方革命根据地的教育事业产生了直接作用和深远影响，高等教育“延安模式”经历了从“旧”到“新”的转变：在继承中国共产党创办高等教育的经验和传统的基础上，立足新形势、摒弃旧教育，在战火中开启了创办和领导中国特色新型高等教育的伟大实践。

第二个阶段是由非正规到正规化（1941 年 11 月—1949 年 12 月）。20 世纪 40 年代初，抗战已经进入相持阶段，局势相对平稳，特别是党中央所在地陕甘宁边区的形势比较稳定。为了彻底从思想路线解决王明“左”倾教条主义的严重危害，肃清抗战初期王明的右倾错误，摆脱共产国际对中国革命的干预，尽快实现马克思主义中国化，1941 年 5 月，毛泽东同志在延安高级干部会议上做题为《改造我们的学习》的报告，中国共产党历史上第一次大规模的整风运动——延安整风运动拉开帷幕。延安整风运动的宗旨是“惩前毖后、治病救人”，任务是“反对主观主义以整顿学风、反对宗派主义以整顿党风、反对党八股以整顿文风”，运动的开展使全党达到空前的团结和统一，党员的马列主义理论水平得到提高，对后来的历史发展尤其是马克思主义中国化的进程产生了积极深远的影响。教育系统，特别是党校系统，是延安整风运动的重要阵地。1941 年 12 月 17 日，中共中央政治局通过了《中共中央关于延安干部学校的决定》（简称《决定》），根据《决定》精神，延安及各抗日根据地的高等学校均参加了整风运动，从教育目的、师资队伍、人才培养、学制安排、课程设置、教学方法等各个方面进行了系统有序的整顿改革，各类短期培训班性质的学校开始向正规化办学的方向转变和发展。

第一，明确规定各学校的具体目的。《决定》区分了研究院、党校、军事学校、综合性大学和专门学校的办学任务：“中央研究院为培养党的理论干部的高级研究机关；中央党校为培养地委以上及团级以上具有相当独立工作能力的党的实际工作干部及军队政治工作干部的高级与中级学校；军事学院为培养团级以上具有相当独立工作能力的军事工作干部的高级与中级学校；延大、鲁艺、自然科学院为培养党与非党的各种高级与中级的专门的政治、文化、科学及技术人才的学校。”[①] 第二，明确了内外部管理模式。对外由对口部门负责办学和管理，“加强各校的具体领导及使各校教育与中央各实际工作部门联系起来”；对内强调党与政的区分，学校行政组织以短小精干为原则，“在统一战线性质的学校内，应纠正党员包办一切的党化作风”。第三，严格要求生源和师资队伍的质量。《决定》规定招生要“实现各校具体目的”，“各校对招收学生应采取少而精的原则”，对于不合各校具体目的的学生，“以分配工作或转学他处为原则”。此外，还加强了对师资队伍的质量要求，规定“凡地委及团级以上干部的教育，应由中央委员及中央各机关负责同志亲身担任指导。对现有各校教员，应根据新的标准分别审查处理之”。第四，进一步规范课程设置和教材选用。《决定》对专业课程的学习有了更高要求：“以学习有关该项专门工作的理论与实际的课程为主。文化课、政治课与专门课的比例应依各校情况决定之。”这样规定的目的是“坚决纠正过去以政治课压倒其他一切课目的不正常现象”。在教材选择上，《决定》指出要“充分利用《解放日报》、中央文件及中央各部委出版的材料书”。第五，改革了教学方法和马克思主义的教授与学习方式。《决定》要求：“在教学方法中，应坚决采取启发的、研究的、实验的方式，以发展学生在学习中的自动性与创造性，而坚决废止注入的、强迫的、空洞的方式。”同样，为了纠正在学习马克思主义理论时存在的教条主义和主观主义，避免所学和所用相脱节，“学校当局及教员必须全力注意使学生由领会马列主义实质到把这种实质具体地应用于中国环境的学习。学生的是否真正领会（理解、认识、懂得），以学生的是否善于应用为标准”。

在延安整风运动期间，由于抗日战争进入战略相持阶段后，作为大后方的延安局势相对稳定，干部学校是整风运动的关键，同时整风运动也对延安及各根据地创办的高等教育提出了正规化发展的要求，因此，

---

① 中共中央关于延安干部学校的决定（一九四一年十二月十七日中共中央政治局通过）. 理论与实践，2001（9）.

这一时期，高等教育“延安模式”开始从非正规、半正规的短期培训班性质向正规化办学的大学性质转变。这是一个曲折的过程，以中国人民大学的前身时期为例，从短训班性质的陕北公学，到短训班与现代性大学交叉办学的华北联合大学，再到正规化办学的华北大学，最终演变为具有国民教育性质的现代综合性大学。正是从这时起，中国共产党开始有意识地在前期创新而来的“新教育”基础上，引导高等教育“延安模式”沿着正规化方向走向成熟。

第三个阶段是由干部教育到国民教育（1949 年 12 月以后）。1948 年 9 月 12 日至 1949 年 1 月 31 日，中国人民解放军同国民党军队进行战略决战，辽沈战役、淮海战役、平津战役三场战略性战役的胜利奠定了人民解放战争在全国胜利的基础。1949 年 4 月，人民解放军百万大军横渡长江，解放南京，基本宣告了国民党统治的覆灭。1949 年 9 月，第一届中国人民政治协商会议在北平隆重举行，会议通过了具有临时宪法性质的《中国人民政治协商会议共同纲领》（简称《共同纲领》）；1949 年 10 月 1 日，中华人民共和国成立，中国共产党成为全国范围的执政党，毛泽东主席签发了《共同纲领》，规定“中华人民共和国的文化教育为新民主主义的，即民族的、科学的、大众的文化教育。人民政府的文化教育工作，应以提高人民文化水平，培养国家建设人才，肃清封建的、买办的、法西斯主义的思想，发展为人民服务的思想为主要任务”。1949 年 12 月 23 日—31 日，教育部召开第一次全国教育工作会议，这次会议是中华人民共和国成立后讨论教育方针、制定教育决策的全国性会议，中心议题是确定新中国教育工作的总方针。根据《共同纲领》的规定，此次会议一方面提出“以老解放区新教育经验为基础，吸收旧教育有用经验，借助苏联教育先进的经验，建设新民主主义教育”[①]，这里提到的“老解放区新教育经验”在高等教育领域即为高等教育“延安模式”；另一方面提出“教育必须为国家建设服务，学校必须为工农开门”。自此，高等教育“延安模式”脱离干部教育的狭隘范畴，成为新中国建设和发展国民高等教育的基础。

在延安整风运动后，随着兴办干部教育的经验不断积累，中国共产

---

① 1949 年 12 月 23 日第一次全国教育工作会议召开．教育与职业，2013（1）．

党逐渐将这些成熟的办学经验延伸到了国民教育事业的兴办上来。1949 年 12 月，第一次全国教育工作会议召开前后，高等教育“延安模式”完成了从干部教育到国民教育的性质转变：高等教育的任务从主要培养革命干部、抗战人才，逐渐过渡到培养为新民主主义服务的干部和专业人才，最后发展成以培养新中国建设人才为己任。高等教育内容也从最初的政治教育与军事教育二分，逐渐演变为思想政治教育、专业教育、文化教育等多重教育内容并重的格局。相应地，大学组织机构也开始按照现代大学的规范，以学科为依据设置院系及研究院，同时承担教学与科研的双重功能。从某种意义上讲，新中国的国民教育正是从陕北公学、华北联合大学、华北大学到中国人民大学一步步走来的，高等教育“延安模式”也因此如基因一般嵌入我国的国民教育中。

(二) 高等教育“延安模式”的主要特征

1. 办学宗旨及指导思想

(1) 以马克思主义为指导。中国共产党是马克思主义政党，马克思主义是党的指导思想，必须将其贯彻到党的一切工作之中。与国统区的高等学校不同，延安时期解放区的高等学校，都是以中国化的马克思主义为办学指导思想的，所有教职员工都必须具有坚定的马克思主义信仰，所有高校都开设马克思主义课程。正如毛泽东在鲁迅艺术学院的讲话中说：“不但要抗日，还要在抗战过程中为建立新的民主共和国而努力，不但要为民主共和国，还要有实现社会主义以至共产主义的理想”[①]。

(2) 以培养革命干部和建设人才为宗旨。政治路线确定之后，干部就是决定的因素。党中央到达延安后面临着诸多新挑战，特别是抗日战争全面爆发后，如何维护好国共第二次合作形成的统一战线、带领全国人民抗日，是中国共产党亟待解决的任务。然而，长征后的中国共产党和中国红军在组织力量上迫切需要尽快得到恢复，刘少奇曾为此而呼吁：“我们要在最短期内补救这个缺陷，要训练上万的干部”[②]。毛泽东也十分重视中国共产党创办高等教育、独立自主地培养革命干部，他在

---

① 中共中央文献研究室．毛泽东文集：第 2 卷．北京：人民出版社，1993：123.

② 刘少奇．刘少奇选集：上卷．北京：人民出版社，1981：78.

中国共产党六届六中全会上指出："有计划地培养大批的新干部，就是我们的战斗任务"①。在1937年5月8日召开的中国共产党全国代表会议上，毛泽东指出："我们党的组织要向全国发展，要自觉地造就成万数的干部，要有几百个最好的群众领袖。"② 因此，高等教育"延安模式"始终围绕社会需求办学，始终遵循社会需求逻辑，在抗战时期培养革命干部，在新中国成立前夕培养建设人才。

2. 办学方式

(1) 教学、科研、生产"三位一体"。延安时期高等院校的人才培养模式是教学、科研、生产"三位一体"。学校各院系既是教学科研单位，又是实际工作部门；学校各院系的院长、系主任和教员一般都由实际工作部门的负责人和工作人员兼任。为了培养学生的生产能力，一些学院还建立了集教学、实习和生产于一体的实习工厂和实验基地。学校对学术研究也非常重视。很多教员都是一边教学，一边开展学术研究，许多教员的研究都具有开创性的学术意义。

(2) 教育与生产劳动相结合。延安及各根据地的学校将"教育与生产劳动相结合"作为克服困难、继续办学的"法宝"，特别是在1941年，党中央在马克思主义的指导下，结合实际情况开展得轰轰烈烈的大生产运动，使"教育与生产劳动相结合"成为中国共产党在极端困难的条件下发展边区教育事业的基本方针。高等教育"延安模式"在教学实践中始终贯彻"教育与生产劳动相结合"的方针，并取得了多方面的成效。首先，发动学校师生参与生产劳动，满足了边区建设和抗日战争的物质需要；其次，学校师生与工人、农民共同劳动和生活，拉近了他们与工农阶级的距离，特别是对于学生而言，是一次生动的政治思想教育；最后，学生自觉将教师传授的知识、技能应用在劳动中，充分发挥了劳动的育人性，同时也是理论联系实际的重要内容和体现形式。

3. 课程与教学

(1) 思想政治课程与专业课程相结合。延安时期的高等学校高度重视思想政治理论课教学。毛泽东同志对延安大学的政治理论课教学高度

---

① 毛泽东．毛泽东选集：第2卷．2版．北京：人民出版社，1991：526.
② 毛泽东．毛泽东选集：第1卷．2版．北京：人民出版社，1991：277.

关注并亲自谋划，专业课程同样是延安时期高校的主要课程，延安整风运动后，中共中央规定延安及各抗日根据地的学校“文化课、政治课与专门课的比例应依各校情况决定之”，“坚决纠正过去以政治课压倒其他一切课目的不正常现象”。比如，作为军事学校的中国人民抗日军政大学在安排教学计划时便遵循“七分军事、三分政治”的原则，主要任务是提高学员们的政治军事理论水平；延安大学、华北联合大学等作为综合性大学，通过安排各类专业课程而造就了成千上万的政治、经济、文化、科技等专门人才。

（2）学以致用的教学方法。强调“学以致用”是延安时期高等学校教学的重要特征。《中共中央关于延安干部学校的决定》要求：“必须强调学习马列主义的理论的目的是为了使学生能够正确的应用这种理论去解决中国革命的实际问题，而不是为了书本上各项原则的死记与背诵。”为此，中共中央要求各个高校要“使学生既学得理论，又学得实际，并把二者生动地联系起来”[①]。1944年5月24日，在新组建的延安大学开学典礼上，毛泽东指出：“政治、经济、文化，是我们延大学习的内容，一定要学好，要会做这方面的工作，要为实际服务，不搞教条主义，不脱离实际。”[②] 正是在这些政策和思想的指导下，延安时期的高等教育才形成了“学以致用”的办学特征。

4. 管理体制

（1）坚持党对高等教育的领导。延安时期的高等院校特别强调党的领导。首先，大多数高校归党中央的部门所属。《中共中央关于延安干部学校的决定》明确指出：“延大、鲁艺、自然科学院直属中央文委。”[③] 其次，所有学校均设立党组织，在基层均设有党支部。再次，学校党组织的核心任务是制定和保障完成学校教育计划，对党员进行管理教育，发展党的组织以及对干部、教员、学员进行政治审查。“支部对学校行政的建议，可经党的路线提出，但不能出面干涉。”[④] 最后，

① 中共中央党校党史教研室．中共党史参考资料（五）：抗日战争时期（下）．北京：人民出版社，1979：20.

② 中共中央文献研究室．毛泽东文集：第3卷．北京：人民出版社，1996：154.

③ 同①21.

④《延安大学史》编委会．延安大学史．北京：人民出版社，2008：242.

党中央对高等教育发展十分重视，由领导同志兼任学校领导，并参与制定学校教育方针，亲自为学员上课。

（2）校长负责制、学者治校、民主管理。在学校行政管理上，实行校长负责制，校长为学校最高行政首长。属于中共中央管理的学校，校长由中共中央政治局任命；属于陕甘宁边区政府管理的学校，由边区政府任命。在校长之下设立校务委员会，由校长、副校长、各处处长、各院院长、各系主任及教师、学员代表各一人组成。有时还聘请有名望的领导人、学者担任校务委员会委员。校务委员会是学校最高行政决策机构，决定学校教育方针、教职人员聘任、学科专业设置、学校经费预决算等重大事项。为了突出学者治校，延安大学成立以后的几任校长和学院院长都由在全国有一定影响力的著名学者担任。另外，学校每年还会召开三次全体教职工会议，确保在学校的民主管理。“党的领导、校长负责、学者治校、民主管理”构成了“延安模式”高等院校管理的基本框架。

（三）高等教育“延安模式”的当代价值

高等教育“延安模式”，是中国共产党创办新型高等教育的伟大实践，是扎根中国大地办大学的初步探索，不仅为新民主主义革命培养了大批优秀人才，而且为晚清至民国以来的大学本土化发展提供了一条新的解决路径，对开创具有中国特色的高等教育发展道路产生了重大而深远的影响。

1.“延安模式”是当代中国高等教育模式的形成基础

学界通常把“延安模式”归为干部教育体系，忽视了其对当代中国高等教育模式的塑造。实际上，“延安模式”是我国高等教育模式的真正源头和基本范式，为我国高等教育的改造提供了基本的思想理念、治理框架、办学模式，为当代中国高等教育的形成奠定了基础。当代中国高等教育是在解放区高等教育的基础上，接收改造国统区高等教育机构，参照苏联高等教育模式而逐渐发展起来的，其中解放区的高等学校是其制度基模。中华人民共和国成立后，中国共产党将在局部执政条件下所举办的新型高等教育模式推广到全国，特别是1952年院系调整之后，将公立、私立、教会大学多元并举的体制改造为大统一的公立体制，所有高校都处于党的领导之下，执行统一的政策制度。应该说，其根本依据就是“延安模式”。当前，为了实现“两个一百年”奋斗目标和中华民族伟大复兴的中国梦，习近平总书记提出要发展具有“中国特色、世界一流”的现代高等教育体系，要扎根中国大地办大学，要办让人民满意的教育，无疑仍然需要学习、继承和弘扬“延安模式”的高等教育办学经验。

2. “延安模式”确立了高等院校办学的中国逻辑

中国高等院校的办学逻辑不同于西方。西方高等院校办学遵循学科逻辑，强调办大学就是办学科。而学科与知识的生产直接相关，因此学术产出成为衡量高校尤其是研究型高校的唯一标准。作为一种有影响力的办学逻辑，西方学科逻辑几乎在全球范围内得到普遍运用。中国高等院校办学遵循的是社会需求逻辑。这种逻辑强调高校办学首先要服务于国家战略和经济社会发展需要。这种逻辑的形成根据除了“我国有独特的历史、独特的文化、独特的国情，决定了我国必须走自己的高等教育发展道路”之外，就是高等教育“延安模式”的成功经验。由于办学遵循的逻辑不同，按照不同的逻辑来评价不同国家的高等教育办学绩效，结果当然不同。如按照学科逻辑，即从高水平论文产出的角度看，中国重点高校或许与西方研究型大学有差距，但按照社会需求逻辑，即从为国家为社会做贡献的角度看，中国重点高校却远远优于西方研究型大学。实际上，基于“延安模式”所确立的社会需求逻辑具有西方大学的学科逻辑所不可比拟的先进性，对此我们必须有足够的教育自信。这种自信一方面来源于我们的道路自信、理论自信、制度自信和文化自信，另一方面也来源于“延安模式”的成功经验和中华人民共和国成立后高等教育改革和发展所取得的巨大成就。我们可以借鉴西方的学科逻辑，但绝对不能用西方的学科逻辑取代中国的社会需求逻辑。相反，我们要更加坚定地坚持这种社会需求逻辑。习近平总书记指出：“办好中国的世界一流大学，必须有中国特色。没有特色，跟在他人后面亦步亦趋，依样画葫芦，是不可能办成功的。”① 事实上，20世纪80年代以后，西

① 习近平．青年要自觉践行社会主义核心价值观：在北京大学师生座谈会上的讲话．北京：人民出版社，2014：12.

方大学的办学逻辑也由学科逻辑向社会需求逻辑转变。

3. “延安模式”形成了中国特色现代大学制度的初始禀赋

从 1895 年清政府创办第一所近代意义上的大学（北洋大学），到 21 世纪成为世界高等教育第一大国，我国高等教育经历了百余年的发展历程。纵观百年进程，先是模仿日本，随后引入德国模式，20 世纪 30 年代转为学习美式高等教育，20 世纪 50 年代“以俄为师”，建立起苏式高等教育体系，改革开放后又将目光转向欧美。但横向比较，我国当代高等教育模式却迥异于世界各国，自成一体。究其根源，就是受高等教育“延安模式”的影响。高等教育“延安模式”的基本构架以马克思主义为指导，坚持党的领导，大学内部实行校长负责制，学者治校，民主管理。这种构架形成了中国特色现代大学制度的初始禀赋。中华人民共和国成立以后，党和政府为了建立中国特色的现代大学制度，虽然也多次进行高等教育改革，但不论怎样改革，都走不出也离不开“延安模式”的高等教育经验。“延安模式”已经为中国特色的现代大学制度注入了“红色基因”。

4. “延安模式”开启了中国高等院校立德树人的新模式

立德树人是高等教育的根本任务。从世界范围来看，任何类型的高等教育都把立德树人作为根本任务，只是侧重点有所不同而已。盎格鲁-撒克逊的博雅教育强调向内的教育，即教育主要指向人的精神与灵魂，培养学生的理想信念、人格修养、价值观；欧洲大陆的专业教育强调向外的教育，即重视培养学生的社会技能及谋生手段。“延安模式”既重视向内的教育，又重视向外的教育；既强调立德树人，又强调学以致用。在人才培养模式上，坚持教学、科研、生产“三位一体”，注重培养知行合一、手脑并用、用理论武装的实践者；在课程设置上，重视马克思主义政治理论课教学，强调少而精、要管用，旨在帮助学生树立对马克思主义的坚定信仰，形成辩证唯物主义的世界观，培养学生的社会责任感。在能力培养方面，强调学以致用，坚持以实践为导向，重视革命斗争和生产劳动等实际技能的训练。应该说，这样的立德树人模式与历史上任何一种高等教育都是有所不同的，是中国特色高等院校立德树人模式形成的源头。当今我国的高等院校肩负着在新的历史条件下立德树人、培养德智体美劳全面发展的社会主义建设者和接班人的历史使命，既需要面向未来、与时俱进、深化改革、创新发展，又需要回归初心、回归本分、回归常识、回归梦想。研究、总结高等教育“延安模式”的经验，可以为我们不忘初心、不辱使命，扎根中国大地办大学提供诸多借鉴。

第四章
社会主义革命和建设时期的高等教育（1949—1977年）

中国高等教育体系的一个突出特点是拥有大批高水平行业特色大学。据不完全统计，在首轮 137 所“双一流”建设高校中，120 多所具有行业特色高校背景。中国高等教育的这一特点来源于 20 世纪 50 年代的院系调整，这是行业高等教育体系的延续。行业高等教育体系是“全面学苏”的产物，苏联模式来源于法国精英高等教育与专业教育结合的传统。

一、“以俄为师”与全国高校院系调整

（一）“以俄为师”与高等教育改革实践

中国高等教育历史源远流长，从五帝时期的“成均之学”绵延至今，已有五千年的历史。到了近代，中国传统的以书院和科举制为主要形式的高等教育体制已经积弊重重，在 19 世纪末 20 世纪初为西方大学模式所取代。中国近代高等教育的总体特征是模仿多于创新，在 20 世纪 50 年代，我们无论在观念上、体制上，还是在内容上和方法上都是对苏联教育的模仿[①]。

1951 年 8 月，教育部主要领导人在全国师范教育会议上第一次清晰阐述“以俄为师”。如其所言：“我们高等师范教育学习苏联，就是要抓住高等师范教育的特点，就是要学习苏联高等教育各方面的经验，从思想体系到教学组织都应该系统地、全面地学、整体地学……至于苏联全部教育建设的历史和现在的成就，自然也是学习的对象。……就学习苏联理论来说，那应该是无条件的，马上接受，逐渐把它搞通。”[②] “以俄为师”不仅体现在高等师范教育中，也体现在其他类型的高等教育中。“以俄为师”在当时带有浓厚的政治色彩，在高等教育的组织结构、

---

① 张俊洪．回顾与检讨：新中国四次教育改革论纲．长沙：湖南教育出版社，1999：19.

② 《当代中国》丛书教育卷编辑室．当代中国高等师范教育资料选：上．上海：华东师范大学出版社，1986：46.

教学内容、教学方法上，中国倾向于学习苏联模式。基于“苏联的科学技术是真正为人民服务的，英美的科学技术则完全是为少数资本家服务的”的认识，英美的教材完全被苏联教材所取代。“1952—1956 年，我国正式翻译出版的苏联教材达 1 393 种，仅中国人民大学翻译人员 1950—1953 年便翻译苏联教材即参考资料 1 308 种，5 865 万字，作为该校三十几个专业的基本教材。”①

“以俄为师”集中体现为院系调整以及行业高等教育体系的建构。旧中国遗留下的 205 所大学基本上是以英美等国的大学为样板的，不能适应新中国社会主义建设的政治、经济和文化需要。由于英美大学的通识教育模式与国家工业化相对脱节，客观上需要建构一个能够支撑国家工业化需要的高等教育体系，苏联的经验成为“不二选择”。事实上，苏联在 1928 年开始实施第一个五年计划的同时，也开始了对高等教育的改造，改造的中心内容是把原来的教育人民委员会统一领导的高等学校划出相当一部分归工业部、交通部等专业部领导；在原有高校内设置工业建设所需要的系科，合并不同学校的相同系科，在系科的基础上组建新的高度专业化的学院、专科学校等。新中国首次大规模的高等教育改革基本上是复制苏联高等教育改革，只是更加强调工科的发展，这就是影响深远的院系调整。从 1952 年开始，按照苏联大学模式，我们先是取消了大学中学院这个层级，然后将各种系科或合并到其他学校，或合并组成专业学院，或单独组建专业学院。而后，再在新的系科基础上划分专业。这次调整的结果是产生了一批新的行业特色大学。从 1953 年到 1957 年，按照“高等教育建设必须符合社会主义建设及国防建设的要求，必须和国民经济的发展计划相配合”的精神，先后进行了两次大规模的院系调整。两次院系调整导致中国高等教育类型发生根本性的转变，文理综合性大学急剧减少，工科行业特色大学急剧增加。1947 年，全国共有综合性大学 55 所，工科院校 18 所；到 1953 年，综合性大学减少为 22 所，工科院校增加到 43 所；到 1957 年，综合性大学进

① 李涛．借鉴与发展：中苏教育关系研究：1949—1976．杭州：浙江教育出版社，2006：193.

一步减少为 17 所，工科院校增加到 44 所[①]。不可否认，院系调整改造了与经济社会发展关联不大的高等教育体系，确立了与经济社会发展高度耦合的行业高等教育体系，这对国家工业化发展具有明显的促进效应。

（二）“以俄为师”的根本原因

新中国成立之初的“以俄为师”主要是政治方面的原因。20 世纪 50 年代，学习苏联不仅是教育改革的指导方针，也是整个国家建设的首要条件。正如刘少奇所言：“我们中国人民的革命，在过去就是学习苏联，‘以俄为师’，所以能够获得今天这样的胜利。在今后我们要建国，同样也必须‘以俄为师’，学习苏联人民的建国经验。”[②] 这段话充分体现了“以俄为师”的政治逻辑。

“以俄为师”的一个原因是当时的国际政治经济环境使我们只能“以俄为师”。第二次世界大战后，世界主要国家被划分为帝国主义和社会主义两大对立阵营，中国共产党领导的新中国除了学习苏联，别无选择。其实早在 1940 年，毛泽东就敏锐地提出，中国“如果没有联俄政策，不同社会主义国家联合，那就必然是联帝政策，必然同帝国主义联合……中国不站在这方面，就要站在那方面，这是必然的趋势。难道不可以不偏不倚吗？这是梦想。全地球都要卷进这两个战线中去”。中国革命的胜利，不仅极大地加强了社会主义阵营的力量，加剧了两大阵营之间的冷战，而且很快代表着两大阵营力量较量的热战也在朝鲜爆发，直接威胁着刚刚建立的新中国，美国还宣布对中国实行军事和经济封锁。中国在一个充满敌意的国际环境中，与苏联结成政治上的同盟。而且当时除了南斯拉夫，没有一个社会主义国家对苏联在社会主义阵营内的领袖地位表示过异议，同时，由于苏联巨大的经济和军事实力，使刚刚成立的社会主义国家有一种心理上的安全感，在这种情况下进行政治联盟，几乎所有社会主义国家都不可避免地带上“以俄为师”的特征，

① 张俊洪．回顾与检讨：新中国四次教育改革论纲．长沙：湖南教育出版社，1999：42.

② 中共中央文献研究室，中央档案馆．建国以来刘少奇文稿：第1册．北京：中央文献出版社，2005：87.

中国也不例外[①]。新中国成立后的首要任务是实现国家工业化，在“一穷二白”的基础上建设现代工业离不开一定的外来援助。我们在国际上属于社会主义阵营，实现国家工业化所需的经济援助只能来自苏联。在第一个五年计划期间，苏联对中国给予了一定的经济援助，并在工业技术的提供、技术人员的培训等方面给予了较大的帮助。因为我们相信：“苏联有许多世界上所没有的全新的科学知识，我们只有从苏联才能学到这些知识。例如：经济学、银行学、财政学、商业学、教育学等。”[②]

当然，“以俄为师”还有一个原因，就是中国共产党建设新型正规高等教育体系缺乏经验。中国共产党从成立之日起到取得政权，一直处于严酷的政治斗争和军事斗争的环境中。在延安探索建立的高等教育是以军事教育和干部教育为特征的非正规高等教育，缺乏领导大规模正规高等教育的经验。在夺取政权后，要将一个半殖民地半封建性质的高等教育体系改造成社会主义的高等教育体系是十分困难的。但是为了实现国家工业化，这种改造又是必须的和紧迫的。在这种背景下，通过建立行业高等教育体系快速实现国家工业化的苏联，其高等教育模式无疑具有巨大的吸引力。

二、创办新型正规化大学与中国人民大学的创立

中国人民大学是中国共产党亲手创办的第一所新型正规大学，是“苏联先进经验与中国实际相结合”的“办新的大学”之典范，是中国现代高等教育的一个重要源头。

（一）创办新大学的缘起

1949 年上半年，随着革命形势朝夺取政权的方向发展，党中央开始考虑建立各级政权和社会主义建设问题，教育问题被提上日程。1949

---

① 张俊洪．回顾与检讨：新中国四次教育改革论纲．长沙：湖南教育出版社，1999：54.

② 中央教育科学研究所．中华人民共和国教育大事记：1949—1982. 北京：教育科学出版社，1984：4.

年 4 月，为了培养通晓马克思主义知识的人才，党中央专门开展了关于学校工作方针和马克思主义教育问题的研究。刘少奇提出，必须“进行一个普遍的初步的马克思主义教育……采用一切可能的方法和机会，进行教育，动员很多懂点马克思主义的知识分子去当教员”①。应该说，当时没有一所高校能够承担培养“懂点马克思主义的知识分子”的工作任务。党虽然在大城市接管了 200 多所大学，但这些学校基本上是按照欧美理念建立的，属于旧社会的一部分，亟待改造。在这种背景下，创办一所新的大学就成为建设新中国的迫切需要②。

创建新的大学进而创造我国高等教育新的经验，中国共产党没有太多经验。“以俄为师”“全面学习苏联”成为当时国内国际环境下我国的唯一选择。1949 年 6 月，毛泽东委派刘少奇率领中共中央代表团秘密访问苏联，就建国大事大计及增进中苏两党关系与斯大林交换意见。经过审慎思考，刘少奇于 1949 年 7 月 6 日在给斯大林的信中明确提出请苏联政府帮助办一所大学的请求。如其所言：“我们想请苏联政府为新中国的建设管理人才办一专门学校，好像过去的中国劳动大学一样。开始收学生一千人以下，内分各系，如工业、商业、银行、法律、教育等系，并分速成班学期一年，普通班学期两年，及正式班学期三—四年。这样可以很快的培养人才”③。按照“过去的中国劳动大学”的模式，这所新大学原计划是放在苏联，从国内招生。中央的这一想法主要有两个原因：一是便于更加直接地学习苏联的各项制度；二是苏联的政治环境更加稳定，适宜办学④。斯大林和毛泽东对刘少奇办新大学的想法均持赞同态度。斯大林很快回复说：“这是好事，有困难，但可以办。”⑤毛泽东在给的复电中表示：“同意在莫斯科建立一个中国大学。我们正需要学习苏联在各项工作中的和资产阶级不同的一套学说和制度，设立

① 中共中央文献研究室，刘少奇研究组，中央教育科学研究所．刘少奇论教育．北京：教育科学出版社，1998：61.

② 齐鹏飞．中国共产党创办新型高等教育的历史、理论与实践：中国人民大学 80 年办学经验总结．北京：中国人民大学出版社，2018：347.

③ 中共中央文献研究室，中央档案馆．建国以来刘少奇文稿：第 1 册．北京：中央文献出版社，2005：26.

④ 同②.

⑤ 同③35.

这样一个大学是很必要的，但经费应讲明由中国负担为适宜。同意在目前就开始派遣各种参观团到苏联去参观和学习各项经验。”[①] 然而，仅仅两周之后，在苏联境内创办新大学的计划就发生了重大变化。这是因为中共代表团与苏联方面就提供贷款、派遣专家等问题商谈得非常顺利，苏联方面答应派遣大批专家到中国帮助工作。在中苏双方达成关于派遣苏联专家协议的第二天，即 1949 年 8 月 6 日，刘少奇、王稼祥给毛泽东发电报，建议新大学不设在苏联境内，而设在北平较为方便。次日，毛泽东回电表示赞同，“中国大学不设在阿尔马达而设在北平，由苏联派教授”[②]。这所旨在培养建国人才的新大学就是后来的中国人民大学。

（二）中国人民大学的创立

刘少奇访苏回国不久，中央设立了由陆定一、钱俊瑞、吴玉章、成仿吾、范文澜、薛暮桥、陈伯达、王明、谢觉哉等组成的委员会，苏联专家费辛科与菲里波夫担任顾问，负责新大学的筹备事宜[③]。受中央委托，刘少奇直接领导新大学筹备委员会，并担任筹备委员会组长[④]。新大学的筹备没有从零开始，而是充分利用中国共产党在革命战争年代创办的高等教育资源，在华北大学等高校的基础上进行整合组建。经过一个多月的调查商讨，形成了具体计划，新大学拟命名为“中国人民大学”。1949 年 11 月 12 日，刘少奇写信给毛泽东和中央政治局，报告中国人民大学的筹备情况和办学计划。如其所言：“即以原华北大学、革命大学及王明谢老之政法大学三校合并为基础来成立人民大学。另由人民大学附设一部政治训练班，即保留原革命大学一部分（约收学生三四千人）机构，照过去一样继续招收学生进行四个月的政治教育，以继续改造知识分子”，“人民大学拟由中央人民政府设立，任命中国人作校长，聘苏联同志为顾问。苏联顾问及教授的薪资，拟照苏联专家一样办

① 中共中央文献研究室．毛泽东年谱：1893—1949（下卷）．修订本．北京：人民出版社，2013：540.

② 同①544.

③ 中共中央文献研究室，中央档案馆．建国以来刘少奇文稿：第 1 册．北京：中央文献出版社，2005：154.

④ 黄达．吴玉章与中国人民大学．太原：山西教育出版社，1996：136.

理”。他建议“政治局即日审查这个计划，并予以批准，然后提交政务院通过施行”①。1949年12月11日，刘少奇又向正在去苏联访问路上的毛泽东报告关于中国人民大学成立的决定和聘请苏联教授、教员事宜，并确定了科系的设置及本科的招生名额。报告提出为中国人民大学聘请50名教授和教员，本科成立八个系。“第一年招收本科学生一千四百人，训练班学生三千人，其中夜校学生一千人。本科设经济系、计划系、财政信用借贷系、合作社系、贸易系（学制均为三年），法律系、外交系（学制均为四年），工厂管理系（学制为两年）。训练班设经济系、贸易系、合作社系、外交系、财政信用银行系、统计系、法律系、教育系、工厂管理系（学制均为半年）。本科及训练班定于一九五〇年二月一日开学。”②

1949年12月16日，中央人民政府政务院根据中共中央政治局的建议，通过了《关于成立中国人民大学的决定》，指出“中华人民共和国业已诞生，人民解放战争即将在全国范围内获得全面的彻底的胜利，新中国的伟大建设工作已经开端。为适应国家建设需要，中央人民政府政务院决定设立中国人民大学，接受苏联先进的建设经验，并聘请苏联教授，有计划、有步骤地培养新国家的各种建设干部”，中国人民大学的教育方针是“教学与实际联系，苏联经验与中国情况相结合”③。为了保证中国人民大学招生计划的顺利进行和按时开学，1950年1月23日，刘少奇亲自签发了《中共中央关于成立中国人民大学的决定》。这份发往各大区党委的文件告知了中国人民大学的任务和系科设置，并将其本科各系招生名额分配为：华北区327名，华东区177名，东北区162名，华中南区139名，西北区77名，总共为882名④。该决定强调：“中国人民大学的创办，是一件大事，各地党必须保证该校本科此

① 中共中央文献研究室，中央档案馆．建国以来刘少奇文稿：第1册．北京：中央文献出版社，2005：154-155.

② 同①156.

③ 中共中央文献研究室，刘少奇研究组，中央教育科学研究所．刘少奇论教育．北京：教育科学出版社，1998：76.

④ 黄达．吴玉章与中国人民大学．太原：山西教育出版社，1996：136.

次招生的完满成功”①。1950 年 2 月 19 日，由中共中央政治局提名，中央人民政府委员会第六次会议通过，任命原华北大学校长吴玉章为中国人民大学校长，胡锡奎、成仿吾为副校长②。

1950 年 10 月 3 日，中国人民大学在北京城内校址铁狮子胡同 1 号举行开学典礼，刘少奇、朱德、马叙伦及苏联顾问安德里昂诺夫出席典礼，刘少奇在典礼上做了重要讲话。刘少奇的讲话包括四个方面。首先，阐述了中国人民大学的使命与战略定位。中国人民大学是培养国家各种专门建设人才的一所新型的正规大学，中国人民大学的办学定位是要树立新中国高等教育事业的一种新的典范。如其所言，中国人民大学“是我们新中国第一个办起来的新型的大学，中国将来的许多大学都要学习我们中国人民大学的经验，按照中国人民大学的样子来办”③。其次，刘少奇介绍了创办新大学的动因。中央之所以急于创办一所“新大学”，是因为新型建国人才的严重短缺。他提出，党从旧政权手中接管的旧大学是模仿英美大学的经验办起来的，“有很多缺点和错误。因为办学的基本目的和方针是错误的。学校是为资产阶级压迫人民、剥削人民服务的”，新型大学旨在培养出为人民服务的干部④。再次，刘少奇对中国人民大学的系科设置进行了说明。为了培养建设新中国的干部，中国人民大学设置的专业均与计划经济直接相关。刘少奇认为，中国人民大学不办物理、化学、机械、电气等系，因为这些学科其他大学是可以办的，之所以设经济计划、财政信用、工厂管理、合作社、贸易、法律、外交、俄文八个系，是因为旧大学中这些系毕业出来的学生我们很难采用，新中国主要与社会主义国家做生意，这样的分工对国家是有利的⑤。最后，刘少奇对学生学习提出了具体要求。他强调学好俄文的重要性，如其所言：“你们如果能够尽早把俄文学好，就能够了解更多的

① 中共中央文献研究室，中央档案馆．建国以来刘少奇文稿：第 1 册．北京：中央文献出版社，2005：156.

② 欧阳雪梅．刘少奇与中国人民大学的创建．当代中国史研究，2011（3）.

③④ 中共中央文献研究室，刘少奇研究组，中央教育科学研究所．刘少奇论教育．北京：教育科学出版社，1998：90.

⑤ 中共中央文献研究室，刘少奇研究组，中央教育科学研究所．刘少奇论教育．北京：教育科学出版社，1998：94. 此处不同资料来源有出入：根据中国人民大学校史馆官网的信息，建校初期的“八大系”是经济系、经济计划系、财政信用借贷系、贸易系、合作社系、工厂管理系、法律系、外交系。

新知识。学好俄文是你们学习新知识的一个重要工具，对于你们的学习具有决定意义。”① 他强调理论联系实践的重要性，他批评旧大学学用脱节，中国人民大学的学生必须学用结合，学什么将来就做什么。他强调了学习马克思主义理论的重要性，要求中国人民大学的学生树立为人民服务的马列主义基本观点，要改造中国，要走向社会主义。刘少奇的讲话鼓舞了在场的师生，正如成仿吾所言：“听到少奇同志这番话后，感到是对中国人民大学的莫大鞭策，同时感到自己的责任重大。”②

为了办好中国人民大学，中央从人、财、物等方面全力保障中国人民大学的建设。1950 年，中国人民大学的经费占教育部全部预算的 1/5③。中国人民大学筹备时，刘少奇计划聘请 50 位苏联教授和教员，1952 年 5 月，中国人民大学已聘有苏联专家 47 人，到 1957 年，聘请了苏联专家 98 人④。1953 年 10 月，中国人民大学成立三周年时，学校已经初具规模，设有 9 个系、41 个教研室、1 个编译室，此外还有专修科、预科、马列主义研究班、研究生班、马列主义夜大学、夜校、函授专修班和附设工农速成中学。1951—1953 年，有 900 名校内外研究生毕业，4 587 名大学生毕业（其中本科学生 59 人，专修科学生 3 996 人）；在校大学生约 5 000 人，为全国高等学校培养的研究生约 2 000 人，校外函授学生 2 700 人；培养教员约 700 人，培养俄文翻译 152 人；翻译教材 1 300 余种，编写教材 500 多种⑤。中国人民大学成了当时高校中办学规模最大、聘用苏联专家最多、学生人数最多，全国独一无二的崭新的正规大学⑥。

（三）中国人民大学的历史地位

中国人民大学作为新中国第一所社会主义新型大学，奠定了高等教

---

① 中共中央文献研究室，刘少奇研究组，中央教育科学研究所．刘少奇论教育．北京：教育科学出版社，1998：91.

② 成仿吾，彭明．回忆少奇同志对人民大学的关怀．教学与研究，1980（2）.

③ 成仿吾．战火中的大学：从陕北公学到人民大学的回顾．北京：人民教育出版社，1982：158－159.

④ 毛礼锐，沈灌群．中国教育通史：第 4 卷．济南：山东教育出版社，1988：91.

⑤ 吴玉章．中国人民大学三年来工作的基本总结．人民日报，1953－10－04（3）.

⑥ 欧阳雪梅．刘少奇与中国人民大学的创建．当代中国史研究，2011（3）.

育为人民服务的基本品质，发展成为新中国人文社会科学的一面旗帜、人民共和国建设者的摇篮、马列主义教学与研究的高地，为苏联模式中国化做出了重要贡献。

第一，新中国兴办新型高等教育的典范。中国人民大学由中国共产党第一代领导集体亲手创建，是实施新中国建设战略、发展新型高等教育的创举，代表着中国共产党人对高等教育的理想和信念。在中华人民共和国开国大典举行两个月后，中共中央政治局决定成立新中国第一所社会主义大学——中国人民大学。中国人民大学的问世，是中国共产党在策划新中国建设大业时对经济、文化、教育领域做出的战略安排，旨在培养建设新中国的干部，这是“完全新式的高等教育的起点”。正如刘少奇所言：“中国将来的许多大学都要学习我们中国人民大学的经验，按照中国人民大学的样子来办其他的大学。”[①] 在办学理念和办学模式上，中国人民大学结合中国情况学习苏联先进的经验，理论联系实际，成为改造旧教育、发展新教育的典范。新中国成立之初，改造旧教育、发展新教育成为国家一个时期的主要任务。中国人民大学被视为改旧立新的核心工程。1949 年 12 月，第一次全国教育工作会议在总结报告中明确提出，要“以老解放区新教育经验为基础，吸收旧教育有用经验，借助苏联教育先进的经验”来建设新中国的教育，“创办人民大学的任务，是接受苏联的先进经验，有计划、有步骤地培养新中国的各种建设干部”，同时中国人民大学是改造旧的高等教育、树立一个新型大学的典范。事实上，在“全面学苏”时代，中国人民大学以苏联专家人数最多、层次最高、涵盖面最广而独领风骚。很多高校的教师先后到人大听课，汲取苏联高等教育的营养，学习马克思主义的立场、观点和方法。1954 年，高等教育部为推广中国人民大学的专业设置、课程建设、教材编写、教学方法及考试方法等，召开了中国人民大学经验讨论会，要求各院校全面系统地学习中国人民大学的经验。中国人民大学长期承担全国高校文科教师培养任务，是新中国最早开展研究生教育培养师资和

---

① 中国人民大学校史研究丛书编委会．中国人民大学纪事．北京：中国人民大学出版社，2007：96.

高层次人才的高校[1]。

第二，新中国推行平民高等教育第一校。中国人民大学确立并实现了“培养万千建国干部”的人才培养目标，并践行人民教育，向工农子弟开门，成为新中国推行平民高等教育第一校[2]。新中国成立之初，建国干部极其缺乏，中国人民大学确立了“有计划、有步骤地培养新中国的各种建设干部”的办学定位，并充分认识到教育向工农开门、实施人民教育的重要意义。20世纪50年代，中国人民大学对曾任财经各部门科长以上干部的专修科学员做过统计，其中不足初中文化水平的约占70%以上。中国人民大学认识到，培养工农干部是贯彻党在过渡时期总路线的一项重大政治任务和组织任务。据此，中国人民大学确定干部培养的对象主要是经过战争洗礼的革命干部和各行各业的在职干部，1955年之前主要是招收调干生，学生中党员的比例高达80%。1950年，共有学生2 930人，入学前为干部和工人的占到72%，部分系科如外交系学员几乎全部是工农干部出身，贸易系有80%是工农干部和工人出身。1953年学生中的干部与产业工人约占总人数的70%左右。而同年全国工农出身的学生占高校学生总人数的比例仅为20.5%[3]。中国人民大学根据工农干部的特点因材施教，既反对降低工农学员入学标准的行为，又反对不为其创造学习条件的倾向，有针对性地设计了培养步骤、制度、教学计划和方法。工农干部文化水平较低的先到预科班或工农干部速成班补习文化素养，待提高到一定程度后再进行高等教育，文化水平较高的则直接进入本科班学习。学校还在培养高校师资和科学工作者方面贯彻培养工农干部的方针，在研究生选拔中适当注意了工农成分。中国人民大学初期的办学实践奠定了学校平民教育的文化，时至今日，中国人民大学一直保持培养万千“共和国建设者”的传统。

第三，新中国传播和普及马克思主义重镇。中国人民大学致力于讲授和发展马克思主义理论，为马克思主义在新中国的传播和普及起到了开创性、奠基性的作用，为巩固新生政权做出了突出的贡献[4]。这主要体现在两个方面：一方面是中国人民大学首设马克思主义理论课程，并

---

①②③④ 梁敬芝，刘向兵，付春梅．新中国成立初期中国人民大学在高等教育领域的地位和作用．中国人民大学学报，2010 (6).

尽力发挥马克思主义研究的优势，在高等教育战线为讲授和传播马克思主义起到了开拓和奠基作用。由于马克思主义是指导新中国建设的理论基础，马克思主义理论课自然成为高校的基础课程。中国人民大学既有一些久负盛名的马克思主义研究专家任教，又有苏联专家指导，在培养具有马克思主义理论素养的教员、翻译苏联教材等方面走在了全国高校的前列。学校在组建之初，即设置了马列主义、政治经济学、中国革命史等研究生专业；在本科教学中，马克思主义政治理论课占有极其重要的地位，最先在各个系科中开设马列主义、政治经济学、中国革命史、辩证唯物主义和历史唯物主义四门专业课。中国人民大学在研究马克思主义方面也走在了全国前列。《教学与研究》作为新中国第一所社会主义新型大学创办的刊物备受瞩目，毛泽东主席就是在该刊上看到王方名、黄顺基发表的文章而邀请他们去面谈逻辑问题的。该刊作为服务全国高校马列主义理论教学和科研的专门刊物，在马克思主义中国化方面发挥了突出作用。中国人民大学还在1964年成立了马克思列宁主义发展史研究所，使马克思主义在中国的研究达到一个新的高度。另一方面是中国人民大学培养了大批马列主义师资和干部，编写了相关教材，卓有成效地传播和普及了马克思主义。在马克思主义理论课师资培养方面，中国人民大学为全国高校培养和输送了大批教学和研究骨干。学校开办四年即有一、二、三年制的政治理论和其他专业研究生1 158人毕业，其中有767人先后在全国210所高校担任马列主义理论和各种专业的主讲教师以及教研室的正、副主任。到1956年，全国几乎每个高校都有中国人民大学培养出来的政治理论教师。在教材编写方面，从政治理论到财经、政法类专业课程的教材，都是译自苏联成果或学校自己编写的。学校还在各种层次的干部培训中传播马克思主义思想。马克思列宁主义夜大学为全国首创，开办10年共有16 191名学员毕业、结业，其中，大多数人成为首都各条战线的骨干，许多人担任了领导工作①。

---

① 梁敬芝，刘向兵，付春梅．新中国成立初期中国人民大学在高等教育领域的地位和作用．中国人民大学学报，2010（6）．

三、教育“大革命”与“高教六十条”的出台

第一个五年计划结束后，人们对走苏联式工业化道路的代价逐步有了一个清晰的认识。这种代价主要表现在两个方面：一是必须牺牲农业生产的增长速度以换取工业的高增长率，二是高度集中的计划经济体制严重限制了地方经济建设的积极性[①]。为了探索一条不同于苏联的工业化道路，中央决定实施简政放权和开展群众运动。

（一）教育“大跃进”与教育“大革命”

在第一个五年计划完成之后，中央选择了一条非规范、非渐进的经济建设道路，这就是经济领域的“大跃进”。应该说，“大跃进”不是一种理性的产物，而是一厢情愿的主观想象和期望，带有很大的随意性。在这种经济建设“大跃进”的氛围中，教育的发展道路不可避免地会带上“大跃进”的特征。

高等教育领域的“大跃进”是伴随着简政放权运动展开的。准确地说，简政放权运动选择了以高等教育管理体制为突破口。1958 年 2 月，高等教育部取消，除少数大学和学院归中央有关部门领导外，大部分原属中央管理的大学和学院下放省、市、自治区领导（6 个行政大区已经于 1954 年撤销）。在此后的 4 个月时间里，中央政府 60%的权力下放，个别部门下放 90%至 100%的权力。中央各部委所属企业和事业单位，有 88%的权力下放到各级地方政府。与此相配套，大规模的群众运动在高等教育领域全面动员和开展起来，地方政府和群众的积极性被充分调动起来。一些工厂、公社，甚至机关、街道宣布办起了高等学校、中专、中学、红专大学、劳动大学、市民学校等名目繁多的各种层次的学校。有的工厂、公社还宣布办成了从幼儿园到大学的教育体系，实现了共产主义的教育制度[②]。为了弥补正规高等教育的不足进而支撑高等教

① 展立新．建国六十年我国高等教育发展观研究．北京：九州出版社，2014：44.

② 张俊洪．回顾与检讨：新中国四次教育改革论纲．长沙：湖南教育出版社，1999：79－80.

育“大跃进”目标的实现，中央提出了两种教育制度的设想。所谓两种教育制度，一种是指全日制的学校教育制度，另一种是半工半读的学校教育制度。1958 年 9 月 19 日公开发布的《中共中央、国务院关于教育工作的指示》正式将两种教育制度表述为“两条腿走路”。该指示首次提出了实现高等教育普及化的目标并提出相关对策：“应当大力发展中等教育和高等教育，争取在十五年左右的时间内，基本上做到使全国青年和成年，凡是有条件的和自愿的，都可以受到高等教育。我们将以十五年左右的时间来普及高等教育，然后再以十五年左右的时间来从事提高的工作。”① “为了很快地普及教育，应当大量发展业余的文化技术学校和半工半读的学校，因为这种学校可以全部或者大部解决自己的经费，很少需要或者不需要政府的帮助，因为这种学校可以按照‘能者为师’的原则就地找到师资……我们的原则，是在普及的基础上提高，在提高的指导下普及，是‘两条腿走路’，不是‘一条腿走路’。”② “大跃进”时期，我国地方高等教育呈现大规模扩张的趋势。从 1949 年到 1957 年，我国高等学校由 205 所增加到 229 所，学生由 11.7 万人增加到 44.1 万人。而从 1957 年到 1959 年，高等学校从 229 所（大都定义为部属高校）增加到 841 所（基本上下放为地方高校），学生增加到 81.2 万人。1960 年，高等学校又在一年中增加 448 所，达到 1 289 所，平均每天新增高校 1.23 所③。

1958 年发布的《中共中央、国务院关于教育工作的指示》对新中国成立以来的教育工作进行了一次历史性的总结和评价，认为学习苏联的教育路线存在的一个突出问题是教育脱离生产劳动、脱离实际，并在一定程度上忽视政治、忽视党的领导④。基于这一判断，《中共中央、国务院关于教育工作的指示》提出了新时期教育工作的指导方针：“党的教育工作方针，是教育为无产阶级的政治服务，教育与生产劳动结

① 中共中央文献研究室．建国以来重要文献选编：第 11 册．北京：中央文献出版社，1995：498.

② 同①494－495.

③ 张俊洪．回顾与检讨：新中国四次教育改革论纲．长沙：湖南教育出版社，1999：88－89.

④ 展立新．建国六十年我国高等教育发展观研究．北京：九州出版社，2014：47.

合；为了实现这个方针，教育工作必须由党来领导。没有党的领导，社会主义的教育是不能设想的。”[①] 为此，《中共中央、国务院关于教育工作的指示》进一步提出，必须加强党的领导，团结全国的工农劳动群众和广大知识分子，同“为教育而教育”“劳心与劳力分离”“教育由专家领导”的资产阶级及其思想进行坚决的斗争。党的教育工作方针同资产阶级的教育工作方针之间的斗争，按其性质来说，是社会主义道路和资产阶级道路两条道路之间的斗争[②]。因此，教育不仅需要“大跃进”，而且需要“大革命”，要在“教育必须为无产阶级政治服务”的旗帜下进行教育“大革命”。教育“大革命”的重要内容是对沿袭苏联教育模式的教育制度进行改革，破除高等教育苏联模式的专业化、集权化，提倡走一条新的与群众运动相结合的教育路线。正如《中共中央、国务院关于教育工作的指示》所指出的：“办教育应当在党委领导之下，把专业的教育工作者同群众结合起来，采取从群众中来，到群众中去的群众路线的方法，贯彻全党全民办学。”[③] 在高校内部，通过六种基本样式破除传统的师生关系、专家和生产能手、内行和外行的关系。具体来说，一是对待政治问题的“大鸣大放、大字报”；二是制订教学计划和教学大纲的时候应当采取“党委领导下的教师和学生结合的方法”；三是学生鉴定工作亦采取“党委领导下的教师和学生结合的方法”；四是教授课程应当“在党委领导下，尽可能采取聘请有实际经验的人（干部、模范工作者、劳动英雄、土专家）同专业教师共同授课的方法”；五是干群关系应该“同吃、同住、同劳动”；六是教师和学生之间应该是“民主平等的关系”[④]。在高校外部，开展政治色彩浓厚的勤工俭学政策，提倡又红又专。在《中共中央、国务院关于教育工作的指示》的推动下，原有的苏联教育制度基本瘫痪，全国掀起了学校办工厂、工厂办学校的热潮。据不完全统计，在短短的几个月内，全国 20 多个省市，

① 中共中央文献研究室．建国以来重要文献选编：第 11 册．北京：中央文献出版社，1995：490.

② 同①491.

③ 同①496.

④ 展立新．建国六十年我国高等教育发展观研究．北京：九州出版社，2014：53.

有 397 所高等学校共办工厂 7 240 间，平均每个学校办工厂 18.23 间[①]。为了支持教育“大革命”，1958 年 8 月，中共中央、国务院发布《关于教育事业管理权力下放问题的规定》，解释了苏联模式的高度集中的教育管理体制，并强调过去国务院或教育部颁布的全国通用教育规章、制度，地方可以结合当前的工作发展情况，因地制宜、因事制宜地决定存、废、修订或者另行制定适合于地方情况的制度。

(二) 高等教育的调整与整顿

经济领域的“大跃进”到 1960 年便难以为继，多、快、好、省地建设社会主义的“总路线”被国民经济建设的“调整、巩固、充实、提高”的方针所取代。事实上，高等教育领域的“大跃进”和“大革命”带来了高等教育发展的无序和混乱。在这种背景下，中央重新提倡调查研究的工作作风。1961 年 3 月，教育部根据中央指示，从广泛的调查研究开始，着手制定关于大、中、小学的工作条例。同年 9 月，中共中央委员会批准试行《中华人民共和国教育部直属高等学校暂行工作条例（草案）》，简称“高教六十条”。“高教六十条”虽然是一部针对教育部直属高校的条例，但是其适用范围涵盖所有的部属和地方的全日制高等院校。

在这个条例的指导下，1961 年高等教育的调整是顺利和卓有成效的。从数量上来看，高等学校由 1960 年的 1 289 所减少到 845 所，学生数量由上年的 96.2 万减少到 94.7 万，招生人数也从上年的 32.3 万压缩到 16.9 万[②]。1962 年继续压缩高等学校的规模与数量，高等学校数量由 1961 年的 845 所减少到 1962 年的 610 所，学生数量减少了 12.4%[③]。从结构上看，1961 年的调整特别关注高等教育与经济建设之间的关系。由于经济建设强调把农业放在首位，压缩重工业生产，1961 年工科招生人数比上一年下降了 51%，而农科下降为 35%[④]。

“高教六十条”绕开了关于苏联模式的争论，直接以工作条例的方式对高等教育各方面的活动做出了严格规定。与 1958 年印发的《中共

① 张俊洪．回顾与检讨：新中国四次教育改革论纲．长沙：湖南教育出版社，1999：82.
② 同①92.
③ 同①96.
④ 同①92.

中央、国务院关于教育工作的指示》相比，“高教六十条”在坚持贯彻“教育为无产阶级政治服务、教育与生产劳动相结合”方针的同时，又在高等教育治理、知识分子政策、教学管理方式等方面进行了修正和调整。在高等教育治理方面，“高教六十条”强调集中统一领导，下放到地方的高等教育举办权重归中央。在知识分子政策方面，“高教六十条”重新提出尊重专家意见的工作方针。它要求各级党组织必须正确执行党的知识分子政策，团结一切可以团结的教授、副教授、讲师、助教和其他具有专业知识技能的人，调动一切积极因素，为社会主义高等教育事业服务。与“大跃进”“大革命”时期的“大鸣大放”“大破大立”和鼓动学生“破除资产阶级专家迷信”的做法不同，“高教六十条”要求发挥教师的主导作用。在教学管理方面，“高教六十条”重新提出培养为社会主义建设所需要的专门人才的任务，重提专业化。针对“大跃进”“大革命”时期学生编写教材的极端做法，“高教六十条”要求学校有计划地进行教材建设，由水平较高的教师编写优秀教科书。针对专业设置、教学计划、教学大纲、教学方案的随意性，“高教六十条”提出，课程和学科体系的重大改变须经教育部批准。针对“半工半读”运动中出现的教学与生产不分，“高教六十条”严格规定了教学时间和劳动时间。在生产劳动方面，“高教六十条”在重申师生参加劳动的政治意义的同时，又对高校组织师生劳动的方式和方法做出严格的限制，强调高校劳动的计划性和教育性，防止“有劳动无教育”①。

“高教六十条”作为新中国第一部用于指导高等教育的条例，它不仅标志着在高等教育治理上开始探索出一条摆脱苏联高等教育模式的道路，而且标志着对废除规章制度、通过群众运动来进行教育“大跃进”和教育“大革命”的间接否定。但是，由于时代的局限性，“高教六十条”并没有摆脱“左”的色彩，对教育“大跃进”中所形成的非规范化的教育制度并没有废除，这为以后高等教育的发展留下了隐患。

（三）“文化大革命”与“两个估计”

“文化大革命”长达十年的动乱，使党、国家和各族人民遭到新中

① 展立新．建国六十年我国高等教育发展观研究．北京：九州出版社，2014：69－70.

国成立以来时间最长、范围最广、损失最大的挫折。党的组织和国家政权受到极大削弱，大批干部和群众遭受残酷迫害，民主和法制被肆意践踏，全国陷入严重的政治危机和社会危机。在“文化大革命”这场浩劫中，教育事业基本瘫痪，大量高等学校和中等专业学校被迫撤销、搬迁和中断招生，学校秩序混乱，教学质量低下。1971 年，由姚文元、张春桥炮制的《全国教育工作会议纪要》否定了解放后 17 年教育工作取得的成绩，提出了所谓“两个估计”，即：“文化大革命之前”的 17 年，教育战线基本上是资产阶级专了无产阶级的政，是“黑线专政”；在教育战线工作的知识分子，大多数人的世界观基本上是资产阶级的，是资产阶级知识分子。“两个估计”沉重地压在广大知识分子头上，使我国科学文化教育事业遭到严重摧残，科技人员、教师、专家普遍受到歧视以至迫害，一代青少年丧失了受科学文化教育的机会，在国家各个经济部门和科技领域，都出现了专业技术人员青黄不接的严重局面，教育战线成为名副其实的“重灾区”。“文化大革命”是在探求中国自己的社会主义道路的进程中走入歧途的结果，给党、国家和各族人民带来严重灾难的内乱，留下了极其惨痛的教训。“文化大革命”不是任何意义上的革命和社会进步，但科学总结“文化大革命”的教训，将使党和人民获得宝贵的精神财富，避免重蹈覆辙[①]。

四、行业高等教育体系与高等教育现代化

新中国成立 17 年以来的高等教育改革经历了两个主要阶段：第一个是“以俄为师”建立高等教育体系，第二个是教育“大跃进”“大革命”及其调整。新中国成立 17 年以来的主要成果是形成了行业高等教育体系，推进了我国高等教育的现代化。应该说，新中国成立 17 年以来的高等教育改革历来是被作为全面建设社会主义重要组成部分看待和评价的，被认为是新中国高等教育史上的黄金时代，以至在“文化大革命”结束后，面对高等教育的一片废墟，人们重新规划和建设高等教育时，毫不犹豫地以这一时期形成的高等教育管理体制、高等教育结构，

① 中共中央党史研究室．中国共产党的九十年．北京：中共党史出版社，2016：629－635.

甚至高等教育内容、方法为范本①。

(一) 行业高等教育体系的形成与发展

我国现代高等教育体系建设可以追溯到“洋务运动”时期创办实业教育运动。19 世纪 60 年代至 90 年代，在西方列强的冲击下，为富国强兵，福建船政学堂、北洋大学、南洋公学等一批新式高等教育机构成立了。中国高等教育体系建设初期的一个突出特点是模仿多于创新。北洋政府时期主要模仿欧洲大陆高等教育体系，民国时期主要模仿美国高等教育体系。然而，由于国家工业化水平太低，现代高等教育体系直到中华人民共和国成立都没能建立起来。

中国现代高等教育体系是在国家工业化的推动下逐步建立起来的。中华人民共和国成立之后，选择了“以俄为师”的国家建设策略，实行计划经济体制。1956 年，党的八大明确指出：当前党和人民主要的任务是集中力量发展社会生产力，实现国家工业化②。计划经济体制的确立给高等教育体系建设带来了直接的影响。高等教育成为一项重要的政策工具，借以解决“四个现代化”建设中的许多问题，高等教育体系与社会经济发展逐步结合在一起。

在苏联模式的指引下，高等教育体系扩展的主要推动力来自政府。应该说，新中国成立 18 年以来，中国高等教育体系建设深深地打上了苏联教育的烙印。20 世纪 50 年代，中国提出了“一五”计划，优先建立西方发达国家所拥有的那种资本密集型的先进现代化大产业，由此导致国家对各种专业技术人才的需求激增。为支撑第一个五年计划，我们放弃民国时代以通识教育为特点的美式高等教育体系，建立了面向行业经济的苏式高等教育体系。根据苏联模式，高等教育体系应该是一种面向国家工业化的专业教育体系。然而，旧中国遗留下来的高校实行的是一种与国家工业化相脱节的通识教育或“普通教育”。为适应国家工业化的需要，高等教育体系的改造势在必行。其中，一项最重要的政策举

① 张俊洪．回顾与检讨：新中国四次教育改革论纲．长沙：湖南教育出版社，1999：107.
② 周光礼．国家工业化与现代职业教育：高等教育与社会经济的耦合分析．高等工程教育研究，2014 (3).

措是院系调整。这项政策的核心内容是将综合性大学拆分重组为单科性工科院校，以改变高等教育长期游离于国家工业化之外的弊端。政府的院系调整政策对高等教育产生了重要影响，形成了以行业高校为主体、“条块分割”的高等教育体系。所谓“条”，即中央各部委创办和管理的高校，旨在为特定行业、特定部门培养专门人才，俗称“行业高校”；所谓“块”，即地方创办和管理的高校，旨在为区域经济社会发展服务，俗称“地方高校”①。这一调整基本奠定了中国传统高等教育体系，这个体系具体包括行业高校和地方高校。这种传统高等教育概念，为我们拓展大众化之后高等教育研究提供了必要的情景。事实上，行业高校一直是中国高等教育体系中极富特色的组成部分，自 2017 年以来，国家确定 137 所“双一流”建设高校，2/3 以上是行业高校②。

这个阶段的高等教育体系建设是一种“自上而下”的过程，其最突出的特点是强调政府在高等教育发展中的主导作用。也就是说，这个阶段的高等教育体系建设实行国家中心战略，政府通过一系列政策措施直接干预高等教育机构分类分层以服务经济社会发展。由于计划经济时代以行业经济为主、区域经济为辅，与之相对应的高等教育体系也以行业高校为主、地方高校为辅。国家中心战略带来的最大问题是行业高校与地方高校建设的低水平重复，高等教育体系同质化现象十分严重。这个阶段高等教育体系的另一个重要特点是知识的专业化和高等教育的实用主义取向。毕竟，建立一个适应现代社会的专业教育体系是这个阶段的主题。

（二）“以俄为师”与高等教育现代化

世界现代化的进程首先发生在西欧，但现代化不等于西方化。所谓现代化，就是指“后发型”国家在受到“先发型”国家活动和榜样的刺激下所进行的社会变革。这种变革不是与传统的“决裂”，而是与文化传统的互动。“对任何一个社会来说，它的现代化过程必然要受到外界

① 周光礼．“行业划转院校”的“去行业化”与“再行业化”：环境变迁与组织应对．教育研究，2018（9）．

② 周光礼．构建中国特色高等教育体系：国家战略视角．中国高教研究，2020（7）．

刺激的影响，这种影响有时是非常必要的，但是，对任何一个社会来说，现代化作为社会变革的一个过程，不可避免地要与传统文化发生互动。”① 然而，“后发型”国家要实现现代化首先必须对外学习，事实上，现代化本身就带有对外学习的意思。所以，对外学习是现代化的题中应有之义。中国的现代化也不例外，作为“后发外生型”的国家，要实现现代化必然要以“早发内生型”的国家为蓝本。20 世纪 50 年代，新中国为了“超英赶美”，发起了一场轰轰烈烈的现代化运动，与这场现代化运动相伴随的是全面学习苏联模式。作为上层建筑的重要组成部分，高等教育的现代化首先成为这场对外学习的试验田，并很快成为这场对外学习的中心之一。因此，高等教育领域的“全面学苏”可基本反映这场运动的大致情况。

高等教育领域的“全面学苏”对当代中国高等教育产生了深远的影响。它是中国高等教育走向现代化进程中的一个重要环节，忽视了这个环节，就无法理解改革开放后所进行的多次高教改革。有人认为，今天中国高等教育中存在的若干弊端就植根于这场学习运动之中，“‘以俄为师’的最大弊端在于形成了一套不适应中国国情的教育管理体制和教育结构，……我国以后进行教育改革的主要原因之一就是为了修正或创新教育体制和结构”②。也有人断言，中国高等教育的现代化得益于 20 世纪 50 年代的“以俄为师”。因为高等教育的苏联模式不但极大地促进了中国高等教育事业的发展，而且有效地推动了中国的工业化进程③。这些迥异的观点为我们提出了一个问题：究竟应该如何估价这次高等教育的对外学习。从总体上讲，高等教育的“以俄为师”是我国高等教育史上的一次重大改革。应该说，这次改革取得了巨大的成就，就高等教育适应国民经济快速增长的需要而言，“以俄为师”促进了中国高等教育的现代化。其主要表现在三个方面：第一，院系调整初步改善了我国高等教育的地区分布。高等教育机构在全国分布的合理化是高等教育现代化的一个重要标志。新中国成立之初，我国高等教育的地区分布极不均

① 布莱克．比较现代化．杨豫，陈祖洲，译．上海：上海译文出版社，1996：5.
② 张俊洪．回顾与检讨：新中国四次教育改革论纲．长沙：湖南教育出版社，1999：42.
③ 周蕖．美苏高等教育经验与我国高等教育的改革．中国社会科学，1984（3）.

衡，绝大部分高校集中在东南沿海城市，广大内陆地区大学稀少[①]。而当时院系调整的一个重要目的就是改变这种高校布局不均衡的现象，并采取了迁移、新建、重组等手段对高校的地区分布进行了重新规划与调整，初步改变了高等教育地区分布不合理的状况。第二，确立了“专业教育”的目标模式，改变了大学教育游离于经济社会发展之外的弊端。旧中国遗留下来的 205 所大学基本上是以英美等国家的大学为样板的。西方大学所崇尚的“博雅教育”曾对我国大学教育影响很大，并一度形成了我国大学所开设的课程有点脱离中国实际，所建学科与整个社会的物质生活联系不大的局面。“以俄为师”把这种学用脱节的“博雅教育”逐步改变成为国家建设服务的学用结合的“专业教育”，确保了第一个五年计划的实现。第三，建立了严格的教学制度，保证了教学质量的稳步提高。旧中国大学盛行英美等国家的松散的教学结构，引入苏联模式后，我们建立了一整套严格的教学计划、教学大纲实施体系，课堂结构因此而变得十分严谨，教学过程也有了明确而具体的操作规则。较之于旧中国大学松散的教学制度，新的教学体系更有利于保证大学的教学质量。

然而，评价任何事物，我们都要一分为二。今天当我们对“以俄为师”的高等教育改革进行反思时，既要看到其正面作用，也要看到其负面影响。简言之，“以俄为师”的负面影响有三个方面：一是形成了条块分割的教育管理体制。这种体制的直接后果是专业设置重复，专业划分越来越细。为了与高度集中的计划经济体制相适应，我们仿效苏联划出相当一部分学校归专业部门管。其余的大学则一分为二，相当一部分学校归地方管，少数学校归教育部直管。由于中央各部委与地方各自为政，在专业设置上搞“小而全”，专业设置出现低水平重复的现象。而且由于专业设置直接与生产线相连，专业划分越来越细，造成毕业生对新的领域不适应。二是形成了过于功利化的工具价值取向的教育目标。由于我们片面强调把旧中国大学的“博雅教育”转变为为国家建设服务的“专业教育”，把培养有用的专业人才，尤其是工程技术人才作为高等教育的目标，大学的教育功能出现紊乱。这主要表现为教育的经济功能、政治功能得到极大的强化，教育的文化功能则遭到极大的削弱，比

---

① 张俊洪．回顾与检讨：新中国四次教育改革论纲．长沙：湖南教育出版社，1999：42.

如我们一度在高校的外语教学中只教俄语，不教英语。这种以经济功利目的和政治功利目的为中心的“专业教育”，把我国大学教育压得残缺不全，大学的超功利的人文精神被消磨殆尽，大学在精神文明建设中不能发挥其应有的作用。三是形成了单科院校占主体的格局，造成高等教育内部专业比例严重失调。通过院系调整，我国综合性大学的数量大幅减少，单科院校尤其是工科院校的数量大幅上升。其主要原因是我们不但将综合性大学进行分散调整，而且将工程学与基础学分离，造成文理分家、理工分家。1947 年，全国有综合性大学 55 所，工科院校 18 所，到 1957 年，综合性大学减少到 17 所，工科院校则增加到 44 所[①]。不但如此，在专业的设置上，由于以工业建设为中心，工科专业的比重急剧上升，文、法、商等专业的比重却急剧下降。比如，1947 年文、法、商科在校大学生占学生总数的 47.6%，1957 年则降至 9.6%。1953 年，在设置的 215 种专业中，工科占 107 种，而文科仅占 19 种[②]。专业比例的失调造成了文、法、商科等方面的人才短缺。由此可见，“以俄为师”对中国高等教育的现代化的影响并不全是积极的。

中国高等教育现代化进程中的“以俄为师”，虽然取得了一些成绩，但也存在问题。高等教育的现代化至今尚在进行之中，总结“以俄为师”的经验教训，对今后对外学习，以及对实现高等教育的现代化将是十分有益的。通过上述分析，我们可以得到四点启示：

第一，必须处理好“认同”与“适应”的关系。所谓“认同”，就是要维护自己的文化传统，保持自身的文化特色。所谓“适应”，就是通过吸收外来文化来发展自己、壮大自己。实现高等教育现代化既要认同，又要适应。近代以来，我们最大的教训就是强调适应，对传统继承得不够、认同得太少。“全盘西化”“全面学苏”就是对自己的文化缺乏自信、对外来的文化缺乏选择的表现。高等教育的现代化并不是不要传统，恰恰相反，它正是在认同优秀传统的基础上选择国外某些有益的东西。

---

① 张俊洪．回顾与检讨：新中国四次教育改革论纲．长沙：湖南教育出版社，1999：43.

② 许美德．中国大学 1895—1995：一个文化冲突的世纪．许洁英，译．北京：教育科学出版社，2000：113.

第二，必须处理好“学习”与“创新”的关系。对外学习不能不加改造地照搬，而是要在消化的基础上进行创造性转化。然而，在实现高等教育现代化的实践中，我们往往以学习的呼声冲淡创新的努力，照搬得过多，创新不足。实际上，学习本身就是创新。任何理论模式都具有不完善性，我们不能将接受的东西作为教条，外来文化必须与中国优秀传统文化相结合，必须与中国的实际相结合。每一次这样的结合，就是一次创新。只有创造性地学习才能不被别人同化，也才能实现高等教育的现代化。

第三，必须处理好“本土化”与“国际化”的关系。文化的交流与学习并非单向的文化移植，而是“本土化—国际化—本土化”的交流互动。“本土化”就是对输入的外来文化，不是简单地搬用，而是进行“嫁接”。把国外积极的文化，“嫁接”在中国文化的砧木上，使之在中国文化的主根上生根开花，这是涂又光先生的“砧木说”。“国际化”就是指在学习国外走向现代化的同时，把自己独特的传统文明发扬与创新，传递给世界。只有经由“本土化”达到“国际化”才会激活民族的整体创新能力，更快地实现高等教育的现代化。

第四，必须处理好“中庸”与“极端”的关系。“全面学苏”的负面影响，引起了人们对“中庸”与“极端”关系问题的关注。任何国家选择现代化道路总是有代价的，为了最大限度地减少代价，理性的社会总在避免走极端，而致力于“中庸”之途。“‘中庸’的获得不是靠着消除‘极’的存在，而恰恰是通过对‘极’的价值的尊重和兼容。”[①] 因此，对外学习，选择高等教育现代化道路不能只是一种主张、一个声音，而要充分保护各种不同的观点，允许不同的声音存在，不同的思想往往能够拓宽决策的视野。只有不同的观点之间保持必要的张力，才能避免对外学习中的“一边倒”，消除现代化进程中剧烈的震荡。

---

① 郑也夫．代价论：一个社会学的新视角．北京：生活·读书·新知三联书店，1995：170.

第五章
改革开放和社会主义现代化建设新时期的高等教育（1978—2011年）

改革开放以来，我国社会发生了巨大变化，特别是 20 世纪 90 年代以来，随着社会主义市场经济体制的确立、经济类型从行业经济转变为区域经济之后，高等教育区域化已经成为高等教育发展的主要趋势，要求高等教育适应地方经济社会发展，并在回应地方需求的同时办出地方特色。高等教育区域化具体表现为管理体制改革以及行业划转院校、民办高等教育和高等职业教育的产生和发展。同时，高等教育区域化不仅意味着高等教育低层次的规模扩张，也在全国视野内形成了一个个高等教育高地。

一、高等教育管理体制改革与行业划转院校的兴起

新中国成立之初，通过"以俄为师"和院系调整，在经历了中央与地方之间的权力下放与回收后，我国建立起以国家为中心的新体制，强调"条块分工""部门办学"，与当时的政治、经济及社会的发展相适应。随着经济规模的迅速扩大，那些在历史上发挥过重要作用的"条块分工、自成体系"的高等教育管理体制已经僵化为"条块分割、多头管理"，部门办学体制也在经济社会从"条条"转向"块块"的过程中难以为继，所带来的问题日益严重，政府职能的转变造成部门办学难以为继，低水平重复办学导致教育资源浪费，原有管理体制不适应社会主义市场经济体制的需求，违背高等教育发展规律和人才培养规律。

（一）高等教育管理体制改革的历史沿革

1. 恢复阶段（1978—1984 年）

1978 年 2 月，国务院转发教育部《关于恢复和办好全国重点高等学校的报告》，该报告明确规定"对全国重点高等学校要实行统一领导，分级管理"。重点大学是我国最顶尖的一批大学，重点建设一批大学的一个重要作用在于为全国所有高等教育机构做示范，发挥模板、榜样的

作用，因此，这一文件的颁布奠定了改革开放之后我国恢复高等教育管理体制的基调，成为我国改革高等教育管理体制的起点。1979 年 9 月，中共中央批转了教育部党组《关于建议重新颁发〈关于加强高等学校统一领导、分级管理的决定〉的报告》，并明确提出对高等学校实行中央统一领导，中央和省、市、自治区两级管理的制度。随后，我国开始在高等教育宏观管理体制上有选择性地恢复和继承了 20 世纪 60 年代“条块分工”的体制，至 1982 年，在全国高等学校中，由中央部委直接管理的高校有 237 所，由省一级领导管理的高校有 440 所①。随着经济体制改革的逐步深化，中央各个部委对所属高校具体事务的集中管理使地方的积极性受挫，且不同部门之间、不同地方之间的封闭办学使“条块分工”僵化成了“条块分割”，弊端日益暴露出来②，学校也因此缺乏应有的主动性和活力，出现办学效率低下、重复办学浪费教育资源等。

2. 调整酝酿阶段（1985—1992 年）

1985 年 5 月，《中共中央关于教育体制改革的决定》颁布，经济体制和科技体制的改革为教育体制的改革创造了条件。《中共中央关于教育体制改革的决定》明确了高等教育体制改革的指导思想，详细分析了办学效率不高的原因，第一项就是：“在教育事业管理权限的划分上，政府有关部门对学校主要是对高等学校统得过死，使学校缺乏应有的活力；而政府应该加以管理的事情，又没有很好地管起来。”因此，为了改变这一现状，中央开始酝酿教育管理体制的系统改革：“中央部门和地方办的高等学校，要优先满足主办部门和地方培养人才的需要，同时要发挥潜力，接受委托，为其他部门和单位培养学生，积极倡导部门、地方之间联合办学。”可以看到，《中共中央关于教育体制改革的决定》在管理体制改革方面提出了三个方面的内容：一是要形成三级办学的体制，尽管后面对中心城市的政策缺少跟进；二是扩大高校办学自主权；三是面向地方办学（“块块”）和面向行业办学（“条条”）受到同等重视。为了贯彻落实党中央的要求，国务院于 1986 年 3 月发布《高等教

① 纪宝成．世纪之交中国高等教育管理体制改革的历史回顾．中国高教研究，2013（8）：6－13.

② 马陆亭．我国高等教育管理体制改革 30 年：历程、经验与思考．中国高教研究，2008（11）：12－17.

育管理职责暂行规定》，明确了各级政府的管理职责，我国高等教育的统一领导、分级管理制度基本确立。

3. 积极探索阶段（1993—1997年）

1992年，党的十四大正式确立了社会主义市场经济体制的改革目标，对高等教育管理体制的改革也提上日程。1993年1月，国家教委发布《关于加快改革和积极发展普通高等教育的意见》，明确指出“高等教育管理体制的改革方向是，逐步实行中央与省（自治区、直辖市）两级管理、两级负责为主的管理体制”①。1994年6月，党中央、国务院召开全国教育工作会议，江泽民总书记、李鹏总理分别发表重要讲话。1994年7月3日，国务院发布《关于〈中国教育改革和发展纲要〉的实施意见》，专门强调要“逐步扩大省级政府的教育决策权和统筹权”。1995年7月，国家教委发布《关于深化高等教育体制改革的若干意见》，提出的改革目标是“中央和省、自治区、直辖市人民政府两级管理、分工负责，以省、自治区、直辖市人民政府统筹为主，条块有机结合的体制框架”②。这一阶段的改革仍处于试点阶段，在李岚清副总理的亲自推动下，少数学校开始尝试合并调整，极少数部属高校先行下放试验，还组建了一批综合性或多科性的高校，为接下来的大规模调整做好经验准备。但由于当时尚处于探索总结经验阶段，还没有大规模大幅度地调整和改革，因此，部门办学的体制尚未彻底打破，改革力度不太明显，但总体的方向是正确的，所做的工作也是有效的。

4. 全面改革阶段（1998—2001年）

在1997年9月召开的党的十五大上，党中央明确提出要“加快高等教育管理体制改革步伐”，1998年，“万事俱备，只欠东风”，高等教育管理体制改革迎来重大历史契机。1998年1月，全国高教管理体制改革经验交流会在扬州召开，正是在此次会议上，李岚清副总理对上一阶段的经验做了“共建、调整、合作、合并”的高度总结；3月，国务院机构改革全面展开；7月，国务院颁布《关于调整撤并部门所属学校

① 国家教委关于加快改革和积极发展普通高等教育的意见//何东昌．中华人民共和国重要教育文献（1991—1997）．海口：海南出版社，1998：3451.

② 国家教委关于深化高等教育体制改革的若干意见//何东昌．中华人民共和国重要教育文献（1991—1997）．海口：海南出版社，1998：3852.

管理体制的决定》，对原机械工业部等9个部门改组或组建为国家经贸委管理的9个国家局所属的共211所学校（其中普通高等学校93所、成人高等学校72所、中等专业学校和技工学校46所）的管理体制进行调整。93所普通高等学校原则上都实行中央与地方共建、以地方管理为主的管理体制。72所成人高等学校，除几所由中央财政负担的管理干部学校原则上就地并入普通高等学校或改制为培训教育机构外，其余由企事业单位举办的成人高等学校一律划转地方管理。46所中等专业学校和技工学校划转地方管理[①]。1998年8月，《中华人民共和国高等教育法》颁布，其中第十三条规定："国务院统一领导和管理全国高等教育事业。省、自治区、直辖市人民政府统筹协调本行政区域内的高等教育事业，管理主要为地方培养人才和国务院授权管理的高等学校。"以法律的形式巩固了高等教育体制改革的成果。

1999年2月，《关于调整五个军工总公司所属学校管理体制的实施意见》发布，对中国航空工业总公司等5个军工总公司所属高校的管理体制进行调整。其中，25所普通高等学校原则上都实行中央与地方共建，北京航空航天大学等7所学校在实施共建中与其他学校有所区别，为国防科工委所属学校，日常管理以地方为主，重大事项以国防科工委管理为主；其余18所学校以地方管理为主[②]。2000年2月12日，国务院办公厅转发教育部等部门《关于调整国务院部门（单位）所属学校管理体制和布局结构的实施意见》，这份文件专门提到下放到地方的大学的定位："中央与地方共建、以地方管理为主的高等学校主要在本地区招生，为本地区培养人才，为本地区经济和社会发展服务。"经过三次大调整，中央各部门所属高校仅有不到140所，由地方管理或以地方管理为主的普通高校达896所。至此，新中国成立18年形成的与计划经济体制相适应的部门办学体制基本退出历史舞台，新的两级管理体制的框架在这次意义深远、影响深远的历史性重大变革中基本确立。

① 国务院．国务院关于调整撤并部门所属学校管理体制的决定．中华人民共和国国务院公报，1998（17）．

② 国务院．国务院办公厅转发教育部等部门关于调整五个军工总公司所属学校管理体制实施意见的通知．中国政府网，2010－11－15．

5. 巩固调整阶段（2002—2011 年）

经过长期的高等教育管理体制改革，我国基本完成了高等教育管理体制和布局结构的调整，形成了中央政府统一领导、中央和省级人民政府两级管理、以省级人民政府管理为主的新体制；解决了过去部门办学造成的“条块分割”“重复办学”的僵化问题，形成了以教育部办学为主、特殊部门办学为补充的办学格局。当然，划转到教育部管理的直属高校也仅是由教育部代替国务院实施管理的高校，其代表性和方向性的意味更强，也并不算是原来意义上的部门办学，而是面向社会办学，真正意义上办学的部门，如公安部、国家安全部、外交部、国家民委、国务院侨办等，也均是具有特殊专业属性的部委。高等教育管理体制改革获得突破性成果以来，我国高等教育体制改革进入一个巩固调整和不断完善的阶段①。

（二）行业划转院校的形成与发展

1. 行业划转院校的“去行业化”

20 世纪 50 年代，经过大规模的院系调整，我国形成了与计划经济体制相适应的高等教育管理体制。这种体制的一个突出特点是“条块分割”。20 世纪 90 年代，随着社会主义市场经济体制的确立，行业经济开始向区域经济转变，“条块分割”的高等教育管理体制成为改革重点。为此，1994—1996 年国家教委连续三年分别在上海、南昌、北戴河召开了三次高等教育管理体制改革座谈会，基本达成改革共识：淡化和改革学校单一的隶属关系，加强省级人民政府的统筹，变“条块分割”为“条块有机结合”，并提出了“共建”“合作”“合并”“协作”“划转”五种改革形式。1998 年，国务院颁发了《关于调整撤并部门所属学校管理体制的决定》，对原机械工业部、化学工业部等 9 个行业管理部门所属的 93 所普通高等学校、72 所成人高等学校以及 46 所中等专业学校和技工学校的管理体制进行调整，绝大部分高校实行中央与地方共建的体制。1999—2000 年，又对原兵器、航空、航天、船舶、核工业等五

① 陈立鹏，罗娟．我国高等教育行政管理体制改革 60 年：回顾与思考．国家教育行政学院学报，2009 (9)：23-27.

大军工总公司及铁道部等49个国务院部门所属院校进行大规模调整[①]，除少部分划归教育部管理或与教育部的学校合并外，大部分实行中央与地方共建、以地方管理为主的管理体制。前者成为“高水平行业特色院校”，后者成为“行业划转院校”。脱离行业部门管辖后，这批院校为了适应国家和地方经济社会发展的需要，增强市场竞争力，进行了全面深刻的改革。总体而言，行业划转院校是我国高等教育管理体制改革的产物，在经历了从隶属中央部委行业部门到划转地方管理的历史变迁后，先后经历了以“去行业化”和“再行业化”为特征的发展阶段，在不同的发展阶段表现出不同的特征。

（1）扩张规模。我国高等教育管理体制改革是行业划转院校产生的直接原因，管理体制改革集中在1993年至2004年这一时期，特别是在世纪之交的国务院机构改革中，基本结束了行业部门办学的历史。与此同时，1999年以来，我国高等教育实现了持续大规模发展，在最短的时间内完成了从精英化向大众化的转型，刚刚被划转到地方管理的行业划转院校在迷茫中迎来了1999年的大学扩招。此外，“211工程”和“985工程”的启动极大地鼓励了大学实施规模扩张、实施外延式发展的热情。在高等教育大众化浪潮的冲击下，在高等教育管理体制改革的历史洪流中，行业划转院校或“有意”或“无意”地走上一条扩张规模的外延式发展道路。通过扩大招生规模、全力拓展学科领域、急速扩张基础设施，绝大多数行业划转院校基本实现了大规模办学，只有少数仍然保留了行业部门隶属关系的院校还保持着较小的办学规模。

（2）增加学科。办学定位的“行业性”和“区域性”直接影响学科专业结构。划转到地方后，为了适应地方而不是行业的人才需求，工科类的行业划转院校由过去比较单一的以工科为主的学科领域，逐渐扩展到经济学、法学、理学、管理学等学科领域。伴随着大众化的进程，有些行业划转院校在划转地方后，学科领域几乎覆盖了13个学科门类，从单科性大学转变为多科性甚至综合性大学。学科的大幅增加，一方面有利于在行业经济转变成区域经济后，更好地适应地方经济社会发展和

① 陈亚玲．以大部制改革为契机推进高校科学管理．南京理工大学学报（社会科学版），2008（4）．

行业快速发展对人才的需求，从而培养出适应人力市场需要的通用型人才；另一方面则使行业划转院校与行业相关的原有强势学科在多学科发展进程中受到不同程度的忽视，使行业院校难以体现自身的优势，更有甚者，由于规模的限制，一些行业院校甚至宁可丢失特色，放弃学校办学个性，也要办齐学科、削足适履。

（3）融入地方。在高等教育管理体制改革之后，行业划转院校经过几年的摸索和调整，普遍适应了面向地方经济社会办学的改革发展要求，地方化色彩越来越浓厚，大多数行业划转院校的办学定位开始强调立足区域发展办学。办学定位的变化主要源自学校经费来源的变化，当办学经费主要来源于行业部门时，行业划转院校主要面向行业办学，学科专业建设强调行业对口，面向行业培养专业人才是这类大学的共同选择；划转之后，作为地方所属高校，当办学经费主要来源于地方政府时，行业划转院校不约而同地提出面向地方办学，强调学科专业的综合性，因此，为地方经济社会发展服务成为主要目标，包括生源地方化、服务功能地方化、毕业生就业的属地效应等。

（4）强调市场。在计划经济时期，由中央业务部门开办的行业划转院校的前身院校在拨款上依赖行业部门而不是市场，办学动力来源于事业计划而不是市场需求，无论是人才培养、科学研究还是服务社会、文化传承，都被“行业”这条“护城河”与市场隔开，形成了相对封闭的运行和办学模式。高等教育管理体制改革之后，政府拨款占比不断降低，高校经费来源日趋多元化。由于行业部门在国务院机构改革中大多被拆分和合并，即便是保留下来的中央业务部门，在资源配置模式改变、专项拨款被取消之后，绝大多数也没有能力继续维持对院校的资源配置和管理，为此，尽管行业划转院校的行业属性依然强烈，但是经过改革之后，已经没有了部门办学时期的稳定资源渠道，因此，这些行业划转院校在划转到地方之后，或主动或被动地面向市场，开始迎合市场对人才培养、科学研究的要求，在市场经济中获得生存和发展的资源。

（5）淡化行业。高等教育管理体制改革后，长期依靠行业主管部门、面向行业办学的大学在突如其来的冲击中，纷纷开始改变原有的单一学科设置、少数院系设置，转而向多学科、大规模、地方化和市场化的方向改变，逐步淡化和消解“行业性”在院校中的作用，走向综合性和地方化。然而，淡化行业的做法导致大批行业划转院校越办越没有竞争力，高校之间存在严重的同质化问题，原有的强势、优势学科及相关专业在淡化行业的过程中被逐渐削弱，许多院校没有在办学规划中明确自己的发展方式，而仅仅在模仿那些办学历史悠久、办学基础雄厚的重点大学，仅仅在按照文件的要求去办学，导致行业划转院校在刚刚被划转到地方时，由于过度淡化行业、过度迎合地方、过度强调综合而险些出现生存危机，这也是划转到地方的院校在下一个阶段需要着重解决的问题。

2. 行业划转院校的“再行业化”

（1）实施内涵式发展。在 20 世纪 90 年代，许多行业划转院校被迫开始走综合化道路，特别是表现在学科建设上大量扩展新学科，在没有足够重视和保护行业办学积累下的优势学科的前提下片面求大求全，这种发展甚至愈演愈烈，严重削弱了行业划转院校的核心竞争力。对此，行业划转院校开始转变办学定位，逐渐从外延式发展调整为内涵式发展，塑造高校核心竞争力的同时，着力提高高等教育的办学质量。“内涵式发展”是以事物的内部因素作为动力和资源的发展模式，表现为事物内在属性的发展，如结构协调、要素优化、质量提升、水平提高、实力增强等[①]。应当认识到，一方面，经过十几年的外延式发展，行业划转院校的办学规模逐渐发展起来，客观上为接下来行业划转院校的内涵式发展奠定了物质基础；另一方面，由于行业划转院校本身除了特定的学科有一定的基础之外，多数新创办的专业办学历史都在十几年以内，因此，行业划转院校在扩大规模的基础上，开始注重加强自身内涵的建设，提高教育质量，在办学上做到“有所为有所不为”，将有限的教育资源集中起来，对高校内部的学科、院系结构进行调整，从而达到提升实力、提高质量的目的。

（2）打造比较优势。行业划转院校在被划转到地方后，“特色化”“高水平”成为办学定位的新内涵。在划转以前，行业院校根据行业需求办学，由于同一个行业内的学校数量相比全国所有学校数量而言并不

① 瞿振元. 高等教育内涵式发展的实现途径. 中国高等教育，2013（2）.

多，因此，只是同行业内的几所高校在竞争，办学模式也大同小异。在划转之后的最初一段时间，行业划转院校将综合类研究型大学作为办学定位和目标，特别是在重点建设政策的激励和引导下，全国高校的同质化现象十分严重，这些本为单科性或多科性的划转院校在时代的大潮中迷失了方向。党中央、国务院审时度势，对我国高等教育发展方针做出了战略性调整。2008 年，胡锦涛在北京大学师生代表座谈会上指出，办大学要办出特色、办出水平。党中央根据我国国情对高等教育重新进行定位，重提大学的“特色”发展之路，这是新形势下打造高质量的中国高等教育的要求，也为我国行业院校谋划科学发展指明了方向。

（3）加强行业联系。在体制改革之初，行业划转院校普遍选择淡化与行业的联系，削弱自身的行业属性，相应地强化同地方的联系，为提高自身地方性而走综合发展的办学道路。实际上，行业划转院校作为我国工业化发展的产物，是在 1952 年院系调整后，与我国各个行业共同成长和发展起来的，特别是中央业务部门创办和管理的院校已经与所在行业形成了紧密的关联，这种关联不仅表现在管理体制改革之前，通过为所在行业培养大批急需的人才而为我国工业化建设做出积极贡献，而且表现在管理体制改革之后，依然保留着浓重的行业色彩。根据国家需求和行业发展的变化，以及行业划转院校在划转地方办学过程中形成的全新认识，这些曾经的“行业翘楚”重新面向行业需求办学，提高对行业的服务意识和服务能力，进而再定位自身与行业的关系，将依托行业、服务行业作为办学的重要目标和宗旨，在办学中重新加强自身的行业属性，形成行业核心竞争力，力图与行业重新建立起紧密关联。

（4）满足地方需求。高等教育管理体制改革给行业划转院校带来了区域性的新特性。中央部委所属院校一般不面向地方办学，即并没有将地方经济社会的发展列入自己的使命中来。管理体制改革打破了这种画地为牢的做法，《关于调整国务院部门（单位）所属学校管理体制和布局结构的实施意见》对行业划转院校在资源配置、学科专业设置、招生及人才分配等方面的地方性、区域性做出了明确说明，主要体现在生源地方化、学科专业设置地方化、资源配置地方化、服务面向地方化等方面。行业划转院校通过不断拓展服务来开辟新的服务点，凭借特色延伸服务触角，依据智力与人才优势，特别是行业优势，主动融入地方经济建设主战场。

3. 行业划转院校发展的经验

行业划转院校是具有中国特色的一类高等教育机构，其特殊性来源于我国高等教育发展史。这些隶属于中央部委的高校在管理权被划转到地方之后，曾经先后进行过“去行业化”，即扩大规模、增加学科、融入地方、强调市场、淡化行业的阶段，以及“再行业化”，即实施内涵式发展、打造比较优势、加强行业联系、满足地方需求的阶段，成功转型后的行业划转院校已经成长为行业特色型大学。这样一个探索变革的过程背后是我国社会发生的整体变迁，特别是经济类型从行业经济转变成区域经济，从计划经济转变成社会主义市场经济，行业划转院校的发展经验概括起来主要有以下两点：

（1）组织性质：历史和现实的互动。大学是遗传与环境的产物，行业划转院校有着独特的遗传基因，又经历了剧烈的环境变化，这种遗传基因和环境变化分别是行业划转院校的历史与现实，并共同决定着组织的形态和性质。第一，行业划转院校的历史沿革使其具有“行业特色”。行业划转院校的前身诞生于1952年的院系调整，有着较长的办学历史，这几十年的办学传统决定了行业划转院校独特的组织结构、组织文化和组织优势。因此，行业划转院校在划转到地方后，根据国家战略、行业和地方需要确定自身发展路线，特别强调学校在长期办学过程中形成的行业特色和与之相关的学科优势，在有关学科领域中打造比较优势，在区域高等教育体系中确立行业特色型大学的新定位。第二，行业划转院校的历史沿革造就了鲜明而独特的组织文化。行业划转院校的组织文化十分鲜明而独特，这与它们特殊的历史沿革分不开。行业划转院校在经历了划转初期短暂的迷茫之后，在自己的校史中找到了具有区分性且十分值得传承的价值观念和文化精神，使学校“拨开云雾”重新找到自身的发展定位，在满足行业的时代前沿发展、地方经济社会发展中找到立足点。第三，行业划转院校以满足区域经济社会的现实发展需求为己任。行业划转院校以优势学科为中心，通过学科交叉与融合等方式发展学科专业，将学科发展和新兴产业结合起来，不仅能够促进地方社会对新兴产业的人才和科研成果的需要，也能够巩固和强化已有优势学科的发展，形成学科发展与经济社会、新兴产业的有机结合和良性互动。

（2）服务能力：区域和行业的互动。行业划转院校在环境与组织、历史与现实互动的过程中，都绕不开区域性和行业性这两个基本属性，同时，区域和行业也是行业划转院校的两个服务面向，体现着这类院校对行业发展和对地方经济社会的服务能力。第一，区域性是环境变化后赋予行业划转院校的现实特性。行业划转院校的区域性在现实中表现为生源区域性、办学规划区域性和管理关系的区域性。第二，行业性是办学沿革中沉淀在行业划转院校中的历史特性。行业性是地方行业划转院校的历史遗传基因，行业划转院校是我国高等教育发展变革的历史产物，也因此而具备行业性，并演变成了独具风格的行业特色型大学。尽管在高等教育管理体制改革之后，行业划转院校的隶属关系发生了变化，但是行业办学过程中形成的特色优势，成为划转地方办学后可以进一步打造和坚持的比较优势，并具备与地方的行业和产业深入结合的条件。在划转初期，行业性受到忽视和削弱，随后，多数行业院校在办学实践中重新确立了自身的办学定位，逐渐转向采取错位竞争战略，强调自身独特的行业性，建设“特色鲜明”的“高水平”大学成为共识。

（三）高等教育管理体制改革的基本经验

1. 党的全面领导和高度重视是推动高等教育体制改革的根本保障

党中央、国务院的正确领导是完成高等教育管理体制改革、建立同社会主义市场经济体制相适应的高等教育管理体制的重要前提。历史一再证明，只有坚持中国共产党的领导，坚持中国特色社会主义，才能将中国特色高等教育事业推向新高度。我国“中央统一领导、中央和地方分级管理”的具有中国特色的高等教育管理体制，是在中国共产党的领导下一步步探索完成的，这其中的每一步都离不开党中央的高度重视，离不开党中央、国务院的正确领导。1985 年颁布的《中共中央关于教育体制改革的决定》，是党中央结合经济体制改革、科技体制改革的要求，结合“以经济建设为中心”的社会主义初级阶段基本路线的中心，对我国教育体制改革做出的新要求和总规划，这份重要文件一经发布，国家教委就召开了全国各省区的情况汇报会，专门传达党中央关于高等教育管理体制改革的要求。1992 年，党的十四大的召开标志着社会主义市场经济体制的正式确立，直接要求高等教育事业的发展与之相适应，因此，高等教育事业特别是高等教育管理体制的改革受到高度重视，并不断被推进。特别是在 1993 年 2 月由中共中央、国务院发布《中国教育改革和发展纲要》后，国务院办公厅为了推动高等教育管理体制改革工作，在上海、南昌、北戴河、扬州先后召开了四次高等教育管理体制改革座谈会，就是为了不断统一思想、凝聚共识，切实贯彻落实党中央的要求。1997 年，江泽民总书记在党的十五大报告中明确指出："要切实把教育摆在优先发展的战略地位"，"加快高等教育管理体制改革步伐"。党中央的新要求，进一步推动了改革的步伐，在次年召开的扬州会议上，李岚清副总理对前一阶段的改革试点经验做了总结，提出"共建、调整、合作、合并"的八字方针。在高等教育管理体制改革得到全面性突破后，改革任务基本完成，解决了"条块分割""部门办学"的体制问题，扩大了地方高等教育管理权，高等教育开始从原来的面向行业办学，逐渐转向面向地方办学，适应了从行业经济到区域经济的经济体制改革趋势和方向。

由此可见，在推进高等教育管理体制改革的过程中，中国共产党的领导发挥了十分重要的推动作用，成为改革工作得以顺利开展和加速完成的根本保障，包括在"拨乱反正"时期对"统一领导、分级管理"的高等教育管理体制的恢复，在对社会经济体制和各个体制实施改革之后做出的改革教育体制的决定，在党的十四大召开之后对高等教育体制改革的推进，以及在党的十五大会议报告中对高等教育管理体制改革的直接要求。

2. 高等教育及其管理体制必须适应经济社会的发展

高等教育管理体制及其运行机制在整个社会中并非孤立运转，而是与经济体制及其运行机制紧密相关。在计划经济时期，原有的"条块分工""部门办学"的高等教育管理体制可以更好地适应计划经济对专业人才的需求，为社会经济发展做出了一定贡献，但是由于长期以来高等学校被视为政府的附庸和附属单位，并接受行业部门的直接管理，计划色彩明显，改革开放以后，特别是确立社会主义市场经济的建设目标以来，原来的高等教育管理体制已经不再适应经济社会的要求，改革势在必行。1978 年改革开放以后，中国确立了“以经济建设为中心”的发展战略，我国经济类型也开始逐渐从行业经济向区域经济转变。高等教育在社会经济发展中的地位和作用越来越突出，特别是创新型国家建设和人才强国建设目标提出之后，整个社会对高等教育的要求和期待也日益提高，因此，只有充分认识到高等教育在区域经济发展中的重大作用，充分把握好高等教育的性质及发展规律，才能不断提高高等教育的质量和效益，加快解决高等教育管理体制中存在的种种问题。

世纪之交前后我国实施的高等教育管理体制改革，重新调整了中央和地方政府对高等教育的管理权的分配问题，并明确提出地方高校要服务地方经济的发展，那些通过实行中央与地方共建、以地方管理为主的管理体制而被下放到地方的绝大多数具有行业部门背景的行业特色型大学，不仅要加强其在人才培养、科学研究、社会服务等方面面向地方办学的能力，还要加强高等教育与地方经济社会发展、行业人才要求、高等教育资源分布的匹配程度，优化高等教育的资源配置。

二、高等职业教育的形成与发展

职业教育是给予学习者从事某种职业或生产劳动所必需的知识和技能的教育。职业教育是社会经济发展的重要基础，是国家工业化的重要支柱。高等职业教育是经济发展和科技革新的产物，是国家工业化的直接推动力。高等职业教育最突出的特点是区域性，从这个意义上说，高等职业教育的发展反映了区域高等教育体系的建设状况。

（一）高等职业教育的发展历程

改革开放之后，从行业工业化走向区域工业化是中国工业化进程中的一个重大转变。区域工业化产生了多方面、多层次的技能型人才需求。然而，职业教育与普通教育一体化的体系难以满足区域快速工业化的需要，因为这种高等教育体系是与传统的计划经济体制相适应的，主要服务于行业经济。为了满足区域经济发展对技术技能人才的需求，1980 年国务院批转了教育部、国家劳动总局《关于中等教育结构改革的报告》，该报告明确提出改革的重点是调整高中阶段的教育结构，“经过调整改革，要使各类职业（技术）学校的在校学生数在整个高级中等教育中的比重大大增长”。经过 10 年的发展，我们逐步建立健全了中等职业教育体系。1992 年，全国高中阶段职业学校招生数在中等教育中的占比超过 50%，中等教育单一化的结构得到了根本改变，基本形成了基础教育与职业教育双轨并行的格局①。应该说，在改革开放初期，中等职业教育一直是中国职业教育的主体，为中国经济的快速发展提供了大量有一技之长的劳动者。

1. 初创探索阶段（1978—1990 年）

改革开放后，经济社会发展快速的地区对技术技能人才的需求愈发强烈，这些地区开始创办我国最早的高职院校。1980 年，国家教委批准建立了包括金陵职业大学在内的 13 所职业大学，1983 年又批准成立了 33 所职业大学。1983 年 5 月 10 日，国务院批准了教育部、财政部、国家计委、对外贸易部《关于利用世界银行贷款促进广播电视大学及短期职业大学发展的请示》，贷款支持 17 所职业大学建设。到 1984 年，中国职业大学已达到 82 所，在校生规模 1 万～2 万人②。1985 年，《中共中央关于教育体制改革的决定》颁布，首次提出“积极发展高等职业技术院校”。由于整体发展时间不长，办学经验不足，重视程度不高，配套政策不健全等，尽管这一时期的中等职业教育得到迅速恢复，但高等职业教育尚处于起步阶段，许多高等职业院校在办学中更类似于本科，具体表现为高等职业教育与社会经济发展存在脱节现象。

2. 规范调整阶段（1991—1998 年）

为了进一步推动我国高等职业教育事业的发展，找准高等职业教育在高等教育事业中的定位，加强普通高等专科教育工作，国家教委于 1990 年 11 月召开全国普通高等专科教育工作座谈会，在一些重要问题

---

① 廖其发．当代中国重大教育改革事件专题研究．重庆：重庆出版社，2007：249－251.

② 李蔺田．中国职业技术教育史．北京：高等教育出版社，1994：554.

上取得了共识[1]，形成了职业大学分流办学的意见。1990 年 12 月 25 日—30 日，中国共产党第十三届中央委员会第七次全体会议在北京举行，会议再次提出要大力发展职业技术教育。为贯彻落实会议精神，1991 年 1 月，第二次全国职业技术教育工作会议召开。1991 年 1 月 6 日，国家教委颁布《关于加强普通高等专科教育工作的意见》，对职业大学的分流办学和提高教育质量等问题做出具体规定。1991 年 10 月 17 日，《国务院关于大力发展职业技术教育的决定》发布，提出要“齐心协力地大力发展职业技术教育”。1994 年 6 月，全国教育工作会议在京召开，这是由党中央、国务院召开的一次重要会议[2]，对我国教育事业的发展具有重要指导意义。此次全国教育工作会议确定高等教育发展的重点是发展高等职业教育，并确立了“三改一补”的发展方针，即通过现有的职业大学、部分高等专科学校或独立设置的成人高校改革办学模式，调整培养目标来发展高等职业教育。仍不满足时，经批准利用少数具备条件的重点中等专业学校改制或举办高职班作为补充来发展高等职业教育。新组建的高等职业技术院校均为专科层次，主要是面向区域经济建设和区域社会发展培养生产、服务、管理一线所需的技术技能型人才。“三改一补”的高职发展方针，对多方面教育类型加以统筹，迅速调动现有资源解决了高职教育资源不足的问题。1996 年 5 月 15 日，全国人大通过《中华人民共和国职业教育法》，该法第十三条规定：“职业学校教育分为初等、中等、高等职业学校教育……高等职业学校教育根据需要和条件由高等职业学校实施，或者由普通高等学校实施。”自此，我国高等职业教育开始走上依法办学的规范道路。此后颁布的《中华人民共和国高等教育法》《面向 21 世纪教育振兴行动计划》，均涉及对高等教育法的办学定位和法律地位的明确规定。

3. 规模扩张阶段（1999—2005 年）

1999 年 1 月，教育部、国家计委印发《试行按新的管理模式和运行机制举办高等职业技术教育的实施意见》，明确地指出举办高等职业教育要根据规模服从条件、数量服从质量的原则，统筹安排本省范围内

---

① 徐越．全国普通高等专科教育工作座谈会简述．中国高等教育，1991（2）：39.
② 江泽民．在全国教育工作会议上的讲话．中国教育报，1994-06-20（1）.

高校年度招生规模。在第三次全国教育工作会议召开前夕，中共中央、国务院颁布《关于深化教育改革全面推进素质教育的决定》，提出“要大力发展高等职业教育”，我国高等职业教育进入规模扩张阶段。2000年1月14日，国务院办公厅发布《关于国务院授权省、自治区、直辖市人民政府审批设立高等职业学校有关问题的通知》，将设立高职院校的审批权下放到省级人民政府，这大大激发了地方发展高等职业教育的积极性，大批高职院校被建立起来。2002年7月，第四次全国职业教育工作会议在京召开，此次会议的重要贡献在于扩大了高等职业教育举办主体的范围，允许社会力量参与高职院校的办学。同年8月，国务院颁布《关于大力推进职业教育改革与发展的决定》，提出“深化职业教育办学体制改革，形成政府主导、依靠企业、充分发挥行业作用、社会力量积极参与的多元办学格局”。高等职业教育的管理和举办越来越强调结合当地经济建设和社会发展情况办学，增强其为区域经济服务的能力，并扩充资金筹集渠道以增加职业教育经费投入。自1999年高校扩招以来，高等职业教育也进入规模扩张的快速增长时期。2005年，全国高等职业院校1 091所，其招生数和在校学生数与普通高等教育的比例接近1∶1[①]，高等职业教育实现了跨越式发展。

4. 内涵式发展阶段（2006—2011年）

2006年11月，教育部发布《关于全面提高高等职业教育教学质量的若干意见》，标志着我国高等职业教育从外延式发展转向内涵式发展，提高高等职业教育质量成为新要求。我国高等职业教育在经过前几个阶段的发展之后，全面提升教育教学质量已经是最为重要和紧迫的工作。因此，这一阶段高等职业教育的发展把工作重点放在了提高质量上，以服务为宗旨，以就业为导向，为服务区域经济和社会发展培养高素质技术技能型人才。这份文件提出了提升高等职业教育质量、走内涵式发展道路、全面提高高等职业教育教学质量等九点意见，对全面提高高等职业教育教学质量起到了很大的促进作用。为推动我国高等职业教育改革发展，自1995年以来，我国启动了多轮示范院校建设工作，也就是高

① 中华人民共和国教育部发展规划司．中国教育统计年鉴（2005）．北京：人民教育出版社，2006.

等职业教育的重点建设政策。1995 年 12 月 19 日，国家教委颁布《关于开展建设示范性职业大学工作的通知》，目的在于通过开展示范性职业大学的建设工作来带动职业大学的改革与发展，改善办学条件，提高教学质量，这是在高等职业教育中首次实施重点建设政策。2000 年 6 月 28 日，教育部发布《关于确定北京工业技术学院等 15 所高等学校为示范性职业技术学院建设单位的通知》；2001 年 6 月 15 日，教育部再发布《关于确定北京联合大学等高等学校为第二批示范性职业技术学院建设单位的通知》，通过集中投入专项资金的方式加快推动高等职业教育发展。2005 年 10 月 28 日，国务院发布《关于大力发展职业教育的决定》，提出要"重点建设高水平的培养高素质技能型人才的 1 000 所示范性中等职业学校和 100 所示范性高等职业院校"。为贯彻落实此文件精神，2006 年 11 月 13 日，教育部和财政部正式启动了"国家示范性高等职业院校建设计划"，在"十一五"期间安排 20 亿元用于提升高等职业院校的办学水平，引领全国高职院校的改革与发展方向。2010 年 11 月，在原有已建设 100 所国家示范性高等职业院校的基础上，新增 100 所左右国家骨干高职院校，将提高质量作为核心任务。可以说，这一阶段实施的高等职业教育的"重点建设"，为我国打造了一批高水平、高质量的高职院校，并引领全国高职院校走内涵式发展道路。

（二）我国高等职业教育事业的基本经验

1. 坚持党的领导是保证高等职业教育事业稳步发展的根本保证

我国高等职业教育波澜壮阔的发展历程，离不开中国共产党的全面领导，离不开党中央和国务院的直接推动。改革开放以前，我国中等职业教育基本被普通高中所取代，高等教育在人才培养上实际扮演着高等职业教育的角色，特别是在遭受"文化大革命"的破坏后，我国教育层次和类型结构严重畸形，规章制度、法律法规严重缺失，教育资源严重匮乏，管理体制机制亟待改革。1979 年，普通高中毕业生数量和普通高校招生数之间的比例是 26.4∶1，尚处于精英高等教育阶段。1977 年至 1979 年这三年，普通高中与中职招生数比较，中职分别只占 3.6%、

6.1%和 7.4%，职业教育发展受到严重忽视和压缩[①]。与此同时，随着党的十一届三中全会的召开，大规模经济建设的中心路线即将开始，对各级各类的人才需求得不到满足，我国的教育事业面临着不能与国民经济整体发展相适应的严峻挑战。正是在这种背景下，在先后经历初创探索、规范调整、规模扩张、内涵式发展四个发展阶段后，我国的高等职业教育事业开始步入正轨，为整个社会的发展，特别是地方经济社会的发展做出了巨大贡献。回顾历史，坚持党的全面领导，是高等职业教育事业稳步发展的根本保证。从邓小平提出“教育事业必须同国民经济发展的要求相适应”，到党的十五大提出“积极发展各种形式的职业教育”，党的十六大提出“加强职业教育和培训”，再到党的十七大提出“大力发展职业教育”，党的十八大要求“加快发展现代职业教育”，党的十九大提出“完善职业教育和培训体系”，然后到党的二十大提出“统筹职业教育、高等教育、继续教育协同创新，推进职普融通、产教融合、科教融汇，优化职业教育类型定位”，充分体现了党中央对职业教育的重视。改革开放以来，党中央始终把职业教育摆在重要的战略位置，我国高等职业教育事业的一步步发展，正是在认真落实党中央对发展职业教育的总体要求。可以说，我国高等职业教育能够在短短几十年时间里实现跨越式发展，离不开中国共产党的正确领导，离不开党中央、国务院的大力推动，离不开历届中央主要领导同志对高等职业教育工作的直接关心和做出的重要指示。

2. 高等职业教育的改革与发展离不开中国共产党领导下的政府推动

在高等职业教育改革与发展的历程中，中央和地方各级政府在中国共产党的领导下，坚定不移地推动高等职业教育发展，贯彻落实党中央对高等职业教育事业的要求，推动着我国高等职业教育不断前进。1986 年 7 月，国家教委在北京联合召开了新中国成立后第一次全国职业技术教育工作会议。1991 年 1 月召开第二次全国职业教育工作会议；同年 10 月，国务院做出《关于大力发展职业技术教育的决定》。1996 年 6 月召开第三次全国职业教育工作会议。2002 年 7 月召开第四次全国职业教育工作会议，这是首次以国务院名义召开的专门研究部署职教工作的

---

① 杨金土．职业教育 30 年波澜壮阔的重大变革．职业技术，2008（10）：4－6.

会议；同年8月，国务院颁发了《关于大力推进职业教育改革与发展的决定》。2004年6月召开第五次全国职业教育工作会议；同年9月，颁布了《教育部等七部门关于进一步加强职业教育工作的若干意见》。2005年11月召开第六次全国职业教育工作会议，在这次会议上，职业教育的战略地位被提到了空前的高度。回顾历史，高等职业教育发展的关键时刻，国务院都会举行重要会议，并出台相应的重要文件，目的在于贯彻党对高等职业教育发展的要求和精神，推动我国高等职业教育事业的建设、改革和发展。

3. 高等职业教育必须适应经济社会特别是区域经济社会的发展

改革开放后，我国从行业经济转向区域经济，在这一时期，发展高等职业教育对促进市场化就业和再就业、适应我国经济社会巨大发展变革、促进区域经济的快速发展、满足地方社会对技术技能型人才的需求、构建社会主义和谐社会具有十分重要的意义。经过几十年的摸索，我国高等职业教育达成了“以服务为宗旨、以就业为导向”的共识。党中央、国务院高度重视职业教育，党的十六大以来，我们坚持走以信息化带动工业化、以工业化促进信息化的新型工业化之路，形成了对技能型人才尤其是高技能人才的高速增长的需求，建立能够服务区域经济社会发展的现代职业教育体系成为中国高等职业教育改革发展的关键。高等职业教育的发展思路不断明确，以服务为宗旨、以就业为导向的职业教育越来越得到社会的认可和欢迎，我国高等职业教育正在完成从传统以升学为目的、普通高等教育与职业教育不区分，向以就业为目的、普通高等教育与职业高等教育区分转变，高等职业院校越来越强调面向社会办学、面向市场办学、面向区域办学。这种办学思路与我国经济社会的发展紧密结合，已经逐步成为各级政府和高职教育界的共识，并引导着高等职业教育在新时代向纵深发展。

4. 高等职业教育管理体制的完善加快了规模的扩张

高等职业教育管理体制的不断改革完善，加快了高等职业教育的规模扩张。1999年是我国高等教育从精英化走向大众化的节点，也是在世纪之交我国高等教育管理体制大变革大调整的关键转折点，经过积极的探索，形成了“在国务院领导下，分级管理、地方为主、政府统筹、社会参与”的管理体制。2000 年国务院将对高等职业教育的举办权下放到地方之后，省级政府对职业教育的管理和统筹能力迅速加强，一批高等职业教育院校快速建立和成长起来，不仅在很大程度上满足了广大人民群众接受高等教育的要求，而且充分调动了地方政府的办学积极性，是我国高等职业教育发展历史上一个重要的体制创新，是在不断探索和经验积累中形成的、具有中国特色的高等教育管理体制，能够有效拉动地方经济发展，解决地方就业问题，对我国高等职业教育的改革发展具有重要意义。

5. 高等职业教育办学体制多元化汇聚办学资源

高等职业教育的办学体制多元化，打破了政府包揽办学的格局，形成了以政府为主导，各种社会力量共同参与，公办和民办共同发展的多元办学格局。在计划经济时期，职业教育实施政府包揽的一元化办学体制，“条块分工”“部门办学”的体制在改革开放后，特别是社会主义市场经济体制确立、行业经济转向区域经济后越来越难以为继，一元化办学的体制已经产生“政府失灵”等一系列问题，企业、行业和地方政府创办高等职业教育的积极性普遍不高，这实际上限制了高等职业院校面向行业、面向市场、面向地区办学的办学定位，甚至导致本应与行业、企业和地方经济联系最为密切的职业教育被高等职业院校办成了普通教育，大大削弱了所培养出的毕业生的灵活性和适应性。高等职业教育办学体制的多元化，不仅极大地丰富和汇聚了办学资源，扩充了高等职业教育的办学渠道，而且也使得高等教育的规模得到了快速空前的扩大，顺应了高等教育大众化的发展趋势，满足了人们对高等教育不断增长的需求。企业和行业等社会力量办学，也有助于高等职业院校加强与企业的合作，不断创新发展人才培养模式，按照地方经济发展和企业行业的要求有针对性地培养人才。

三、民办高等教育与独立学院的形成与发展

我国民办高等教育与独立学院的兴起具有典型的区域特征，是区域高等教育体系的重要组成部分。民办高等教育典型的发展区域是西安，

独立学院最早出现在浙江省，后来成为湖北省高等教育的一个突出特点。

（一）民办高等教育的发展历程

新中国成立之后，民办高等教育退出了历史舞台，改革开放以后，我国民办高等教育重新恢复。为了确保高等教育的公益性质，民办高等教育在恢复和发展中面临着资源、管理等方面的制约，整体上并不顺利，主要经历了三个发展阶段。

1. 初步形成阶段（1978—1991 年）

1978 年党的十一届三中全会召开之后，我国颁布了一系列法律法规和规章制度，构成了我国民办高等教育最初的制度环境。1982 年颁布的《中华人民共和国宪法》、1985 年颁布的《中共中央关于教育体制改革的决定》均从顶层设计上肯定了社会力量办学。1987 年 7 月 8 日，国家教委发布《关于社会力量办学的若干暂行规定》，次年，国家教委又发布《关于社会力量办学几个问题的通知》，对民办高等教育实施过程中存在的具体问题做出了明确规定。1988 年 10 月 24 日，国家教委发布《社会力量办学教学管理暂行规定》，1991 年 8 月 21 日，国家教委发布《社会力量办学印章管理暂行规定》，以保护社会力量办学的合法权益。这一时期的民办高等教育处于初步形成阶段，主要有三个基本特点：第一，政府对民办高等教育的默许。改革开放之初，尽管人们的思想已经开始解放，但“文化大革命”刚刚结束，整个社会思想解放的深度和广度还十分有限，政府和社会对民办高等教育的出现处于一种默许的状态，并将社会力量办学定位成对公办高等教育的一种低层次补充。第二，民办高等教育受到思想上和政策上的限制与约束。在“拨乱反正”时期，应当如何认识和看待民办高等教育在社会主义高等教育事业中的定位还有很大的争议，因此，这一问题表现在有关民办高等教育的政策上，即相关政策在政策文本表述上的模糊性。第三，民办高等教育具有自发性、社会性特征。这一阶段的民办高等教育是在日渐解放的思想、日渐宽松的政策中自下而上生长出来的，具有自发性和社会性的特征。但由于这一时期我国民办高等教育发展尚处于起步阶段，无论是国家还是社会，都抱着一种“摸着石头过河”的心态，试探性、小心翼翼地发展民办高等教育；同时，由于民办高等教育已经中断了将近三十年，所以对于未来的发展前景，以及如何在社会主义国家定位民办高等教育的性质，人们充满了困惑和担忧。

2. 逐步发展阶段（1992—2001 年）

1992 年 10 月 12 日，中国共产党第十四次全国代表大会在北京举行。党的十四大报告指出：“鼓励多渠道、多形式社会集资办学和民间办学，改变国家包办教育的做法。”为了落实党中央、国务院的要求，国家教委于次年发布《民办高等学校设置暂行规定》，对民办高校的办学及管理等一系列具体内容做出了规定。1995 年颁布的《中华人民共和国教育法》和 1996 年颁布的《中华人民共和国职业教育法》，均明确提出社会力量举办高等教育是受到国家鼓励的。1997 年 7 月 31 日，国务院颁布了《社会力量办学条例》，该条例明确提出我国对社会力量办学实施的方针是“积极鼓励、大力支持、正确引导、加强管理”，即对于民办高等教育而言，既要充分鼓励以支持办学，又要引导正确方向并强化管理。随后由中共中央、国务院发布的《面向 21 世纪教育振兴行动计划》《关于深化教育改革全面推进素质教育的决定》，彻底打破了政策法律层面的“枷锁”，是对民办高等教育在发展观念和法律上的“解绑”。这一时期出台的一系列重要的政策法律文件均表达出鼓励民办高等教育发展的政策偏好和精神，关于民办高等教育的法律体系建设也逐步启动。第一，民办高等教育区域规范化，民办高等教育在数量、质量、层次上得到不断提升。第二，民办高等教育得到大力支持和鼓励，社会力量成为与公办力量并举的选择。第三，对民办高等教育管理的规范化程度在不断加强，法律法规不断建设完善。

3. 依法治教阶段（2002—2011 年）

我国的民办高等教育在十几年的时间里获得初步发展和逐步提高，民办高等教育已经在事实层面和政策设计层面获得“一席之地”，在为地方经济和社会发展创造动力、培养人才等方面发挥了重要作用。与此同时，由于高等教育事业的改革不断深入，隐含在民办高等教育中的一系列深层次问题逐渐暴露出来，因此，随后的民办高等教育发展进入一个注重依法治教的法律建设阶段。2002 年 12 月 28 日，第九届全国人民代表大会常务委员会第三十一次会议通过《中华人民共和国民办教育促进法》；2004 年 3 月 5 日，国务院根据《中华人民共和国民办教育促进法》制定和发布了《中华人民共和国民办教育促进法实施条例》。这是我国民办高等教育发展的直接法律依据。颁布法律体现出对民办教育的鼓励和促进，使我国民办高等教育的发展进入法制化的依法治教阶段。2004 年 8 月，财政部发布《民间非营利组织会计制度》；2005 年 3 月，国家发改委发布《民办教育收费管理暂行办法》；2007 年 2 月 3 日，教育部颁布《民办高等学校办学管理若干规定》。上述这些文件对包括民办高等教育机构的性质、办学条件、资产、招生管理制度、学籍管理制度、财产过户制度、教育督导制度、年度检查制度等一系列与民办高校直接相关的政策做出更具体的规定。《中华人民共和国民办教育促进法》及相关法律法规的颁布，大大加快了我国民办高等教育依法办学的步伐，使以《中华人民共和国民办教育促进法》为核心的我国民办高等教育政策法律体系初步建立。

（二）民办高等教育的基本特征

1. 机构与模式的多样性

民办高等教育在机构类型上曾发展出传统学历教育机构、文凭考试教育机构、自考助学教育机构和延伸办学教育机构。我国民办高等教育机构的办学模式包括：第一，教育和资本联合，由大型私企、集团或个人直接投资办学，具体又包括中外合作式、股份合作式、集团运作式，有“以产养学”的意思。第二，公办大学创办独立学院。公办大学利用国家对民办高等教育的优惠政策开办附属的“独立学院”。第三，单纯依靠收取学费来维持办学。第四，在不改变学校的国有性质的前提下，实行学校财产所有权与学校办学法人财产所有权的分离，建立董事会领导下的校长负责制。

2. 资金来源的单一性

尽管社会力量缓解了我国在办学投入上的困境，一定程度上满足了人民群众对高等教育的需求，但是民办学校的经费来源却比较单一，学费在民办高校的收入中占据了很高的比重。我国高等教育的资源配置模式属于国家中心的资源配置模式，公办高校的资金来源是多元的，但以政府财政拨款为主。民办高等教育机构与公办大学之间的最大区别在于几乎没有政府拨款，也很少有持续的捐款和投资收入，主要依靠学费收入来办学。与西方国家的私立大学主要依靠捐资和校产经营维持办学不同，我国的民办高等教育机构获得的资金投入往往不是捐资，而是投资，这就意味着投资人可以在办学结余的情况下获得合理回报，而不是简单地将资金捐赠给学校。因此，大部分民办高校的经费来源渠道单一，主要还是依靠学费收入维持办学。

3. 运行机制的市场化

在社会主义市场经济体制确立之后，市场化成为民办高等教育的显著特性。第一，民办高等教育的办学资金和办学模式类似于企业，大多数民办高校依靠社会力量的投入作为启动资金，将学生的学费收入作为学校主要的收入和进一步的发展资金，投资者包括企业集团、外资以及个人等。第二，学院和专业设置市场化。由于资金来源主要依靠学费收入，所以民办高校的学院和专业的设置通常以市场需求为导向，多设置和开办就业热门专业，如英语专业、会计专业等，以吸引更多生源。第三，生源类型的多元化。民办高校的生源类型不仅包括高中毕业生等传统意义上的生源，还扩大到了社会待业青年、农民工、中职毕业生等非传统生源，从而最大可能地拓宽招生渠道。第四，学历层次和办学定位的市场化。这表现在民办高等教育的学历层次通常以大专层次的高等职业教育和本科教育为主，向下延伸到各类岗位培训、非学历教育等层次的教育。第五，培养模式比较灵活。由于研究层次和生源类型的多样化，民办高等教育在培养模式上也更加灵活自主，会根据开办的专业、生源类型、市场需求等因素来及时灵活地调整学习方式及修业年限，并采取多种方式开展教学活动，目的在于最大限度地迎合市场需求。

4. 办学经验的区域化

我国民办高等教育的发展首先是在事实上存在，然后在法律上予以确认和规范，具有显著的自发性和社会性，是一种自下而上的教育实践。由于我国不同地区的经济、文化和公办高等教育的发展不均衡，且地方出台的相关管理政策也具有不同的倾向性，因此，我国的民办高等教育在不同区域之间具有不同的发展水平，在办学经验上表现出区域化的特征。比如，我国民办高等教育出现的“陕西现象”“浙江现象”等典型现象就是民办高等教育的区域化表现。在经过高等教育管理体制改革之后，地方政府掌握了高等教育管理权，由于民办高等教育是在相关制度缺位的环境下出现和成长起来的，所以本身的自发性和地方性使地方政府掌握民办高等教育的管理权更加水到渠成、自然而然。不同地方政府对民办高等教育持有不同的偏好和态度，进而制定出或积极或保守的地方性政策，造成民办高等教育的发展规模、发展形式和发展速度各有不同，表现为民办高等教育办学经验的区域性特征。

（三）独立学院的发展历程

我国独立学院产生于20世纪90年代末，旨在利用社会资源弥补区域高等教育资源的不足，其发展主要经历了三个阶段。

1. 依附期（1999—2002年）

1999年至2002年是民办高等教育的起步时期，这一时期的独立学院主要依附于母体高校办学，具有三个显著特征。第一，不具备独立的办学主体资格。由于独立学院的产生没有先例可循，最早对独立学院的设置和定位类比了“二级学院”，即将独立学院视为在高校内部增设的一个附属机构，所以在这一时期，独立学院的创设一般是由省级教育行政部门来审批的，且审批的过程并不严格，一般审批之后都能获得批准。但是由于是母体高校的二级学院，这一时期的独立学院还只是一个由母体高校申办、管理和拥有的机构，国家的宏观管理也处于缺失状态。第二，不具备独立的办学条件。独立学院对母体高校具有很强的依附性。在基础设施上，独立学院的校园和其他基础设施基本是由母体高校提供的，通过合同等方式获取使用权。在教师队伍上，独立学院的专任教师有近2/3来自母体学校的在职或退休教师。在专业和课程设置上，基本是母体高校的优势学科或专业来进行整体设置，有些独立学院甚至完全复制母体高校的专业设置，将市场需求和母体高校的优势学科、特色专业作为开办专业的主要考虑因素。第三，附属并服务于母体高校。母体高校是独立学院的申办者，因此，申办独立学院的一个前提假设即独立学院能够附属并服务于母体学校的发展。在这一时期，独立学院并不具有独立的办学理念和发展规划，办学活动基本是围绕母体高校的需求进行的。

2. 独立期（2003—2007 年）

2003 年 4 月 23 日，教育部颁布《关于规范并加强普通高校以新的机制和模式试办独立学院管理的若干意见》（“教育部 8 号文件”），我国独立学院逐渐走向“独立”。第一，独立学院的性质得到明确。“教育部 8 号文件”指出，独立学院是“由普通本科高校按新机制、新模式举办的本科层次的二级学院”。同时，“教育部 8 号文件”明确规定：“试办独立学院要一律采用民办机制。”第二，独立学院的办学层次确定。“教育部 8 号文件”明确指出：“申请者申请试办的独立学院，因属本科层次，按《高等教育法》规定，现阶段仍由教育部负责审批。”因此，独立学院的办学层次属于本科，按照“统一领导，分级管理”的办学原则，“试办独立学院的申请工作，目前一律按属地化原则办理”，即明确了独立学院由教育部和省级教育行政部门管理。第三，明确独立学院的办学面向。“教育部 8 号文件”明确指出，“独立学院的专业设置，应主要面向地方和区域社会、经济发展的需要”。因此，独立学院应当是面向地方办学。第四，明确独立学院要具备“独立”的条件，即“具有独立的校园和基本办学设施，实施相对独立的教学组织和管理，独立进行招生，独立颁发学历证书，独立进行财务核算，应具有独立法人资格，能独立承担民事责任”。

3. 转设期（2008—2011 年）

2008 年 2 月 22 日，教育部颁布了《独立学院设置与管理办法》（教育部“26 号令”），进一步厘清了独立学院在“独立”发展阶段的一些错综复杂的关系和亟待解决的问题，使得独立学院的发展前景也更加清晰，独立学院的发展进入“转设”时期。第一，进一步明确了独立学院的性质。教育部“26 号令”规定：独立学院是指“实施本科以上学历教育的普通高等学校与国家机构以外的社会组织或者个人合作，利用非国家财政性经费举办的实施本科学历教育的高等学校”。这个独立学院的定义突出强调了申办高校（母体高校）、独立学院和参与举办者的权益。第二，对独立学院提出转设的要求。教育部“26号令”在“附则”中要求在五年内对已经成立的独立学院的转设工作进行验收，这些独立学院可以转设成民办高校，可以转设成公办高校，可以取消办学重新回归母体学校，也可以停止办学。独立学院是我国民办高等教育中十分具有代表性且规模较大的一类教育机构，独立学院的出现和发展，顺应了我国社会转型的要求，为我国的区域高等教育体系发展做出了重要贡献。

（四）独立学院的历史贡献

第一，适应了我国从计划经济向市场经济的经济体制转型。随着我国经济体制改革的不断深入，市场在资源配置中发挥越来越基础性的作用，在高等教育资源的配置上则主要体现在社会力量办学形成和推动了我国民办高等教育的发展，但是必须清楚地认识到，民办高等教育自新中国成立以来有很长一段时间退出了历史舞台，我们对民办高等教育的发展及摸索是很不够的，因此，由普通本科院校和社会力量合办的独立学院是对高等教育办学机制的大胆探索，在扩大高等教育资源和高等学校办学规模方面起到了积极的作用，是市场在高等教育资源配置中发挥作用的具体体现，弥补了社会需求与公共教育资源供给之间存在的矛盾。

第二，适应了我国从行业经济向区域经济的经济类型转变。独立学院的产生并非偶然，而是高等教育对所在地区的经济社会发展需求的主动回应。独立学院是民办高等教育的最新表现形式，同时，由于办学层次主要是由省级政府审批管理的本科。因此，独立学院也顺应了我国经济类型从行业经济向区域经济的转变，对于优化地方高等教育资源配置和高等教育体系布局发挥了积极作用，高校的分布从省会城市进一步下沉到市一级。此外，作为民办教育的独立学院，不仅能够通过办学带动地方经济社会的发展，而且满足了地方社会对应用型人才和现代技术技能的需求。由于独立学院大多定位为应用本科院校，所以无论是地方政府还是地方投资者均对独立学院抱以欢迎的态度，调动起了地方和社会办学的积极性和主动性。

第三，适应了我国高等教育大众化的发展。1999 年的大学扩招使我国高等教育迅速从精英化阶段进入大众化阶段，高等教育在大众化的进程中通常会伴随着新办学形式的产生，独立学院正是适应了我国高等教育大众化而形成的产物，有效提高了高等教育的入学率，满足了广大人民群众接受高等教育的需求，并使我国高等教育体系的层次更加多元、类型更加丰富，同其他民办高等教育机构和公办高校之间形成互相补充的关系。由于地方高等教育体系中，现有的本科院校正在向教学科研型或研究型大学发展，绝大多数的独立学院定位于“应用型本科、教学型学院”有更好的发展前景和空间，使我国高等学校分类体系更加完整、立体。

四、区域现代化与区域高等教育体系

(一) 三大区域增长极与区域高等教育一体化

改革开放以来，中国形成了三大区域增长极，即长三角、粤港澳大湾区、京津冀。这三大区域增长极的一个突出特点是区域高等教育与区域经济社会协同发展。区域高等教育一体化是区域高等教育发展的高级形态。

1. 长三角高等教育高地

20 世纪 70 年代末期，苏南和浙北地区乡镇企业的迅速发展，显示了长三角地区经济领域突破体制障碍的内在张力，开启了长三角区域经济一体化的进程[①]。改革开放以来，长三角地区是我国经济发展最活跃的地区之一，同时也发展成为我国的一块高等教育高地，其高等教育的历史进程大体上可以划分为三个阶段。

首先，20 世纪 80 年代，改革开放之后，以经济建设为中心，在经济体制上开始提“市场”的作用，在政治体制上开始提“简政放权、政

① 陈建军．长三角区域经济一体化的历史进程与动力结构．学术月刊，2008 (8)：79 - 85；刘志彪，孙令池．长三角区域一体化发展特征、问题及基本策略．安徽大学学报（哲学社会科学版），2019 (3)：137 - 147.

事分开、放松管制”，这使得江浙沪一带的沿海地区迅速发展起一批民办企业，推动了长三角地区的经济一体化进程。伴随着长三角地区的经济一体化程度加深，市场配置资源的作用开始逐渐显现，出现社会主体开始尝试在长三角区域内进行跨行政区域的教育市场孕育和创建，如温州企业家进军上海教育市场、浙江生源大量进入上海学校就读以及上海高校在浙江高等教育市场的积极拓展①。20 世纪 80 年代的长三角高等教育区域一体化发展仅仅是一种自觉，随着地方和高校的权力范围扩大，长三角高等教育的发展已经逐渐与长三角区域经济发展结合在一起，尽管这种高等教育与地方经济的耦合关系是缺乏顶层设计的自发行动，但这也意味着长三角教育区域一体化开始在市场的作用下发挥作用，从而出现了高等教育要素的市场化流动。

其次，进入 20 世纪 90 年代，随着市场在高等教育资源配置中发挥越来越重要的作用，长三角高等教育一体化进程进一步加快，表现为区域间的市场合作逐步形成，特别是社会力量和多元主体广泛参与到高等教育办学中来，推动了地区高等教育的发展和一体化。其中社会资本、政府力量和公办教育的结合诞生了我国最早的一批“独立学院”，如浙江大学城市学院。此外，还有国际高校的跨国合作，比如 1994 年上海大学和澳大利亚悉尼科技大学共同合作设立的上海大学悉尼工商学院，这种社会多元主体参与办学的方式有效汇聚了可用于发展高等教育的区域教育资源，使得长三角地区的公办高校、地方政府和企业的积极性被同时调动起来，充分盘活了区域内的高等教育资源。

最后，进入 21 世纪后，长三角地区的高等教育区域化发展已经在经历了地方分权和市场改革的双重作用后，形成了有序的社会互动、充分清晰的社会认同以及市场驱动的自发社会合作，这又与长三角区域经济一体化进程相辅相成，使高等教育与区域经济社会的联系更加紧密。在世纪之交的高等教育管理体制改革基本完成后，长三角两省一市教育行政部门在现有一体化的发展基础上开始进行正式的互访、考察，并开始商讨进一步的跨行政区合作以及区域高等教育整合的制度设计。2003 年，

---

① 吴颖，崔玉平．长三角区域高等教育一体化的演进历程与动力机制．高等教育研究，2020（1）：25－36.

上海同浙江签订《关于加强沪浙两地教育合作的意见》，同江苏签订《关于加强沪苏两地教育合作的意见》；2003 年，江浙沪两省一市共同签署了《长三角地区毕业生就业工作组织合作协议书》；2008 年，江浙沪两省一市签订《上海市、江苏省、浙江省关于长三角社区教育合作协议》；2009 年，江浙沪两省一市签订《关于建立长三角地区教育协作发展会商机制协议书》，标志着长三角教育的交流与合作已由社会层面、非常规状态向行政决策层面、制度化状态转变。2011 年，第三届长三角教育联动发展研讨会在上海召开，在这次研讨会上，上海市教委、江苏省教育厅、浙江省教育厅负责人共同签署了 7 项协议，从非常具体可操作的层面扩大了区域内高等教育资源的开放互通程度。实际上，2008 年 9 月 16 日，国务院就发布了《关于进一步推进长江三角洲地区改革开放和经济社会发展的指导意见》，其中明确提出要整合区域社会事业资源，强化教育、卫生、体育等领域的合作与交流，从而将两省一市的高等教育发展纳入长三角地区经济社会一体化发展中来。2010 年 5 月国务院正式批准实施《长江三角洲地区区域规划》，长三角地区在加速推进江浙沪经济社会一体化进程中，也不断推动高等教育全方位合作水平的进一步提高①。

长三角高等教育区域化进程遵循渐进式发展规律。一方面是区域内自发自觉地形成社会互动。改革开放初期的高等教育区域化形成于相对宽松的社会环境，并以政治子系统、经济子系统等社会其他子系统的区域化发展为前提。20 世纪 80 年代，改革开放带来的思想解放、高校管理权从中央向地方下放、高校办学自主权的增多，都为高等教育的区域合作创造了宽松的社会环境；同时，长三角地区是我国改革开放后经济发展最快速的地区之一，也是我国打造的创新高地、开放示范区，是市场化经济改革发展走在前列的地区，行政管理体制和经济发展的区域一体化要先于高等教育区域一体化，所以这一阶段的长三角高等教育区域一体化是一个自发自觉的结果，背后遵循的是市场逻辑。

另一方面是区域认同的出现以及区域间的协商谈判与合作。20 世纪 90 年代，社会主义市场经济体制确立，市场在高等教育资源和要素

---

① 袁晶，张钰．长三角区域高等教育一体化发展：动因、内涵与机制创新．中国高教研究，2019（7）：33－38.

的配置上发挥着更大的作用，社会力量跨越行政区划在江浙沪两省一市参与办学，社会对高等教育要素在市场化作用下自由流动这一认识逐渐深入并达成共识。基于这一共识的规则建设和协商谈判活动开始在区域内开展，最早出现在浙江的“独立学院”就是区域规则建设的典型表现，此外还有跨省市的学校之间、学校与企业之间和学校与政府、企业之间的合作。这里有必要区分合作与区域一体化的关系，合作应当是区域一体化的浅层次，高等教育主体之间的初步合作与交流仅仅是实现要素自由流动、结构成熟有效的第一步，对区域整合的深度和广度仍处于初始阶段。进入 21 世纪的第一个十年，长三角区域高等教育发展进入外力推动的区域一体化阶段，区域内的聚合体开始生成，从而在制度层面上减少生产要素往来的制度性障碍，并将具体可操作的合作行为通过协定的方式固定下来，缔结出一个和谐、牢固的区域单元。这一时期，无论是中央层面的顶层设计，还是江浙沪两省一市签订的一系列协议，都是在通过外力的方式，将已经达成共识的高等教育区域一体化进一步制度化。

实际上，1978－2011 年长三角高等教育区域化发展为新时代长三角高等教育正式迈入一体化发展阶段奠定了坚实基础。2018 年，第十届长三角教育协作会议正式更名为“长三角教育一体化发展会议”并在沪召开，江苏、浙江、安徽、上海三省一市共同签署《长三角地区教育更高质量一体化发展战略协作框架协议》和《长三角地区教育一体化发展三年行动计划》。2019 年，中共中央办公厅、国务院办公厅印发《加快推进教育现代化实施方案（2018—2022 年）》，提出构建长三角教育协作发展新格局，进一步加大区域内教育资源相互开放的力度。同年，浙江大学、复旦大学、上海交通大学、南京大学和中国科学技术大学组建长三角研究型大学联盟和长三角高校智库联盟，三省一市学生资助管理中心签署《长三角学生资助一体化发展联盟框架协议》。到这一阶段，除先前形成的各项举措继续完善外，“一体化”正式成为长三角高等教育区域发展的方向，并在官方文件中予以确认①。

① 闵韡．以省域促区域：长三角高等教育一体化的目标与路径．中国高教研究，2020，328(12).

2. 粤港澳高等教育高地

目前粤港澳大湾区高等教育融合发展处于起步阶段，但粤港澳三地的教育交流合作由来已久。在不同的历史时期，粤港澳三地高等教育合作有着不同的形式和内容，表现出不同的特点。1949—1978 年为合作起步阶段，大量港澳青年返回广州上学；1979—1996 年为合作逐步发展阶段，三地高等教育交流合作逐渐开展；1997—2008 年为合作广泛开展阶段，香港和澳门相继回归祖国，合作不断深入；2009—2011 年为合作深入开展阶段。粤港澳大湾区高等教育的发展遵循政治、经济、文化逻辑。

（1）政治逻辑。整合粤港澳大湾区的高等教育具有政治意义，在新中国成立之初，港澳学子前往广州求学时，广东省相关部门就对此十分重视。随着港澳相继回归，粤港澳大湾区高等教育的一体化建设存在两个问题：一方面，制度性障碍阻滞了高等教育要素的自由流动，粤港澳三地之间存在的行政障碍、结构障碍、区划障碍等大大增加了高等教育资源自由流动及三地高等教育谋求合作的成本；另一方面，由于历史原因，香港的国民教育严重缺失，香港市民深受西方文化和价值观的影响，缺乏国家归属感和民族认同感，与中国内地的文化及主流价值观之间存在隔阂。因此，粤港澳大湾区的高等教育整合首先遵循的是政治逻辑，既要加强顶层设计，通过加强法制建设、制定相应政策来加快高等教育合作的制度重塑，扫清目前存在的制度性壁垒，达成合作共识，减少合作成本，加快实质性合作；又要加强港澳地区的国民教育和道德教育，培养青少年和广大市民的民族自豪感和社会责任感。高等教育在促进粤港澳大湾区繁荣稳定、维护国家统一的过程中发挥着独特的作用，应当充分认识并强调香港国民教育的特殊性，增进国家认同。

（2）经济逻辑。改革开放以来，香港和广东逐渐发展出“前店后厂”的粤港经济合作模式，以制造业为主的劳动密集型产业链看重的是广东更便宜的土地和人工，此时区域经济发展模式对高层次人才的需求并不大。20 世纪 90 年代以来，社会主义市场经济体制的确立以及经济全球化的世界大潮，带动了粤港澳地区的市场化和一体化发展，并进一步带动了高等教育的市场化与一体化。一方面，经济全球化和市场化的冲击加快了粤港澳区域内的各项资源整合，土地、资金等要素在市场作用下获得重新配置和调整，高等教育在其中起着重要作用，不仅培养了适应市场经济和国际化需求的高层次人才，而且也提供了区域发展所需的科技、知识，这都大大加快了区域内的高等教育开放与整合，提高了区域高等教育的生命力与竞争力。另一方面，粤港澳大湾区的经济市场化与全球化趋势既激活和带动了区域高等教育的整合，又重塑了人才培养标准，推动了人才培养方式的变革。区域经济一体化要求高等教育在人才培养上能够实现“自给自足”，要求三地打破文化壁垒和教育壁垒，通过资源的流通与共享，培养具有开阔国际视野、了解国际市场惯例的新型人才。

（3）文化逻辑。粤港澳三地虽然在根源上同属岭南文化，但是由于香港和澳门的历史以及“一国两制”的实施，三地在文化上也产生了不同程度的隔阂。广东的高等教育在办学理念上同政府的关系密切，强调高校的社会服务功能，以德育为先实施思想政治教育。相比之下，香港和澳门的高等教育属于盎格鲁-撒克逊传统模式，政府秉持“积极不干预政策”，高校的办学自主权较大。由于历史的原因，港澳高校历来奉行实用主义教育思想，思想政治教育尤其是国民教育几乎缺失，这导致港澳市民的国家认同感不强。因此，三地的高等教育整合必须要解决“文化融合”的问题，在教育制度、意识形态和教育理念上扩大交流合作、达成共识，这也是进一步加强粤港澳大湾区高等教育整合的紧迫前提。实际上，粤港澳三地的文化属于同源异形，粤港澳地区比邻而居、人缘相亲，本身具有一脉相承的文化精髓和本土特色，文化同源性为高等教育整合奠定了基础；同时，文化的异质性也为大湾区高等教育融合注入了活力，使多元文化在同一个区域内流动和共享。

3. 京津冀高等教育高地

京津冀高等教育高地的形成，与长三角、粤港澳地区有明显的区别，如果说长三角高等教育高地是自然生长出来的，粤港澳高等教育高地是市场化和国际化驱动的，那么京津冀高等教育的一体化则是自上而下的国家推动的结果。京津冀高等教育高地主要有以下特点：

（1）高等教育资源集中。京津冀地区的高等教育代表了我国高等教育发展的最高水平，特别是在北京高等教育集群的密集程度和对国家高等教育发展的支撑程度方面，即便是放眼全球也是不多见的，高等教育资源丰富集中成为京津冀地区的第一大特点。从历史上来看，在我国自1954 年正式启动建设的六所重点大学中，除哈尔滨工业大学不在北京外，其余五所全部都在北京，且在计划经济时期实施的部门办学体制使一批中央业务部门直属的高校就办在了北京。2011 年，京津冀共有“985 工程”“211 工程”重点建设大学 41 所，分别占全国的 25.6%和28%[①]。京津冀区域在高校师资队伍、研究生教育规模和质量、高校国际化水平方面均在全国领先水平。可以说，发挥京津冀地区的高等教育集聚优势是实施京津冀地区协同发展的国家重大战略的必然要求。

（2）国家意志强势推动。长三角地区、粤港澳大湾区很大程度上得益于改革开放初期的政策红利、人口红利和地缘红利，是改革开放与经济全球化等大环境、大趋势促成的结果，而京津冀地区的高等教育一体化建设则有很大的不同，其中最显著的一点在于，京津冀协同发展的重大国家战略是基于国家本位、在政府的主导下实施的，政治逻辑是其中心逻辑，这不仅表现在政府主导制定区域发展战略，自上而下进行顶层设计，并在区域经济社会发展中发挥主导作用，而且表现为区域高等教育的发展规划、资源配置主要依靠政府，政府而非市场在资源配置中发挥基础性作用，目的既在于促进地区经济社会发展，还在于维护政治稳定和社会和谐。国家本位、政府主导的政治逻辑之所以产生，取决于京津冀地区的特殊性：京津冀地区是国家的政治和文化中心，因此在改革发展的过程中必须体现出强烈的国家意志；京津冀地区国有经济占主导地位；在京津冀地区的高等教育体系中，公立高等教育占据主体地位，北京地区中央直属高校占 40%。因此，无论是从区域政治定位、区域经济体制还是高等教育体系的发展现状来看，京津冀区域一体化建设都将涉及中央与地方的紧密协作。

（3）后发优势显著。长三角和珠三角地区的经济发展一向十分活跃，在各个方面均冲在了改革开放的最前列，特别是两个地区的区域高等教育协同发展起步较早，为京津冀地区打造高等教育高地、实现高等

---

① 桑锦龙．推进京津冀教育协同发展的战略性思考．教育科学研究，2016（4）：16－21.

教育协同发展积累了一些重要的经验。比如2004年，广东省等九省区与港澳地区教育行政部门签订了《关于加强泛珠三角区域教育交流合作的框架协议》，标志着泛珠三角区域教育合作由此正式启动。应当看到，改革开放以来长三角和珠三角地区高速发展并成为中国经济发展的排头兵，这与区域内的资源要素联动发展直接相关。京津冀地区尽管优质高等教育资源集中汇聚，但是由于政治地位和经济发展水平的悬殊，地区内部的资源分布十分不均匀，北京和天津的高等教育优势不仅没有辐射和带动河北地区高等教育的发展，反而一定程度上影响了河北的发展。因此，长三角、粤港澳区域高等教育的宝贵经验，对于京津冀地区的高等教育具有重要的借鉴意义。

（4）目标上除了实现高等教育协同发展，还要维持社会和谐与政治稳定。京津冀区域高等教育的突出特点在于“强而不均”，所谓的“强”，即我国的顶尖大学汇聚于此，不仅产生了高等教育的集聚效应，而且也发挥了教育的外溢功能，有力促进了京津冀地区政治、经济、文化等领域的合作发展，高等教育同其他社会领域构成“并跑”乃至“领跑”关系，成为京津冀地区发展的优质且独特的高等教育资源。所谓的“不均”，即尽管京津冀地区教育资源丰富，但在地区分布、教育层次和学科专业结构上十分不均衡，需要统筹规划和调整。应当认识到，京津冀地区的高等教育协同发展，一方面是为了促进优质的高等教育资源和要素在区域内有效流动，特别是北京作为“高原”上的“高峰”，应当反哺河北这个教育“洼地”，以满足人民群众对优质高等教育资源的需求，为区域内现代工业、农业、服务业提供包括对口优秀人才和技术技能成果等多方面支撑，最大程度上维护社会和谐；另一方面，京津冀协同发展重大国家战略的提出与中央关于首都工作的要求密切关联，北京作为政治中心，在加强区域高等教育协同发展的问题上，必须与建设和管理好首都的大战略密切结合，有序疏解北京的非首都功能。

4. 高等教育强省建设

如果说区域高等教育一体化强调跨越省级行政区，那么高等教育强省建设的概念更加侧重“地方化”，具有“行政区划”的含义。“地方”是指“中央以下各级行政区域的统称”，而“区域”不仅可以指整个“地方”，而且可以指跨“地方”的范围，是一个相对而言范围更大的泛指概念，因此，高等教育“区域化”不仅要实现高等教育“地方化”，而且要求高等教育“地方化”之间建立联系。我国地域辽阔，区域之间的经济社会发展水平相差很大，各个省份之间的高等教育改革和发展水平也相应地存在差别和不平衡。为了进一步推动地方高等教育的发展，提高高等教育服务地方经济社会的能力，江苏、山东、黑龙江等一些省份根据高等教育强国建设的要求提出高等教育强省建设的目标和规划。高等教育强省建设一方面要求高等教育的规模、质量、结构等内部要素之间相互协调发展，不仅追求高等教育在数量上的增长和结构上的优化，承担高等教育大众化和普及化的任务，满足人民群众对高等教育的需求，而且要在质量上达到较高水准，建设一流高等教育，打造高等教育的省域高地；另一方面要求高等教育与外部环境之间形成良性互动关系，使得高等教育推动地方经济社会发展，地方经济社会发展又带动高等教育发展，从而使高等教育与地方社会紧密耦合，不仅没有止步于满足社会需求，而且在高等教育发展上走出一条具有地方特色的发展道路。高等教育强省建设的提出具有特定的基础：

第一，党的十七大报告提出，要推动我国从高等教育大国向高等教育强国迈进[①]。建设高等教育强省是建设高等教育强国的突破方式，通过在有条件的省份建设高等教育强省，使一部分省率先发展起来，在发展过程中积累经验。比如，山东、江苏、湖南、广东、黑龙江的高等教育规模大、结构完整，建设高等教育强省的基础较好，这些省份也各自提出了建设“高等教育强省”的目标和规划，对此应当站在建设高等教育强国的高度给予肯定和支持。

第二，经过高等教育管理体制改革，我国已经为发挥省一级建设高等教育的积极性和能动性创造了前提条件。我国在计划经济时期建立起的高等教育管理体制是中央统一领导、中央部门（条）和地方政府（块）分级管理的体制，这种条块分割管理的格局与地方经济建设的要求不完全适应，也使我国高等教育区域化的起步时间较晚。改革开放和社会主义市场经济体制的确立使我国经济类型从行业经济转向区域经

① 陈至立．以提高质量为核心加快从高等教育大国向高等教育强国迈进的步伐．求是，2008（3）：8-12.

济，资源配置方式从政府转向市场，管理体制由“条块分割”变为“条块有机结合，以块为主”，地方政府也开始将高等教育发展规划与整个地区的经济建设和社会发展规划有机结合起来，以充分服务地区经济建设和社会发展。

第三，省级高等教育是我国高等教育的主要组成部分。省级高等教育是指省级行政区划（省域）内各级各类高等教育共同构成的有机整体。总体而言，从规模上来看，地方高校在高校数量和在校生人数上均占有绝对优势；从质量上来看，省级高等教育体系不仅包括公办高等教育，还包括民办高等教育，不仅包括地方办专科院校，也包括在地方办学的中央部委直属院校，这是因为这些高校的招生以及毕业生的就业有很强的属地效应，即学校的生源主要来自学校所在省份，而且在学生毕业后的就业地区选择上，同样以留在本省就业为主，从而能够满足省内人民群众就近接受各层级高等教育的需求，并为地方经济社会发展培养人才服务。

区域一体化，决策在中央，落实在地方，关键在省级政府。随着长三角、粤港澳大湾区、京津冀等地区的区域协同发展进程不断加快，区域高等教育的作用也日益凸显，为建设高等教育强省创造了新的机会和挑战，特别是在省级政府掌握了更多发展本省高等教育自主权的前提下，高等教育事业的发展成为地方政府的重大责任和必要工作。一方面，建设高等教育强省是建设高等教育区域高地乃至高等教育强国的地理基础；另一方面，高等教育强省建设本质上是高等教育的地方化建设，还要将其不断融入区域高等教育高地建设中来，使相邻高等教育强省之间形成高质量的协同发展，从而避免出现“各自为政”的僵化局面，使得高等教育强省建设最终服务于区域经济社会的高质量快速发展。只有在分别做强、强强联合的基础上，才能从整个国家经济建设和社会发展的需要出发，建成区域高等教育高地，为实现国家现代化建设做出贡献。

（二）区域高等教育体系的形成与发展

1978 年改革开放以后，中国确立了“以经济建设为中心”的发展战略，逐步推动行业经济向区域经济转变。区域经济的发展产生了多方面、多层次高级专业人才的需求。在这种背景下，国家恢复了高考，大学开始扩大招生。在行业高等教育体系没有根本改变的情况下，学生规模的增长对缓解区域经济发展的需求作用有限。行业高等教育体系是与传统的计划经济体制相适应的，主要服务于行业经济。在改革开放的大背景下，传统的行业高等教育体系无法满足区域经济发展的需要。

新组织成员的加入标志着传统行业高等教育体系的本质发生了巨大的变化。行业高等教育体系的第一次突破是高等职业教育机构的创立。20 世纪 80 年代初期，经济活跃地区开始创办地方职业大学。1980 年，国家教委根据区域经济社会发展对一线应用型技术技能人才的迫切需要，批准设立金陵职业大学等 13 所职业大学，到 1990 年，职业大学的数量达到 126 所[①]。1996 年，《中华人民共和国职业教育法》颁布，以职业技术学院为代表的新高职走上了历史舞台。到 2006 年，中国新型高职高专院校达 1 147 所，招生数和在校学生数与普通高等教育接近 1∶1[②]。传统高等教育体系的第二次突破是高等教育自学考试的合法化。改革开放之初，随着国家工作重点转移到以经济建设为中心上来，社会急需大批专门人才，越来越多的人希望接受高等教育。然而，传统的行业高等教育体系很难满足社会对人才的需求以及人们接受高等教育的需求。1978 年五届人大一次会议的政府工作报告提出，我们要建立适当的考核制度，业余学习的人们经过考核，证明达到高等学校毕业生同等水平的，就应该在使用上同等对待。为贯彻落实这一精神，教育部征求有关部委和北京市的意见，向国务院提出了《关于〈高等教育自学考试试行办法〉的报告》，高等教育自学考试制度正式建立[③]。时至今日，高等教育自学考试遍及全国各地，初步形成了包括本科、专科和非学历证书在内的多层次、多规格，学科门类比较齐全的高等教育体系。高等教育自学考试是中国的一个创新，也是中国高等教育体系的重要组成部分。传统高等教育体系的第三次突破是民办高校的兴起。民办高校的兴起是市场驱动的结果。改革开放初期，在市场需求下，长沙、北

① 周光礼．国家工业化与现代职业教育：高等教育与社会经济的耦合分析．高等工程教育研究，2014（3）．

② 柴福洪．中国高职院校风险报告．职业技术教育，2008（7）．

③ 胡浩．面向高自考的电子教务系统建设研究．天津：天津大学，2004．

京、上海等地出现了由离退休教师创办的民办教育性质的补习班和培训学校，中国民办高等教育走上了恢复之旅。1982 年颁布的《中华人民共和国宪法》明确规定，国家鼓励集体经济组织、国家企事业组织和其他社会力量依照法律规定举办各种教育事业。这是宪法首次鼓励社会力量办学，为民办高校的发展提供了法律保障。1997 年 7 月，国务院颁布《社会力量办学条例》，这是新中国第一部关于民办教育的专门行政法规。20 世纪 90 年代末，"依托名校办民校"，这类高校——独立学院——后来成为民办高校的重要组成部分。2002 年 12 月 28 日第九届全国人民代表大会常务委员会第三十一次会议通过《中华人民共和国民办教育促进法》，这是新中国关于民办教育的第一部专门法，它明确民办高校是中国高等教育体系的重要组成部分。传统高等教育体系的第四次突破是行业高校划转到地方，这也是最彻底的一次突破。20 世纪 90 年代，随着行业经济向区域经济转变，"条块分割"的高等教育管理体制成为改革重点。改革的基本思路是：淡化和改革学校单一的隶属关系，加强省级人民政府的统筹，变"条块分割"为"条块有机结合"①。1998 年至 2000 年，国家对 300 多所行业管理部门所属高校的管理体制进行大规模调整，除少部分划归教育部管理或与教育部的学校合并外，大部分实行中央与地方共建、以地方管理为主的管理体制②。在国家"211 工程"、"985 工程"以及"双一流"建设的引导下，高水平行业特色大学逐步向研究型大学转变，不断强化学科建设和科学研究职能，大力开展博士研究生教育。行业划转院校逐步向综合性大学和应用型大学转变，这样，传统行业高等教育体系分化为研究型大学和地方应用型大学两大类。

这个阶段高等教育体系建设是一种"自下而上"的过程，其突出特点是遵循市场导向战略。在社会主义市场经济体制下，各种改革举措类型繁多。这些改革的一个共同主题是充分发挥市场在高等教育体系现代化中的作用，实现高等教育的多样性。无论是行业高校内部的分化，还

① 周川．我国高等教育管理体制 70 年探索历程及其展望．教育科学文摘，2019（4）：70－71.

② 赵俊芳，刘玲．我国高等教育 70 年盘点及未来发展建议．现代教育管理，2020（4）：1－9.

是职业院校、民办高校的兴起，都是市场机制的产物。从高等教育体系内部来看，这个阶段的一个突出特点是科学研究进入高校并实现体制化，产生了研究型大学这种新的类型，高等教育体系的纵向分化加速。针对传统高等教育体系的实用主义倾向，研究型大学重申精英教育定位，开展通识教育或普通教育。由于精英研究型大学的示范作用，越来越多的地方高校以开展通识教育和科学研究为荣，高等教育体系的专业性和应用性遭到极大的削弱，不但地方大学向研究型大学看齐，民办高校和高职院校也向研究型大学看齐，高等教育体系的同质化倾向不减反增。在扭曲的市场导向战略下，中国高等教育体系建设逐步脱离经济社会发展的需要，高等教育体系中普通教育急剧膨胀，无法培养数量充足、能力过硬的应用型人才。正是在这种背景下，国家出台政策引导地方大学向应用型转变。可见，市场导向战略并没能实现中国高等教育的多样性，这是“市场失灵”的表现。

第六章
中国特色社会主义新时代的高等教育（2012年至今）

中国特色高等教育体系的形成与发展有一个渐进演变的过程。在计划经济时代，我国形成了行业高等教育体系；在社会主义市场经济时代，我国逐步建构区域高等教育体系；进入新时代，建设现代化强国成为时代强音，发展高质量的高等教育体系成为中心主题。高质量的高等教育体系是一个具有内在协调一致性且多样化的高等教育体系，这种体系至少包括三个部分：研究型高等教育体系、应用型高等教育体系、现代职业教育体系。

一、习近平总书记关于高等教育的重要论述

教育是民族振兴、社会进步的重要基石，是功在当代、利在千秋的德政工程。教育是国之大计、党之大计。党的十八大以来，以习近平同志为核心的党中央站在坚持和发展中国特色社会主义、实现中华民族伟大复兴的中国梦的战略高度，把优先发展教育事业、加快教育现代化、建设教育强国摆在治国理政的突出位置，开展了一系列根本性、开创性、长远性工作，深刻回答了“培养什么人、怎样培养人、为谁培养人”的重大理论和实践问题，形成了一系列新思想新理念新观点。

（一）习近平教育观的主要特点

习近平教育观植根于党的十八大以来的中国教育改革实践。教育改革的成功经验和现实挑战是习近平教育观得以展开的现实基础。习近平教育观具有三个特点：中国逻辑、大教育观、问题导向。

1. 中国逻辑

习近平指出，中国有独特的历史、文化和国情，决定了我们只能走中国特色的教育现代化之路，扎根中国大地办教育。这充分体现了习近平总书记关于教育的重要论述的中国逻辑。扎根中国大地办教育，要扎中华传统文化之根。任何一个国家的教育都是与其文化模式相适应的，

加快教育现代化，必须植根于中国本土文化。中华文明源远流长，在教育上有两个基本传统：一是重视古典人文教育。教育的目的是“明明德”，以修身为本，进而齐家、治国、平天下、配天地。二是重视教育的政治功能。教育要为政治服务，为治国理政服务。作为现代文官制度的源头，科举制将教育系统和政治系统合二为一，倡导“学而优则仕”。“坚持把立德树人作为根本任务”是对古典人文教育的继承与发展，“坚持把服务中华民族伟大复兴作为教育的重要使命”和“坚持社会主义办学方向”是教育政治功能的具体体现。扎根中国大地办教育，要扎政治制度之根。办好中国的事情，关键在党。《中华人民共和国宪法》明确规定，中国共产党领导是中国特色社会主义最本质的特征。坚持和完善党的领导，是党和国家的根本所在、命脉所在，是全国各族人民的利益所在、幸福所在。“坚持党对教育事业的全面领导”是我们基本政治制度的具体体现。扎根中国大地办教育，要扎基本国情之根。我们要办知中国、服务中国的学校，要办知中国、服务中国的教育。我国的基本国情是“一变两不变”，即社会主要矛盾已经发生改变，中国处于并将长期处于社会主义初级阶段以及中国作为世界上最大的发展中国家的国际地位没有变。发展中国家赶超发达国家的基本战略是优先发展教育。“坚持优先发展教育事业”是对基本国情的深刻把握。扎根中国大地办教育，要扎教育规律之根。扎根中国大地办教育要遵循教育规律，我们既要坚持教育改革创新，善于从中国的实践中总结带规律性的东西，也要遵循世界文明的共同轨迹，善于吸收西方发达国家先进的教育经验。“坚持深化教育改革创新”就是以改革开放为核心的时代精神的反映。

2. 大教育观

随着现代社会大生产、大经济、大科学的发展，与之相适应的大教育体系逐步形成。教育是一个多样的、开放的、综合的复杂系统，必须保持与社会环境的互动。习近平总书记关于教育的重要论述是以习近平同志为核心的党中央站在治国理政和中华民族伟大复兴的战略高度，从社会发展的角度对教育的全面审视。教育改革必须“跳出教育谈教育”。现代学校是一个复杂的开放系统，学校的结构和行为归根到底是由环境因素决定的，因此，必须将教育教学改革置于社会变革的总体框架之中。微观层面的教育教学改革，以学校的组织和管理变革为前提；学校组织和管理变革，则以宏观的社会体制与结构改革为前提。在宏观的社会体制和结构没有根本改变的情况下，微观层面的教育教学改革难以取得应有的成效，必须跳出教育谈教育。事实上，社会变革是教育变革的主要推动力。纵观全球教育发展史，绝大部分的教育改革是由社会变革引发的。1957 年，苏联第一颗人造卫星上天，引发了美国对课程内容的深刻反思，最后提出了重视数理基础知识、强调 STEM 教育的课程改革运动。立足大教育观，习近平对新时代新形势教育和学习提出了新的更高的要求。我们要抓住机遇、超前布局，以更高远的历史站位、更宽广的国际视野、更深邃的战略眼光，对加快推进教育现代化、建设教育强国做出总体部署和战略设计。坚持大教育观，必须破除将教育视为狭隘的“学校教育”“课堂教育”的观念，建立起与社会、时代相适应的大教育体系。大教育体系在空间上包括家庭、社会，在时间上拓展到人的终身。所以，习近平指出：“办好教育事业，家庭、学校、政府、社会都有责任”。在联合国“教育第一”全球倡议行动一周年纪念活动的贺词中，他在强调终身教育的同时指出，“努力发展全民教育、终身教育，建设学习型社会，努力让每个孩子享有受教育的机会”。

3. 问题导向

习近平总书记关于教育的重要论述贯穿着强烈的问题意识、鲜明的问题导向，可以说，问题意识是推动教育事业发展的强大动力。党的十八大以来，中国教育改革进入深水区，要解决的都是牵动性强的深层次问题，我们围绕“培养什么人、怎样培养人、为谁培养人”这一根本问题，全面深化教育综合改革，全面推进教育现代化和教育强国建设。正是在解决这个问题的过程中，产生了一系列教育改革的新理念新思想新观点。比如：（1）新时代教育的使命与目标。从教育与社会发展关系的角度，习近平提出建设教育强国是民族复兴的基础工程，坚持把服务中华民族伟大复兴作为教育的重要使命；从教育与人的发展关系的角度，习近平提出要把立德树人作为教育的根本任务，把立德树人成效作为检验学校一切工作的根本标准。教育目标是教育使命的具体化。新时代教育的目标是办人民满意的教育，人民满意的教育是更加公平和更有质量的教育。我们要坚持教育的人民性，这是新时代教育的根本宗旨。（2）新时代教育发展的路径与保障。习近平提出新时代教育发展的基本路径是推进教育现代化，建设教育强国，扎根中国大地办教育。中国教育现代化要认真吸收世界上先进的办学治学经验，更要遵循教育规律，扎根中国大地办教育，建设中国特色、世界水平的教育强国。其战略举措主要有：坚持党对教育事业的全面领导，坚持优先发展教育事业，坚持社会主义办学方向，坚持深化教育改革创新，坚持把教师队伍建设作为基础工作。

（二）习近平高等教育观的核心要义

在2018年9月10日召开的全国教育大会上，习近平总书记将新时代教育改革发展的新思想新理念新观点概括为“九个坚持”，这是一个逻辑严密的科学体系。习近平高等教育观的核心要义，集中体现在“九个观”：

（1）坚持优先发展教育事业的战略观。百年大计，教育为本。党的十九大报告明确提出，建设教育强国是中华民族伟大复兴的基础工程，必须把教育事业放在优先位置，深化教育改革，加快教育现代化，办好人民满意的教育。“两个一百年”奋斗目标的实现、中华民族伟大复兴中国梦的实现，归根到底靠人才、靠教育。我们必须坚持科教兴国战略和人才强国战略，坚持把教育放在优先发展的战略位置。高等教育发展水平是一个国家发展水平和发展潜力的重要标志。建设高等教育强国是推进教育现代化、建设教育强国的必然要求。习近平总书记指出，我们对高等教育的需求比以往任何时候都更加迫切，对科学知识和卓越人才的渴求比以往任何时候都更加强烈。为此，我们要加快推进一流大学和一流学科建设，实现高等教育内涵式发展。

（2）坚持以人民为中心发展教育的宗旨观。中国特色社会主义道路是一条把人民利益放在首位的道路。教育改革与发展必须遵照以人民为中心的总体要求，坚持教育的人民性，把办好人民满意的教育作为出发点和落脚点。教育是民生之基，只有始终坚持以人民为中心的发展思想和工作导向，才能使教育改革走在正确的道路上。全心全意为人民服务是党的根本宗旨，也是教育工作的根本宗旨，中国梦归根到底是人民的梦，人民对美好生活的向往就是我们的奋斗目标。坚持教育的人民性要求发展公平而有质量的高等教育。发展公平的高等教育必须以经济社会发展需要为导向，优化高等教育结构，继续实施农村和贫困地区专项招生计划，加快完善高校生均财政定额拨款制度，保证优质高等教育资源配置的公正性。发展有质量的高等教育必须建设“高水平人才培养体系”，提高人才培养能力。习近平总书记指出：“办好我国高校，办出世界一流大学，必须牢牢抓住全面提高人才培养能力这个核心点，并以此来带动高校其他工作。”①

（3）坚持扎根中国大地办教育的道路观。发展中国特色、世界水平的现代教育必须传承中华文化血脉、扎根中国大地、践行中国特色社会主义道路、服务国家发展。我国有独特的历史、文化和国情，决定了我国必须走自己的教育发展道路，扎实办好中国特色、世界水平的现代教育。习近平总书记多次阐述了扎根中国大地办大学的思想。2014 年 5 月 4 日，习近平总书记在北京大学考察时强调：“办好中国的世界一流大学，必须有中国特色。没有特色，跟在他人后面亦步亦趋，依样画葫芦，是不可能办成功的。这里可以套用一句话，越是民族的越是世界的。世界上不会有第二个哈佛、牛津、斯坦福、麻省理工、剑桥，但会有第一个北大、清华、浙大、复旦、南大等中国著名学府。我们要认真吸收世界上先进的办学治学经验，更要遵循教育规律，扎根中国大地办大学。”②

（4）坚持把立德树人作为根本任务的教育目的观。中国传统教育强调立德树人，正所谓“国无德不兴，人无德不立”。“培养什么人、怎样培养人、为谁培养人”事关教育目的，是教育工作必须回答的根本问题。作为中国共产党领导的社会主义国家，我们的教育必须把培养社会主义建设者和接班人作为根本任务③。落实立德树人，要在坚定理想信念上下功夫，要在厚植爱国主义情怀上下功夫，要在加强品德修养上下功夫。对高等学校来说，要把立德树人的成效作为检验学校一切工作的根本标准，真正做到以文化人、以德育人，不断提高学生思想水平、政

---

① 习近平．习近平谈治国理政：第 2 卷．北京：外文出版社，2017：377.

② 习近平．习近平谈治国理政：第 1 卷．2 版．北京：外文出版社，2018：174.

③ 谢尚国，鞠焕宗，过仕宁，等．坚持中国特色社会主义教育发展道路：全国教育大会发言摘编．人民日报，2018－09－13（10）.

治觉悟、道德品质、文化素养。

（5）“强国一代”的学生观。当代青年是同新时代共同前进的一代，他们关系着国家的前途、民族的命运、人民的幸福，他们是“强国一代”，这是习近平总书记对当代大学生的基本看法。习近平总书记强调，实现中华民族伟大复兴的中国梦，需要一代又一代有志青年接续奋斗。每一代年轻人都有自己的人生际遇，当代青年面临的新时代，既是近代以来中华民族发展的最好时代，也是实现中华民族伟大复兴的最关键时代。在这个时代，中华民族迎来了从站起来、富起来到强起来的伟大飞跃。作为新时代的青年，当代大学生是当之无愧的强国一代。这是他们最大的人生际遇，也是最大的人生考验。青年强则国家强，青年进步则国家进步。当代大学生有理想、有本领、有担当，国家就有前途，民族就有希望。“强国一代”必须具有执着的信念、优良的品德、丰富的知识、过硬的本领，才能不辱时代使命，不负人民期望。

（6）“四有好老师”“四个引路人”的教师观。教师的工作是塑造灵魂、塑造生命、塑造人的工作。高素质教师队伍是建设教育强国的依靠。高素质教师队伍是由一个一个好老师组成的，也是由一个一个好老师带出来的。好老师必须有理想信念、有道德情操、有扎实学识、有仁爱之心。好老师要做好“四个引路人”：做学生锤炼品格的引路人，做学生学习知识的引路人，做学生创新思维的引路人，做学生奉献祖国的引路人。2018 年 5 月 2 日，习近平总书记在北京大学师生座谈会上发表重要讲话，提出大学对青年成长成才发挥着重要作用。高校只有抓住培养社会主义建设者和接班人这个根本才能办好，才能办出中国特色、世界一流的大学。为此，有三项基础性工作要抓好：一是坚持办学的正确政治方向，二是建设高素质教师队伍，三是形成高水平人才培养体系。其中，特别强调要建设政治素质过硬、业务能力精湛、育人水平高超的高素质教师队伍，评价教师队伍素质的第一标准应该是师德师风。

（7）坚持问题导向的教育改革观。教育改革有两种，一种是理想导向的教育改革，一种是问题导向的教育改革。理想导向的教育改革常常脱离实际，可行性差。教育改革应坚持问题导向。党的十八大以来，我们围绕“培养什么人、怎样培养人、为谁培养人”这一根本问题，推进教育改革创新。一是针对唯分数、唯升学、唯文凭、唯论文、唯帽子等不良倾向，改革评价制度。二是针对教育事业活力不足，深化办学体制和教育管理改革。三是针对高等教育与工作世界脱节问题，调整优化高校区域布局、学科结构、专业设置，建立健全学科专业动态调整机制，加快一流大学和一流学科建设，推进产学研协同创新，积极投身实施创新驱动发展战略，着重培养创新型、复合型、应用型人才。四是要扩大教育开放，同世界一流资源开展高水平合作办学①。

（8）构建人类命运共同体的教育开放观。教育要为人类命运共同体的建设做出应有的贡献。要通过更加紧密的互动交流，促进对人类各种文明的认知，对各种战略愿景的体认，以促进各国学生增进相互了解、树立世界眼光、激发创新灵感，确立为人类和平发展贡献智慧和力量的远大志向。要统筹国内国外两个大局，一方面高等教育要加强同世界一流资源开展高水平合作办学，提升我国高层次人才培养的质量和水平，促进高等教育强国建设；另一方面要积极参与全球高等教育治理，拓展与国际组织合作的广度与深度，积极参与国际高等教育理念、规则、标准和评价措施等方面的制定。在国际高等教育治理中，提供中国方案，贡献中国智慧。

（9）坚持党对教育事业全面领导的保障观。加强党对教育工作的全面领导是办好教育的根本保证。教育部门和各级各类学校的党组织要增强“四个意识”，坚定“四个自信”，做到“两个维护”。各级党委要把教育改革发展纳入议事日程，党政主要负责同志要熟悉教育、关心教育、研究教育。各级各类学校党组织要把抓好学校党建工作作为办学治校的基本功，把党的教育方针全面贯彻到学校工作各方面②。对高等教育来说，加强党的领导和党的建设，是形成高水平人才培养体系的重要内容。习近平同志强调，人才培养体系涉及学科体系、教学体系、教材体系、管理体系等，而贯彻其中的是思想政治教育体系，要坚持党对高校的全面领导，坚持社会主义办学方向，把我们的特色和优势有效地转化为培养社会主义建设者和接班人的能力。

---

①② 谢尚国，鞠焕宗，过仕宁，等．坚持中国特色社会主义教育发展道路：全国教育大会发言摘编．人民日报，2018-09-13（10）．

二、普及化与高等教育的多样性

高等教育的多样性是指一个国家高等教育体系中学校类型和结构的差异，主要包括纵向多样性（分层）和横向多样性（分类）。高等教育的多样性与高等教育规模存在内在的相关性。高等教育由精英迈向大众的过程就是高等教育体系由同质性转向多样性的过程。事实上，普及化时代高等教育的一个突出特点就是多样性。

（一）改革开放以来高等教育规模的扩张

改革开放以来，我国高等教育规模不断扩大，主要经历了精英高等教育、大众高等教育和普及高等教育三个阶段。

第一，精英高等教育阶段（1978—1998 年）。精英高等教育阶段的主要矛盾是经济社会发展的强烈需求与高等教育规模相对不足之间的矛盾。改革开放初期，我国政治、经济、文化、科技、教育等各个领域人才严重短缺，培养大批建设人才成为一项紧迫任务。1977 年 8 月 4 日—8 日，邓小平主持召开科学和教育工作座谈会，与会专家强烈要求恢复高考招生制度。同年我国恢复了高考招生，高等教育发展重新回归正轨。恢复高考成为教育战线拨乱反正的一个重要突破口，是我国高等教育事业全面恢复的一个重要标志。1983 年 4 月，国务院批转教育部、国家计划委员会《关于加速发展高等教育的报告》，明确提出在未来五年左右，使招生人数持续上升，招生人数由 1982 年的 31.5 万增加到 1987 年的 55 万，增长 75%。应该说，这个阶段是我国高等教育快速协调发展的时期。1978 年我国本专科和研究生招生数分别为 40 万和 1.07 万，到 1998 年分别增加到 108.36 万和 7.25 万，分别增长了 1.7 倍和 5.8 倍；本专科在学规模从 1978 年的 85 万增加到 1998 年的 340.87 万，研究生在学规模从 1978 年的 1.09 万增加到 1998 年的 19.89 万，分别增长了 3.0 倍和 17.2 倍。这一阶段高等教育规模扩张使高等教育逐步适应了国民经济和社会发展的需要，初步解决了人才数量不足的问题。

第二，大众高等教育阶段（1999—2018年）。大众高等教育阶段的主要矛盾是产业转型升级对高端人才的需求与高等教育质量偏低之间的矛盾。1997年，亚洲金融危机爆发，我国出口加工型产业备受冲击，GDP总量和人均GDP增长速度放缓，国内消费需求萎靡。在这种背景下，部分经济学家将目光投向了具有巨大潜力的高等教育，认为高校扩大招生有利于扩大内需，是解决经济困境的主要手段。1998年11月，亚洲开发银行首席经济学家汤敏向中央政府提交了《关于启动中国经济有效途径——扩大招生量一倍》建议书。这份建议书引起了国务院主要领导的高度重视，有关部门快速制定了以“拉动内需、刺激消费、促进经济增长、缓解就业压力”为目标的扩招计划。1999年高考招生比上年扩招52万人，增幅超过此前十年之和。据统计，1998—2005年，全国高等学校在校生从643.0万人增加到2 095.71万人，约是原来的3.26倍，年增长率18.39%。若以本科生在校生数为基数，1998年，研究生、本科生、专科生之比为0.077∶1∶1.419，而2005年三者之比为0.115∶1∶0.840，层次结构重心进一步上移。其中，2002年，我国高等教育毛入学率首次达到15%，正式迈入高等教育大众化阶段。高等教育规模的急剧加大，以及师资力量和硬件设施的紧缺，引发了人们对高等教育质量下降的忧思。2006年5月19日，国务院在北京召开加强和改进高等学校招生管理工作会议，国务委员陈至立明确提出：“要以科学发展观为指导，切实把发展高等教育的重点放在提高质量上来。为此，要适当控制高校招生增长幅度，相对稳定招生规模。”矛盾的主要方面由规模与需求的脱节转换为质量与需求的脱节。

第三，普及高等教育阶段（2019年至今）。普及高等教育阶段的主要矛盾是社会需求的多样性与高等教育同质化之间的矛盾。2006年以后，我国高等教育规模扩张明显放缓，高等教育内涵式发展成为时代主题。本专科和研究生招生数分别从2006年的546.05万和39.79万增加到2016年的748.61万和66.71万，分别增长了0.4倍和0.7倍；本专科和研究生的在学规模分别从2006年的1 738.84万和110.47万增加到2016年的2 695.84万和198.11万，分别增长了0.6倍和0.8倍。我国高等教育开始从以规模扩张为特征的外延式发展向以质量提升为核心的内涵式发展转变。其中，建立现代职业教育体系成为优化高等教育结构的主要方式。2014 年，国务院颁布《关于加快发展现代职业教育的决定》，提出加快现代职业教育体系建设，发挥高等职业教育在优化高等教育结构中的重要作用，推动高等职业教育的快速发展。2015 年，教育部发布《高等职业教育创新发展行动计划（2015—2018 年）》，明确职业教育与普通教育是两种不同的教育类型，具有同等重要的地位，提出以现代职业教育的大改革大发展推动高等教育结构优化。根据这一精神，教育部制定《高职扩招专项工作实施方案》，决定 2019 年高职扩招 100 万人。事实上，从党的十八大以后，我国高等教育一直保持稳步增长。2006 年，我国高等教育毛入学率为 22%，到 2012 年达到 30%。从 2012 年到 2018 年，我国高等教育毛入学率每年保持 2%～3%的增长幅度，到 2018 年高等教育毛入学率达到 48.1%。2019 年高职扩招 100 万，成为我国高等教育普及化的“临门一脚”，直接推动我国高等教育迈入普及化阶段。2019 年，我国高等教育毛入学率达到 51.6%，在校学生超过 4 000 万，正式进入普及化阶段。

（二）高等教育体系的分化

高等教育体系不仅包括高等教育的规模，而且包括高等教育机构的类型和层次。与高等教育扩张相伴的是高等教育数量结构的变化。现代高等教育体系的一个突出特点是功能的分化，即现代高等教育系统必须以一种方式分化它的构成院校。分类发展是贯穿我国高等教育规模扩张的一条主线。实际上，实现高等院校多样化和特色化发展以满足多元化的需求一直是我国公共政策的出发点。1985 年颁布的《中共中央关于教育体制改革的决定》提出“建成科类齐全，层次、比例合理的体系”。1993 年发布的《中国教育改革和发展纲要》提出要制订高等学校分类标准和相应的政策措施。2010 年发布的《国家中长期教育改革和发展规划纲要（2010—2020 年）》提出要“建立高校分类体系，实行分类管理。发挥政策指导和资源配置的作用，引导高校合理定位，克服同质化倾向，形成各自的办学理念和风格，在不同层次、不同领域办出特色，争创一流”。党的十八大以来，党中央、国务院及相关部委先后印发《统筹推进世界一流大学和一流学科建设总体方案》《关于引导部分地方普通本科高校向应用型转变的指导意见》《国家职业教育改革实施方案》等重大文件，基本形成“双一流”大学、应用型本科、职业型院校的分类分层格局，大体确立我国高校分类发展的基本框架。

第一，学历层次结构。全国高等学校在学规模增长的同时，在校生中的学历层次结构也发生了很大的变化。2000 年以前，全国高等教育在校生中，专科所占的比例远大于本科生。1994 年，普通高等学校招收本专科生 89.98 万人，其中招收本科生 40.96 万人，招收专科生 49.02 万人，本专科比例为 1∶1.2（1993 年为 1∶1.39）。2014 年，普通高等学校招收本专科生 721.40 万人，其中招收本科生 383.42 万人，招收高职（专科）生 337.98 万人，本专科比例为 1∶0.88；在校生 2 547.70 万人，其中本科生 1 541.07 万人，高职（专科）生 1 006.63 万人。1978 年，全国高等教育在校生中，研究生为 1.09 万人，占全国高等教育在校生总数的 1.26%；1995 年，在学研究生占比上升到 2.49%；2006 年在学研究生占比达到 4.65%。可见，随着高等教育规模的增加，在校生的学历层次逐步向高层次转移。

第二，学科结构。改革开放以来，为了使培养的人才更好地符合经济社会发展的需要，随着高等教育规模的扩张，高等教育学科结构根据产业结构变化不断进行调整。为了实现国家工业化，新中国成立以后的相当长的时间内，我国高等教育培养的人才以工科人才为主。改革开放以后，社会对财经、政法类人才的需求迅速增加，高等教育的科类结构进行了相应的调整。1995 年，普通高等学校本专科在校生中，工科、财经、政法类学生的占比分别为 40.15%、14.93%、3.19%；2005 年工科、财经、政法类学生的占比分别为 35.07%、5.49%、4.46%。近年来，学科结构进一步优化，加强了经济发展所急需的复合型、技能型和高层次管理型人才的培养。

第三，学校数量。高等教育规模的扩张必然带来高校数量的增长。1978 年我国普通高校仅为 598 所，1998 年增加到 1 022 所，2006 年增加到 1 867 所，2018 年达到 2 663 所。从 1978 年到 2018 年，学校数量有三个增加较快的时期。一是1985年《中共中央关于教育体制改革的决定》发布以后，学校数量得到了较快增长；二是1999年高校扩招后，加速发展高等职业教育，学校总数增长较快，从2000年到2006年，年递增率为10.23%；三是2008年后，随着学校升格的制度化、规范化，学校数量增长较快。

第四，高校布局。为了克服行业高等教育体系的条块分割、部门分割，以及高等院校和专业的低水平重复设置、专业过窄、规模过小、产学研脱节，政府包得过多、统得过死的弊端，从1993年开始，我国对高等教育进行了重大体制改革和高校布局调整。从1998年至2002年，通过“共建、调整、合作、合并”，对全国400余所行业高校进行体制改革和布局调整，除少数关系国家发展全局的高校以及行业性强、地方政府不便管理的高校继续由国务院委托教育部和行业部门管理外，多数高校划转地方，实行中央与地方共建、以地方管理为主的体制，克服了部门和地方条块分割、重复办学、资源浪费的弊病，形成了中央与地方政府两级管理、以省级政府统筹为主的新体制，优化了高校布局，调动了中央与地方的办学积极性，形成了高校与区域经济社会协同发展的新格局。

三、建设教育强国与高质量高等教育体系

习近平同志在党的十九大报告中强调：“建设教育强国是中华民族伟大复兴的基础工程，必须把教育事业放在优先位置，深化教育改革，加快教育现代化，办好人民满意的教育。”早在1999年，教育部就已提出“建设高教强国”应该成为我国21世纪高等教育发展的目标。2007年，在教育部直属高校工作咨询委员会第十八次全体会议上，陈至立同志强调要认真学习贯彻党的十七大精神，以提高质量为核心，加快从高等教育大国向高等教育强国迈进的步伐，引起了极大的反响，大大提高了高教战线对建设高等教育强国的思想认识。2010年，建设高等教育强国目标写入了《国家中长期教育改革和发展规划纲要（2010—2020年）》，其中明确提出，“提高质量是高等教育发展的核心任务，是建设高等教育强国的基本要求”。2015年，国务院印发《统筹推进世界一流

大学和一流学科建设总体方案》，该总体方案提出到21世纪中叶基本建成高等教育强国。至此，建设高等教育强国已成为国家发展战略，成为国家意志和国家高等教育的发展目标。建设高等教育强国，必须建设高质量的高等教育体系。建设高等教育强国不仅要建设若干世界一流大学和一流学科，而且要做大做强各级各类高等教育。建设研究型大学、发展应用型大学、加强高职院校是建设高质量教育体系的三个主要着力点。

(一)“双一流”建设

党和国家历来重视一流大学建设，相继颁布了一系列政策文件，启动了一系列重点建设项目。1998年5月4日，江泽民在庆祝北京大学建校100周年大会上指出：“为了实现现代化，我国要有若干所具有世界先进水平的一流大学。这样的大学，应该是培养和造就高素质的创造性人才的摇篮，应该是认识未知世界、探求客观真理、为人类解决面临的重大课题提供科学依据的前沿，应该是知识创新、推动科学技术成果向现实生产力转化的重要力量，应该是民族优秀文化与世界先进文明成果交流借鉴的桥梁。”这样的大学实质上是一流的研究型大学。1999年1月国务院批转教育部制定的《面向21世纪教育振兴行动计划》，正式启动“985工程”，“要相对集中国家有限财力，调动多方面积极性，从重点学科建设入手，加大投入力度，对于若干所高等学校和已经接近并有条件达到国际先进水平的学科进行重点建设。今后十至二十年，争取若干所大学和一批重点学科进入世界一流水平”。从1999年到2013年，我国先后有39所大学被列入“985工程”重点建设行列。2015年10月，国务院印发了《统筹推进世界一流大学和一流学科建设总体方案》，确立了“双一流”建设的四项基本原则，即坚持以一流为目标、坚持以学科为基础、坚持以绩效为杠杆、坚持以改革为动力。“双一流”是新时代最重要的高等教育政策。《统筹推进世界一流大学和一流学科建设总体方案》明确提出，“建设世界一流大学和一流学科，是党中央、国务院作出的重大战略决策，对于提升我国教育发展水平、增强国家核心竞争力、奠定长远发展基础，具有十分重要的意义”。“双一流”建设是在总结多年国家重点建设政策基础上启动的新计划，是“211工程”和

“985 工程”的延续。正如《统筹推进世界一流大学和一流学科建设总体方案》所指出的，“多年来，通过实施‘211 工程’‘985 工程’以及‘优势学科创新平台’和‘特色重点学科项目’等重点建设，一批重点高校和重点学科建设取得重大进展，带动了我国高等教育整体水平的提升，为经济社会持续健康发展作出了重要贡献。同时，重点建设也存在身份固化、竞争缺失、重复交叉等问题，迫切需要加强资源整合，创新实施方式”。为了总结经验，加强系统谋划，加大改革力度，实现新时代建设高等教育强国的目标，国家启动了“双一流”建设。“双一流”建设的指导思想主要有两点：一是坚持党的全面领导，二是践行立德树人根本任务。“双一流”建设的总体目标是推动一批高水平大学和学科进入世界一流行列或前列，加快高等教育治理体系和治理能力现代化，提高高等学校人才培养、科学研究、社会服务和文化传承创新水平，使之成为知识发现和科技创新的重要力量、先进思想和优秀文化的重要源泉、培养各类高素质优秀人才的重要基地，在支撑国家创新驱动发展战略、服务经济社会发展、弘扬中华优秀传统文化、培育和践行社会主义核心价值观、促进高等教育内涵式发展等方面发挥重大作用。到 2020 年，若干所大学和一批学科进入世界一流行列，若干学科进入世界一流学科前列。到 2030 年，更多的大学和学科进入世界一流行列，若干所大学进入世界一流大学前列，一批学科进入世界一流学科前列，高等教育整体实力显著提升。到 21 世纪中叶，一流大学和一流学科的数量和实力进入世界前列，基本建成高等教育强国。“双一流”建设包括“五大建设任务”和“五大改革任务”，其中，“五大建设任务”是建设一流师资队伍、培养拔尖创新人才、提升科学研究水平、传承创新优秀文化、着力推进成果转化，“五大改革任务”是加强和改进党对高校的领导、完善内部治理结构、实现关键环节突破、构建社会参与机制、推进国际交流合作。2017 年 9 月，经国务院同意，教育部、财政部、国家发展改革委印发了《关于公布世界一流大学和一流学科建设高校及建设学科名单的通知》，首批共有 137 所大学入选（见表 6－1）。

表 6-1　首批“双一流”建设高校名单

世界一流大学建设高校（A类）36所				
北京大学 中国农业大学 大连理工大学 上海交通大学 中国科学技术大学 华中科技大学 重庆大学 国防科技大学	中国人民大学 北京师范大学 吉林大学 华东师范大学 厦门大学 中南大学 电子科技大学	清华大学 中央民族大学 哈尔滨工业大学 南京大学 山东大学 中山大学 西安交通大学	北京航空航天大学 南开大学 复旦大学 东南大学 中国海洋大学 华南理工大学 西北工业大学	北京理工大学 天津大学 同济大学 浙江大学 武汉大学 四川大学 兰州大学
世界一流大学建设高校（B类）6所				
东北大学 新疆大学	郑州大学	湖南大学	云南大学	西北农林科技大学
世界一流学科建设高校 95 所				
北京交通大学 北京林业大学 中国传媒大学 北京体育大学 中国政法大学 河北工业大学 延边大学 华东理工大学 上海财经大学 南京航空航天大学 江南大学 中国药科大学 福州大学 华中农业大学 广州中医药大学 西南石油大学 西南财经大学 长安大学 中国石油大学	北京工业大学 北京协和医学院 中央财经大学 中央音乐学院 天津工业大学 太原理工大学 东北师范大学 东华大学 上海体育学院 南京理工大学 南京林业大学 南京师范大学 南昌大学 华中师范大学 华南师范大学 成都理工大学 贵州大学 陕西师范大学 宁波大学	北京科技大学 北京中医药大学 对外经济贸易大学 中国音乐学院 天津医科大学 内蒙古大学 哈尔滨工程大学 上海海洋大学 上海音乐学院 中国矿业大学 南京信息工程大学 中国美术学院 河南大学 中南财经政法大学 海南大学 四川农业大学 西藏大学 青海大学 中国科学院大学	北京化工大学 首都师范大学 外交学院 中央美术学院 天津中医药大学 辽宁大学 东北农业大学 上海中医药大学 上海大学 南京邮电大学 南京农业大学 安徽大学 中国地质大学 湖南师范大学 广西大学 成都中医药大学 西北大学 宁夏大学 第二军医大学	北京邮电大学 北京外国语大学 中国人民公安大学 中央戏剧学院 华北电力大学 大连海事大学 东北林业大学 上海外国语大学 苏州大学 河海大学 南京中医药大学 合肥工业大学 武汉理工大学 暨南大学 西南交通大学 西南大学 西安电子科技大学 石河子大学 第四军医大学

“双一流”建设有利于推动我国高水平大学体系建设。在 137 所“双一流”大学中，有 42 所世界一流大学建设高校，36 所为 A 类，6 所为 B类，95 所世界一流学科建设高校，这是“纵向分化”；在“双一

流”建设高校中，既有综合性大学，又有行业特色型高校，既有理工科见长的高校，又有文科见长的高校，这是“横向分化”。“双一流”建设成效评价表明，该项目在三个方面推进高质量高等教育体系建设。一是人才培养层次明显提高。自第一轮“双一流”建设以来，人才培养层次和质量显著提高，研究生教育规模不断扩大。根据教育部公布的数据，“双一流”建设高校承担了全国超过80%的博士生和近60%的硕士生培养任务，是培养基础研究人才的主力军和科技创新人才的生力军。可以说，“双一流”高校是我国高层次人才培养的主要基地。二是知识创新能力显著提升。自“双一流”建设启动以来，137所“双一流”高校在知识创新方面取得了很大进步，产出了一大批高水平、标志性的学术成果，为引领和支撑经济社会发展做出了突出贡献。国家科学技术三大奖，高校获奖占比超过50%，其中，高校获奖80%以上集中在“双一流”建设高校。“双一流”建设高校发挥了学科综合优势，建立了一批代表国家水平的基础科学和工程应用创新基地，产出了80%以上的SCI论文。三是国际影响力不断扩大。“双一流”建设实施以来，中国高校在全球各种教育评价体系中的表现越来越突出，人才培养、科学研究在国际上获得越来越多的认可，越来越多的大学牵头组建或加入世界顶尖大学联盟，开展双边和多边学术合作，我国与发达国家之间签署了大量的相互承认学位、学历和文凭的双边协议。

经中央全面深化改革委员会第二十三次会议审议通过，2022年1月，教育部、财政部、国家发展改革委印发《关于深入推进世界一流大学和一流学科建设的若干意见》。经国务院批准，“双一流”建设高校及建设学科名单更新公布，新一轮建设正式启动。第一轮“双一流”建设2016年启动至2020年结束，各地各建设高校积极落实主体责任，不断深化认识，稳步推进人才培养、成效评价、科研管理等关键领域和关键环节改革创新。经过努力，到2020年年底，建设和引进了一批一流师资队伍，培养了一批拔尖创新型人才，高水平科学研究能力得到有效提升，一批重大科学创新、关键技术突破转变为先进生产力，若干所高校逐步跻身世界一流大学行列，材料科学与工程等一批学科逐步进入世界一流行列，量子科学等一些关键领域取得重要进展，高质量的一流大学和一流学科建设体系正在形成，为建设高等教育强国奠定了坚实基础。尽管“双一流”建设实施以来，各项工作有力推进，改革发展成效明显，推动高等教育强国建设迈上新的历史起点，但其中仍然存在高层次创新人才供给能力不足、服务国家战略需求不够精准、资源配置亟待优化等问题。根据首轮监测数据和成效评价，三部委依据党中央、国务院确定的“十四五”期间国家战略急需领域，按照“总体稳定，优化调整”的原则，经过“双一流”建设专家委员会研究，以需求为导向、以学科为基础、以比选为手段，确定了新一轮建设高校及学科范围。公布的名单共有建设高校 147 所。北京大学、清华大学自主建设的学科自行公布。为增强建设动力，完善约束机制，对第一轮建设成效并未完全达到预期，相比同类学科在整体发展水平、可持续发展能力和成长提升程度方面相对偏后的部分学科给予警示，相关学科应加强整改，2023 年接受再评价，届时未通过的，将调出建设范围。

新一轮建设的重点：一是加强党的全面领导，健全党委统一领导、党政齐抓共管、部门各负其责的体制机制，强化建设高校主体责任和责任落实，落实和扩大高校办学自主权，注重权责匹配、放管相济，积极营造专心育人、潜心治学的体制机制环境。二是牢牢把握立德树人根本任务，坚持用习近平新时代中国特色社会主义思想铸魂育人，坚持为党育人、为国育才，牢固确立人才培养中心地位，完善强化教师教书育人职责的机制，发挥“双一流”建设高校在培养急需高层次人才、基础研究人才中的主力军作用，培养卓越工程师和高水平复合型工科人才，积极服务世界重要人才中心和创新高地建设。三是坚持服务国家战略需求，瞄准科技前沿和关键领域，优化学科专业和人才培养布局，率先推进学科专业调整，夯实基础学科建设，加强应用学科与行业产业、区域发展的对接联动，推进中国特色哲学社会科学体系建设，推动学科交叉融合。四是打造高水平师资队伍，坚持引育并举汇聚优秀人才，完善创新团队建设机制，稳定支持具有创新潜力的青年人才培育培养。五是深化科教融合，支撑高水平科技自立自强，深入推进“高等学校基础研究珠峰计划”，加强关键领域核心技术攻关，集中力量开展高层次创新人才培养和联合科研，加强重大科研平台协同对接，服务国家创新体系建设。六是提升国际合作交流水平，探索与世界高水平大学双向交流的留学支持新机制，提升人才培养国际竞争力，深度融入全球创新网络，主动承担涉及人类生存发展共性问题的教育发展和科研攻关任务。七是优化管理评价机制，完善建设成效评价体系，探索分类评价与国际同行评议，构建以创新价值、能力、贡献为导向，反映内涵发展和特色发展的多元多维成效评价体系，优化以需求为导向、以质量为条件的动态调整机制，探索建设高校自主特色发展新模式。八是完善稳定支持机制，引导多元稳定投入，创新经费管理，对建设高校和学科实行差异化财政资金支持，强化基础保障，重点加强主干基础学科、优势特色学科、新兴交叉学科。

（二）地方大学向应用型转变

在行业高等教育体系时代，我国几乎所有的高校都是应用型的。但随着“211 工程”、“985 工程”以及“双一流”建设的推进，我国高等教育体系开始纵向分化，学术型大学受到追捧，高等教育体系同质化现象严重。其中，一个突出的现象是地方高校在学校定位及发展目标上盲目攀高，照搬照抄研究型大学的办学模式，一味追求与自身发展不相符的高层次发展，创办了与自身条件和资源禀赋不符的专业和学科，形成了学术型人才过剩而技术型人才短缺的局面。高等教育与工作世界脱节，学校关门办学，缺乏与产业的联系，形成学生就业难与企业缺乏合适人才并存的局面。在这种背景下，教育部逐步意识到，在我国高等教育体系中，研究型大学应是少数，经济社会发展更需要大批的应用技术型人才。2013 年，在教育部的推动下，一批以建设应用技术型大学为办学定位的地方本科院校在天津职业技术师范大学发起成立了应用技术大学（学院）联盟，先后有 100 多所高校加入联盟。2014 年，教育部酝酿启动高校转型改革，希望将 600 多所地方本科院校转型为应用技术型大学。2015 年 10 月，教育部、国家发展改革委、财政部联合发布《关于引导部分地方普通本科高校向应用型转变的指导意见》，其中明确提出，我国已经建立起世界上最大规模的高等教育体系，但存在高等教育结构性矛盾突出、同质化倾向严重、毕业生就业难和就业质量低的问题。为此，必须引导部分地方普通本科高校向应用型转变，推动高校转型发展。

《关于引导部分地方普通本科高校向应用型转变的指导意见》从四个层面提出了转型发展改革的主要任务。一是明确类型定位和转型路径。确立应用型的类型定位和培养应用型技术技能型人才的职责使命，以产教融合、校企合作为突破口，将行业、企业全方位深度参与作为转型发展的路径和推动力，搭建校企合作平台，服务区域、产业发展。二是从治理结构、专业体系、基础设施三个方面推动结构性改革，包括以校企合作治理为特点的治理结构，对接产业链、创新链的专业体系和以适应产业先进技术的实验实训实习条件建设为重点的基础设施建设。三是以产业转型升级、技术进步和社会建设需求为导向，在人才培养模式改革、创新创业教育、与中高职有机衔接、考试招生制度改革、双师型师资建设等方面深化改革，全面深化人才培养机制改革，加快应用型、技术技能型、复合型、科技创业型人才培养。四是以服务创新驱动发展战略为导向，推动试点高校全面融入区域、行业技术创新体系，将先进产业技术的转移、应用、积累和创新的要求贯穿到人才培养、科技创新、科技服务等各个层面，推动试点高校提升应用驱动、实践驱动的创新能力。

地方高校向应用型转变政策推动了我国高等教育体系的形成。应用型高校正式成为我国高等教育体系内不可或缺的一种高等教育类型，而且是高等教育生态体系中不断发展壮大的一类高校。在公共政策层面，我国高等学校分为研究型高校、应用型高校和职业型高校三大类。其中，少量的研究型高校，以培养拔尖创新人才为主；大量的专业型、应用型高校，以培养有良好理论基础的不同层次应用人才为主；更大量的职业型、技能型高校，以培养从事实际工作的技术人员为主。应该说，最近5年，我国在推进地方高校向应用型转变方面取得了重大进展。2019年，教育部在新春发布会上介绍了应用型本科高校发展的有关情况。广东、河南等20多个省（区、市）出台了引导部分普通本科高校向应用型转变的文件，300所地方本科高校参与改革试点，大多数是学校整体转型，部分高校通过二级学院开展试点，在校地合作、校企合作、教师队伍建设、人才培养方案和课程体系改革、学校治理结构等方面积极改革探索。为了进一步推动地方高校向应用型转变，教育部提出三点措施：一是支持各地调整优化高等教育布局结构，在高校设置工作中更加重视应用型本科高校，探索建立高等教育分类体系，推动高等学校多样化办学、特色化发展。二是推动高校招生计划向产业发展急需人才倾斜，提高应用型、技术技能型和复合型人才培养比重。新增高等教育招生计划主要向应用型、技术技能型人才培养倾斜。三是重点加强应用型本科高校实验实训实习环境、平台和基地建设，鼓励吸引行业企业参与，建设产教融合、校企合作、产学研一体的实验实训实习设施。

（三）高职“双高计划”

随着中国特色社会主义进入新时代，建立高质量的职业高等教育体系进入决策议程。2010 年发布的《国家中长期教育改革和发展规划纲要（2010—2020 年）》就已提出要建设现代职业教育体系。2013 年发布的《中共中央关于全面深化改革若干重大问题的决定》提出："加快现代职业教育体系建设，深化产教融合、校企合作，培养高素质劳动者和技能型人才。”2014 年 6 月，习近平总书记就加快建设现代职业教育体系做出重要指示，提出职业教育是国民教育体系和人力资源开发的重要组成部分，是广大青年打开通往成功成才大门的重要途径，肩负着培养多样化人才、传承技术技能、促进就业创业的重要职责，必须高度重视、加快发展。同年，国务院召开全国职业教育工作会议，印发了《关于加快发展现代职业教育的决定》，提出加快现代职业教育体系建设，发挥高等职业教育在优化高等教育结构中的重要作用，推动高等职业教育进一步发展。同年，《现代职业教育体系建设规划（2014—2020 年）》也配套出台，正式提出“系统构建从中职、专科、本科到专业学位研究生的培养体系”。2019 年，《国家职业教育改革实施方案》颁布，把发展高等职业教育作为优化高等教育结构和培养大国工匠、能工巧匠的重要方式，提出推进高等职业教育高质量发展。这对于高等职业教育逐渐成为一种不可替代的教育类型而言具有重要的指导意义。为落实《国家职业教育改革实施方案》，2019 年 4 月教育部、财政部发布了《关于实施中国特色高水平高职学校和专业建设计划的意见》，提出“集中力量建设50所左右高水平高职学校和150个左右高水平专业群，打造技术技能人才培养高地和技术技能创新服务平台，支撑国家重点产业、区域支柱产业发展，引领新时代职业教育实现高质量发展”。这就是高等职业教育的“双高计划”，为推进新时代高等职业教育高质量发展奠定基础。由此可见，党的十八大以来，职业教育体系建设的迭代发展反映了我国高等职业教育事业逐渐从量的扩张转向质的提升，高等职业教育发展的重点由提供充足的受教育机会转向提供高质量的教育，由重视学历体系构建转向学历教育与职业培训并重。

“双高计划”的推出对建设高质量的高等教育体系具有重要的意义。“双高计划”旨在提高高职办学质量，培养高水平职业技术人才，这与“双一流”建设是相对应的，可以视为职业教育领域的“双一流”建设。首先，“双高计划”的出台标志着职业教育作为一种教育类型为人们所接受和认可。经过多年的发展，我国职业教育已经发展成为一种区别于普通高等教育、具有典型特征的教育类型。我国现代高等职业教育，不再局限于专科层次，而是形成了涵盖专科职业教育、本科职业教育、专业学位研究生教育的完整、独立的教育体系，职业教育的“纵向贯通、横向融通”逐步成为共识。其次，“双高计划”重视教育体系与社会体系的融通。高等职业教育不同于普通高等教育的一个突出特点是需要政府部门、行业企业、社会组织以及学校等协同发展，需要学校积极开门办学，推进产教融合和校企合作。为了深入落实产教融合和校企合作，政府出台专门的政策，鼓励地方政府和高职院校积极探索具有中国特色的高等职业教育办学之路。最后，“双高计划”主张职普融通。职业教育体系是一个开放的系统，在高等教育系统外部表现为加强高等教育与工作世界的联系，加强产教融合、校企合作。在高等教育系统内部，纵向上主张大中小学一体化建设，推进职业素养教育通识化、终身化，职业教育不但要渗透进基础教育，培养学生的动手能力和实践技能，而且要与继续教育衔接，建设学习型社会；横向上，要与普通高等教育沟通，探索职普融通的渠道和路径，推动学习和成才的多样化。

（四）强国建设与中国特色高等教育体系

党的十九大报告明确提出：“经过长期努力，中国特色社会主义进入了新时代，这是我国发展新的历史方位。”这是一个在新的历史条件下全面建设社会主义现代化国家的时代。这个时代的主要标志是社会主要矛盾的改变，即社会主要矛盾从“人民日益增长的物质文化需要同落后的社会生产之间的矛盾”转化为“人民日益增长的美好生活需要和不平衡不充分的发展之间的矛盾”。新时代国家发展战略因此也发生了相应改变，由“以经济建设为中心”转变为“全面建设现代化强国”。

建设现代化强国需要建立一个高等教育的新体系。这种体系应该能够应对外部环境挑战，回应各种外部需求。第一种挑战是普及化带来的多样性需求。2019年，中国高等教育的毛入学率达51.6%，正式进入普及化阶段。普及化意味着高等教育需求的多样性，人们希望高等教育体系向所有人群开放。学生异质性的不断增长导致界定多样性的层面也在不断增加，新的面向不同群体的机构、新的招生需求、新的教育需求、新的教育方法都产生了，这将影响并改变高等教育体系。第二种挑战是数字化、智能化带来的现代信息技术与教育教学的深度融合。信息化时代，远程信息处理手段日新月异，信息无处不在、无时不在。这不仅影响了作为高等教育体系核心的教学、学习、科研过程，而且重塑了传授系统，甚至产生虚拟大学。这为满足学生个性化的需求提供了契机，也给教育教学带来了挑战。第三种挑战是知识经济带来的中学后教育市场的扩展。知识经济时代越来越要求为年长的学生提供中学后学习机会，为那些寻求高级文凭的人、寻求职业提高以及职业培训的人提供继续教育。这些市场主要面向非传统性的学生，他们有着特殊的课程兴趣、新的学习需求，这常常需要新的传授模式来实现。这是一个规模巨大的市场，吸引着许多私有机构、培训和发展公司、商业和政府组织中的培训机构。第四种挑战是创新驱动发展战略带来的产教融合。创新驱动发展战略要求高校与企业合作培养产业需要的人才以及高校通过科技创新直接促进区域和国家经济发展。这种需求已经促使学校和教师将教学和科研更紧密地与产业的生产需求结合起来，创业型大学模式兴起。

第五种挑战是国际化带来的教育资源全球配置。高等教育全球化正成为推动高等教育体系变革新的驱动力。全球化不仅意味着教师、学生等高等教育资源的全球流动与配置，也意味着学校的教学与研究更加关注国际和全球问题。

这些环境压力将重塑中国高等教育体系。为应对普及化、数字化、市场化、全球化的影响，西方兴起了用以代替传统高等教育概念的“中学后知识产业”概念。因为中学后知识产业不仅植根于传统的高等教育机构中，而且包括商业与政府的培训项目、虚拟机构和传授系统、面向特殊人群的教育机构、一些提供中学后教育服务的计算和娱乐公司。应该说，中学后知识产业给中国高等教育体系带来全方位的、意义重大的机遇与挑战。从中学后知识产业的角度看，中国高等教育体系存在两个突出问题：一个是高等教育体系与经济社会发展脱节，另一个是以高等教育体系的纵向多样性代替横向多样性。前者表现为高等教育体系建设游离于经济社会发展之外，高等教育体系成了一个相对封闭的系统，与经济社会发展联系不够紧密，面向战略性新兴产业和企业技术进步的科技创新成果不多，难以发挥支撑引领作用。产学合作流于形式，高校无法培养真正适合企业需要的人才，形成了大学生“就业难”与企业“用工荒”同时并存的局面。后者表现为中国高等教育体系以分层为主要特征。在资源配置的国家中心模式下，高等教育体系形成了“双一流”建设高校、地方应用型高校、高等职业院校的金字塔结构，高等教育体系只有纵向联系，缺乏横向沟通，由此导致高校的趋同化。

新时代中国高等教育体系建设将是“自上而下”与“自下而上”的结合，既要遵循国家中心战略，加强顶层设计；又要遵循市场导向战略，发挥基层首创精神。也就是说，要充分发挥政府和市场在高等教育体系建设中的作用，以资源配置引导高校准确定位、办出特色，促进高等教育的多样性。具体说来，一是建设以形成“全球高等教育中心”为目的的“双一流”高校体系。“双一流”建设高校的目标是建设世界一流大学，要面向世界科技前沿，面向国家创新驱动发展战略，面向经济建设的主战场，建设一批世界一流学科，为全球人才中心建设和全球科技中心建设提供有力支撑。二是建设以形成“区域知识创新中心”为目的的地方高校体系。要充分发挥地方高校在区域创新体系中的作用，重视区域高等教育与区域经济社会的协同发展，推动地方高校向应用型转变。三是建设以实现“中国智造”为目的的高等职业教育体系。高等职业教育是高等教育体系的重要组成部分，是实现“中国制造”向“中国智造”转型的支撑力量。随着中国产业由劳动密集型、技能密集型向科技密集型、创新密集型转变，高等职业教育既要加强与普通高等教育的横向融通，也要纵向提升办学层次，拓展高等职业教育由专科向本科、硕士的纵向流动渠道。

四、新时代教育评价改革与高等教育治理现代化

推进高等教育体系的分化需要相应调整教育评价体系。高等教育治理的核心问题有两个，一个是权力配置问题，另一个是资源配置问题，而权力配置和资源配置的依据是评价。在现代社会，没有评价就没有治理。因此，推进高等教育治理现代化的关键在于教育评价体系改革。教育评价事关教育发展方向，有什么样的评价指挥棒，就有什么样的办学导向。

（一）科层式治理与问责性评价

在计划经济时代，我国高等教育实行科层式治理。所谓科层式治理，就是遵循行政逻辑，依靠层级化、劳动分工、专业化、正式规范等方式协调高等教育系统。科层式治理的突出特点是科层制与政治化相互建构。在权力配置上，强调权力的层级化与集中化；在资源配置上，遵循国家中心模式；在评价上，推行问责性评价。作为政府主导的教育评价，问责性评价遵循管理主义逻辑。

回顾我国问责性评估的发展历程，大致可以分为三个发展阶段。

第一个阶段是开创期（1983—1992 年）。1983 年，教育部在武汉召开了改革开放后的第一次高等教育工作会议，这次会议首次提出在我国建立高等教育评估制度和开展高等教育评估理论研究的设想，并组织力量进行高等教育评估研究工作。1985 年颁布的《中共中央关于教育体

制改革的决定》首次提出在高等教育体制改革中对高等教育活动进行定期评估的要求，并首次提出对高等学校的办学水平进行评估的概念。为了落实这一精神，同年6月，教育部在镜泊湖召开了全国高等工程教育评估问题专题研讨会，这是我国有领导、有组织、有计划地开展高等教育评估研究和实践活动的开端。根据这次会议精神，1985年11月国家教委颁布了《关于开展高等工程教育评估研究和试点工作的通知》，一些地方开始启动高校办学水平、专业、课程的评估试点工作。1985—1989年，国家教委联合其他中央部委以及相关专业指导委员会和课程教材编委会，根据经济社会发展的需求，结合高校的实际情况，有计划、有重点地对80多所工程类院校开展了教育评估试点工作，这是我国开展问责性评价的起点。在总结工程教育评估试点工作经验的基础上，1990年国家教委发布了《普通高等学校教育评估暂行规定》，对高等教育评估的性质、目的、任务、指导思想、基本形式等做了明确规定，这是我国第一部关于高等教育评价的规范性文件。

第二个阶段是探索期（1993—2002年）。进入20世纪90年代，我国高等教育评估的重点开始由工程教育领域向整个高等教育体系延伸。1993年发布的《中国教育改革和发展纲要》明确提出，要建立各级各类教育的质量标准与评估指标体系，对高等教育要通过多种形式进行质量评估和检查，试点进行硕士点和博士生导师质量监督和评估工作。从1994年开始，国家教委开始有计划、有组织地实施对普通高校的本科教学工作水平评估。本科教学工作评估主要有三种形式：第一种是合格评估，始于1994年，评估对象是1976年后新建的本科教育历史较短、基础较薄弱的学校，旨在促使这类学校达到国家规定的基本办学水平和质量。第二种是优秀评估，始于1996年，评估对象是100所左右本科教育历史较长、基础较好、工作水平较高的学校，旨在促使这类学校深化改革和办出特色。第三种是随机性水平评估，始于1999年，评估对象是介于上述两类学校之间的普通院校，旨在监测这类学校的办学质量。2002年，在总结这三种评估经验的基础上，教育部将合格评估、优秀评估和随机水平评估三种方案合并为一个评估方案，即《普通高等学校本科教学工作水平评估方案（试行）》。应该说，这个阶段评估的制度化建设取得了重要进展。1995年3月颁布的《中华人民共和国教育法》规定，“国家实行教育督导制度和学校及其他教育机构教育评估制度”。1998年8月通过的《中华人民共和国高等教育法》规定，“高等学校的办学水平、教育质量，接受教育行政部门的监督和由其组织的评估”。以法律形式重申要在我国建立高等教育评估制度。

第三个阶段是成熟期（2003年至今）。随着高等教育进入大众化，建立周期性高等教育评估制度被提上议事日程。2004年2月10日，教育部在《2003—2007年教育振兴行动计划》中，明确提出实行以五年为一个周期的全国高等学校教学质量评估制度。2004年8月，教育部高等教育教学评估中心正式成立。这是中央政府教育主管部门正式成立的高等教育评估专责机构，是教育部直属的行政性事业单位，其主要职责是组织实施高等学校本专科的教育评估工作。2003—2008年，教育部统一组织对我国于2001年前取得本科学位授予资格的589所普通高校进行了首轮本科教学工作水平评估。这是我国高教史上参与学校最多、涉及面最广、影响力最大的一次评估。由于首轮本科教学工作水平评估“过于刚性”和“统得过死”，2011年发布的《教育部关于普通高等学校本科教学评估工作的意见》和2013年发布的《教育部关于开展普通高等学校本科教学工作审核评估的通知》调整了工作思路，对新一轮评估重新进行了设计，提出了审核性评估新方案。审核性评估新方案中的一个突出特点是分类开展院校评估，具体说：一是对2000年以来没有参加过院校评估的新建本科院校实行合格评估，二是对参加过上一轮本科教学工作水平评估的589所普通高校和通过合格评估的新建本科院校开展审核评估。审核性评估重点考察学校内部质量保障体系的建设和运行情况，用学校自己的标准评价学校自己的情况，结果不分等级并以写实性报告的形式体现。值得一提的是，在国家层面的高等教育质量评估体系中，还有教育部学位和研究生教育发展中心负责的学科评估。2003年，教育部学位和研究生教育发展中心成立，这也是一个教育部直属的行政性事业单位，其主要职责是开展学位与研究生教育的评估、评审监测工作。

问责性评价是科层式治理的主要手段，其弊端是导致不利的比较和不良的竞争，导致“问责恐惧症”；评价者与被评价者处于不对等的地位，忽视利益相关者的主张、焦虑和争议。

（二）市场式治理与排名性评价

进入社会主义市场经济时代，我国高等教育逐步探索市场式治理。所谓市场式治理，就是遵循市场逻辑，强调人们通过自愿的相互交换达到彼此的目的，没有人为整个社会做出决策，所有人为自己做出的决策负责。市场式治理的突出特点是绩效优先和自主决策。在权力配置上，强调权力的非中心化；在资源配置上，遵循市场导向模式；在评价上，重视排名性评价。作为商业机构提供的教育评价，排名性评价遵循科学主义逻辑。

排名性评价是指按照一套共同适用的评价指标对大学工作进行赋值评分，并按照分数高低顺序对大学进行排名。最早的排名性评价来源于美国。1911 年，美国教育部公布了美国大学协会的 344 所大学的排名报告。我国排名性评价是随着社会主义市场经济的建立而逐步发展起来的。1993 年，国务院批转国家教育委员会《关于加快改革和积极发展普通高等教育的意见》，该意见明确提出，社会各界要积极支持和直接参与高等学校的建设和人才培养、评估办学水平和教育质量。2002 年，教育部、科技部在《关于充分发挥高等学校科技创新作用的若干意见》中强调：“改进和完善科研评价制度。合理利用 SCI 在科研评价方面的作用，从重视科研论文的数量向重视论文质量转变，从重视论文向论文与专利并重转变，取消政府导向的 SCI 排名。严格区分政府评价与学术界自我评价。政府评价要根据不同科研性质、不同研究领域来制定科学合理的科研评价指标体系。简化科研评价环节，适当延长评价周期，使评价工作与科研工作的规律和特点相适应。改变科研评价工作中的急功近利倾向，逐步培育和依托社会中介组织开展评价活动，建立独立的社会化科研评价体系。”这些文件是社会开展排名性评价的政策依据。我国排名性评价主要经历了三个发展阶段。

第一个阶段是初创期（1987—1992 年）。1987 年，中国管理科学研究院以美国费城科学情报研究所公布的《科学引文索引》（SCI）为数据源，在《科技日报》上发布了《1987 年我国科学计量指标的排序》，公布了对我国 87 所重点大学的排名。这个只有一个指标的大学排行榜标志着我国开始对大学定量排名进行研究。1992 年 4 月，湖南大学张英、于一凡、龚志勇、李西田根据国家教委科技司编写的 1985 年到 1989 年《高等学校科技统计资料汇编》中的数据，发布了《1992 年全国 86 所重点高校 1985—1989 年科技活动评价》的报告，报告以详细的量化手段对全国 86 所重点大学进行排名，这是国内首次对不同成果取不同权重的大学排名。1992 年 12 月，国家科委在《人民日报（海外版）》上以《中国排出大学四强》为标题，公布了占我国大学四强排名以及另外 10 所大学的名次。该排名包括三个指标，即国际刊物发表论文数、国内刊物发表论文数、被国际期刊论文引用频次。这是国内首次使用引文数据评价大学，也是迄今为止以政府名义发布的大学排名。

第二个阶段是探索期（1993—2002 年）。社会主义市场经济体制的确立推动了排名性评价的快速发展。这个阶段的突出特点是社会性的排名机构急剧增加，排名对象逐步扩展，排名指标日趋多样，社会关注度日渐上升。1993 年 6 月，广东管理科学研究院以《中国大学评价——1991·研究与发展》为题，按照以成果为主、投入产出比为辅发布了中国大学 100 强。自此之后，广东管理科学研究院连续发布“中国大学评价”，排名覆盖的大学越来越多。1995 年，学位与研究生教育评估所在《中国高等教育评估》杂志上发布了“1994 年中国研究生院评估排行榜”。1996 年，《中国高等教育评估》杂志根据办学基本条件、学科建设及成果、学生质量等指标，发布了“中国高等学校排行榜”，排出中国最佳大学 30 强，这是国内第一个综合性大学排行榜。1997 年，中国科学院文献情报中心发布了《1996 年中国科学引文数据库部分统计结果》，排出了 1996 年被《中国科学引文数据库》（CSCD）收录论文最多的 20 所大学。1998 年，中南工业大学高等教育研究所发布了《1998 年我国高校培养高层次人才的综合实力比较》报告，排出了中国大学培养高层次人才综合实力 100 强。1999 年，莱比格信息技术（深圳）有限公司参照《美国新闻与世界报道》的评价体系，发布了“1999 年中国大学排行榜”，公布了学术声誉最好的 25 所高校、师资队伍最好的 25

所高校、新生质量最好的25所高校。自1999年开始，网大（中国）有限公司连续发布中国大学排行榜。2001年，中央教育科学研究所和《中国青年》杂志社共同发布“我心目中10所最好的国内大学”，这是我国第一次采用社会公众随机投票方式产生的大学声誉排名[①]。此后，中国校友会网、武汉大学中国科学评价研究中心、《广州日报》等机构都发布了各自的大学排行榜。

第三个阶段是拓展期（2003年至今）。拓展期的标志是世界大学排名的兴起。虽然大学排名是西方的舶来品，但是世界排名却是我国的首创。1999年，中国启动旨在建设世界一流大学的“985工程”，为了检测“985工程”的建设成效，教育部委托上海交通大学研究世界大学的可比指标。2003年，上海交通大学高等教育研究所在其官网上发布了“2003年世界大学学术排行榜”，采用教育质量、教师水平、科研成果、师均发表等指标，公布了世界大学学术排行。这是全球第一个世界大学排行榜，这个排行榜在全球高等教育界产生了巨大影响。受此鼓舞，2004年，英国QS公司开始发布世界大学排行榜，评价指标包括同行评价（40%）、全球雇主评价（10%）、生师比（20%）、师均引文（20%）、国际化（10%）；英国《泰晤士报》自2010年开始发布世界大学排行榜，评价指标包括教学（30%）、研究（30%）、被引频次（30%）、国际视野（7.5%）、工业收入（2.5%）；《美国新闻与世界报道》自2014年开始发布世界大学排行榜，评价指标包括全球研究声誉（12.5%）、区域研究声誉（12.5%）、出版（10%）、专著（2.5%）、学术会议（2.5%）、归一化引用指数（10%）、总被引次数（7.5%）、前10%高被引文献（12.5%）、前10%高被引文献占比（10%）、国际合作（5%）、国际合作论文发表占比（5%）、前1%高被引论文（5%）、前1%高被引论文占比（5%）。随着我国“双一流”建设的实施，这些世界大学排行榜在我国高等教育治理中发挥了越来越大的作用。这些世界大学排行榜具有四个特点：一是重规模轻质量，二是重科研轻教学，三是重投入轻产出，四是重自然学科轻人文社会学科。

排名性评价是市场式治理的主要手段，其弊端是科学主义评价貌似

① 武书连．中国大学排名综述．科学学与科学技术管理，2001，22（8）：10-16.

精确其实模糊，加之商业化运作，“花钱买排名”现象频出；大学过于关注量化指标，产生唯论文、唯帽子、唯职称、唯学历、唯奖项等“五唯”顽疾。

（三）网络式治理与教育评价改革

科层式治理的“政府失灵”和市场式治理的“市场失灵”呼唤新的治理模式，高等教育治理现代化成为时代课题。在这种背景下，网络式治理被引入高等教育领域。所谓网络式治理，就是要充分发挥政府和社会组织在高等教育治理中的作用，让政府和社会组织在公共治理过程中相互协作，形成一种相对稳定的关系形态。这种治理模式既不同于传统的政府计划干预，也不同于自由市场的资源配置。如果说科层式治理依靠政府问责，市场式治理重视高校自我问责，那么网络式治理则强调社会问责。所谓社会问责，是指通过社会参与来改进政府问责的一种模式。由于我国独特的文化、独特的历史、独特的国情，政府在高等教育治理中一定会发挥主导作用，但同时要发挥市场在高等教育治理中的作用，形成“有为政府、有效市场”的治理格局。从这个意义上来看，网络式治理整合了科层式治理和市场式治理两种模式，为新时代教育评价改革提供了理论依据，将推动我国教育评价由政府问责转向社会问责。

社会问责问题在我国高等教育治理中是一个管办评分离的问题。2010年中共中央、国务院发布的《国家中长期教育改革和发展规划纲要（2010—2020年）》明确提出“明确各级政府责任，规范学校办学行为，促进管办评分离，形成政事分开、权责明确、统筹协调、规范有序的教育管理体制”，首次将管办评分离写入中央文件。2013年，党的十八届三中全会通过《中共中央关于全面深化改革若干重大问题的决定》，提出全面深化改革的总目标是完善和发展中国特色社会主义制度，推进国家治理体系和治理能力现代化，对深化教育领域综合改革进行了全面部署，提出深入推进管办评分离，扩大省级政府统筹权和学校自主权，完善学校内部治理结构，强化国家教育督导，委托社会组织开展教育评估监测。2015年，教育部印发了《关于深入推进教育管办评分离　促进政府职能转变的若干意见》，明确了管办评分离改革的时间表和路线图，提出到2020年，基本形成政府依法管理、学校依法自主办学、社会各界依法参与和监督的公共治理新格局。在管办评分离的格局下，第三方评估机构是我国高等教育评估体系的重要力量和有益补充。传统的政府主导问责性评价，因为政府既是裁判员又是运动员，其客观性和公正性受到质疑。为改进政府问责，要积极发展和培育第三方评估机构，将市场能做的还给市场，将行业能管的交给行业。评估作为专业性事务，应该按照政事分开的原则，由政府统筹各方面力量进行宏观管理，委托相应的评估机构实施。

新时代教育评价改革立足社会问责，针对“五唯”顽疾进行顶层设计。事实上，“五唯”顽疾是“洋标准”在我国高校泛滥的症候群。在市场治理模式下，中国“双一流”建设让世界大学排名机构嗅到了“商机”，纷纷登陆中国，以中国为主要经营市场，试图控制中国大学评价的话语权。“洋标准”的泛滥对我国高等教育治理产生了严重的不良影响。第一，冲击了中国大学的办学道路。大学排名在西方原本是一个生意，但在中国成了有些“双一流”建设高校办学的指挥棒。部分“双一流”高校，不按照教育规律办学，不按照学校制定的发展战略办学，而是按照各种境外大学排行榜评价标准办学，完全背离了大学正常的办学道路。第二，冲击了中国高等教育评价体系。改革开放40多年来，中国教育督导实现了由督政、督学向评估监测转变。在这个过程中，我们逐步建立起一套有中国特色的高等教育评价体系。然而，受“洋标准”的影响，我们将“管办评分离”狭隘地理解为“政府管教育、大学办教育、社会评教育”，认为政府没有评价教育的权力，只能让“第三方机构”来对大学进行评价。第三，冲击了中国的学科体系。学科体系具有地域性和国别性。中国的学科分类逻辑不同于美国的学科分类逻辑。美国ESI学科体系将学科分为22个，美国Web of Science将学科细分为250个小类；中国的学科体系将学科分为14个门类117个一级学科。作为高等教育的国家标准，学科分类体系属于国家政策范畴，具有极高的权威性。当前，部分“双一流”建设高校不遵照中国自己的学科体系办学，而是依据国际排行榜确立的学科分类标准办学。第四，冲击了中国特色高等教育体系。一个国家的高等教育是与一个国家的文化模式相适应的。习近平总书记强调，中国有独特的历史、独特的文化、独特的国情，决定我们只能走中国特色的教育现代化之路，扎根中国大地办大学。中国传统高等教育强调立德树人和政治功能。这种传统与西方的“3A 原则”（学术自由、学术自治、学术中立）不一样。在“洋标准”的导向下，中国的“大学之道”被贬得一文不值，中国大学失去“文化自信”。

2020 年 10 月，中共中央、国务院发布了《深化新时代教育评价改革总体方案》。首先，该方案将教育评价改革上升到推进教育治理体系和治理能力现代化的高度，提出坚持以立德树人为主线，以破“五唯”为导向，以政府、学校、教师、学生、社会五类主题为抓手，做到政策系统集成、举措破立结合、任务协同推进。其次，确立了新时代教育评价改革的五大原则：一是坚持立德树人，围绕“为党育人、为国育才，确保教育正确发展方向”实施教育评价改革；二是坚持问题导向，从党中央关心、群众关切、社会关注的问题切入，有破有立、破立并举；三是坚持科学有效，提出了“四个评价”的思想，即改进结果评价、强化过程评价、探索增值评价、健全综合评价；四是坚持统筹兼顾，针对不同主题、不同学段、不同类型教育特点，分类设计，探索改革的系统性、整体性、协同性；五是坚持中国特色，坚持扎根中国、融通中外、立足时代、面向未来，坚定不移走中国特色社会主义教育发展道路。最后，从治理现代化角度设计评价改革方案。在宏观的大学外部治理层面，围绕政府评价、学校评价、用人评价设计方案。在政府评价方面，破“短视行为和功利化倾向”，立“推进科学履行职责”，提出了三个“不得”，即不得下达升学指标或以中高考升学率考核下一级党委和政府、教育部门、学校和教师，不得将升学率与学校工程项目、经费分配、评优评先等挂钩，不得通过任何形式以中高考成绩为标准奖励教师和学生。在用人评价方面，破“文凭学历至上等不合理用人观”，立“以品德和能力为导向的人才使用机制”，提出一个“不得”，即在招聘公告和实际操作中不得将毕业院校、国（境）外学习经历、学习方式作为限制性条件。在学校评价方面，破“重智育轻德育、重分数轻素质等片面办学行为”，立“立德树人落实机制”，提出四个“不得”，即规范高校教师聘用和职称评聘条件设置，不得将国（境）外学习经历作为限制性条件；不得将论文数、项目数、课题经费等科研量化指标与绩效工作分配、奖励挂钩；不得把人才称号作为承担科研项目、职称评聘、评优评奖、学位点申报的限制性条件，有关申报书不得设置填写人才称号栏目；依据实际贡献合理确定人才薪酬，不得将人才称号与物质利益简单挂钩。在高等学校评价领域，提出了“1＋8 改革”，即分类评价、本科教学评估、学科评估、应用型本科评价标准、“双一流”建设成效评价、师范院校评价、高校经费使用绩效评价、高校国际交流合作评价、高校服务全面终身学习情况评价。在微观的大学内部治理层面，围绕教师评价、学生评价设计方案。在教师评价方面，破“重科研轻教学、重教书轻育人等现象”，立“潜心教学、全心育人”，提出高校教师评价必须坚持把师德师风作为第一标准，突出教育教学实绩，强化一线学生工作，改进高校教师科研评价，推进人才称号回归学术性、荣誉性。在学生评价方面，破“用分数给学生贴标签的不科学做法”，立“德智体美劳全面发展的育人要求”，提出从入口、过程、出口三个环节设计评价方案，即深化考试招生制度（入口），树立科学成才观念，重视德育评价、体育评价、美育评价、劳动教育评价（过程），严格学业标准（出口）。

结语

建设中国特色高等教育体系

建设中国特色高等教育体系不但是历史发展的必然，也是现实需求。马克思、恩格斯曾经指出：“一切划时代的体系的真正的内容都是由于产生这些体系的那个时期的需要而形成起来的。”中国特色高等教育体系的形成离不开中国的独特历史和现实国情。中国当代最鲜明的时代主题是实现中华民族伟大复兴的中国梦，这对高等教育提出了新需求。首先，成为世界经济中心需要建立中国特色高等教育新体系。人类社会已经进入了一个“创新密集型产业”新时代，经济社会发展越来越依靠知识与创新。中国实现经济社会可持续发展、成为世界经济中心，需要高等教育体系提供智力支撑和人才保障。其次，成为世界科技中心要求建立中国特色高等教育新体系。最近 500 年来，世界科技中心呈现出周期性转移现象，迄今已经发生四次转移，先后产生了五个世界科技中心，依次是意大利、英国、法国、德国、美国，这些国家之所以成为世界科技中心，是因为在很长一段时间内发展出卓越的现代科学和拥有自给自足的能力。中国要成为新的世界科技中心、建成科技强国，必须加快建成世界高等教育中心。中国拥有世界上最大规模的高等教育体系，要进一步加强内涵建设，建设一批世界一流大学，推动地方大学向应用型大学转变，加强职业技术教育；优化高等教育结构，推动分类发展，促进高等教育适应社会需求；加强继续教育，建设学习型社会。最后，增强国际话语权需要建设中国特色高等教育新体系。习近平总书记强调，要加强话语体系建设，着力打造融通中外的新概念新范畴新表述，讲好中国故事，传播好中国声音，增强在国际上的话语权。高等教育在传承与创新文化中发挥关键作用，加强国际传播能力和对外话语体系建设离不开中国特色高等教育新体系建设。

展望未来，建设中国特色高等教育新体系必须坚持三个基本原则。一是坚持中国逻辑。习近平总书记指出，中国有独特的历史、独特的文化、独特的国情，决定我们只能走中国特色的高等教育现代化之路，扎根中国大地办大学。建设中国特色高等教育新体系要扎根中华优秀传统文化、扎根国家制度、扎根基本国情、扎根教育规律。二是坚持社会需求逻辑。中国特色高等教育新体系建设既要遵循学术逻辑，也要遵循社会需求逻辑。要加强高等教育体系与经济社会发展的联系，加强高等教育体系建设与现代化强国建设的联系，全面推动产教融合、军民融合、校企合作，全面优化高等教育体系的外部关系。三是坚持整体性原则。要充分发挥政府和市场两种手段，加强高等教育体系的整合，以体系支撑现代化强国建设。加强高等教育体系的整体性、系统性、协调性，不仅要重视高等教育体系的纵向联系，也要重视高等教育体系的横向沟通。从纵向来看，要协调好服务国家战略的“双一流”建设高校和服务区域发展的地方本科高校之间的关系；从横向来看，要协调好普通高等教育体系与职业高等教育体系之间的关系。

高等教育大事记
（1921 年 7 月—2022 年 2 月）

1921 年

7 月　中国共产党诞生。党的一大将加强对工人群众的马克思主义教育作为党在当时的主要任务。此后，党的历次全国代表大会都有对教育的重要论述。

8 月　毛泽东、何叔衡等在长沙创办湖南自修大学。该大学以“研究马列主义，注重社会实践”为办学宗旨，是一所传播马克思主义和培养革命干部的学校，为中国共产党早期培养了大批人才。湖南自修大学“吸取古代书院与现代学校二者之长，研究各种学术，以期发明真理，造就人才，使文化普及于平民，学术周流于社会”，是共产党人对传统教育改革的尝试。

1924 年

7 月　中国共产党倡议并主持的第一届农民运动讲习所在广州举办，彭湃任讲习所主任，后由毛泽东主持。农民运动讲习所共举办了六届，培养了大批农民运动干部。

1929 年

12 月 28 日　毛泽东在其起草的《中国共产党红军第四军第九次代表大会决议案》（古田会议决议）中提出“十大教授法”：启发式（废止注入式）、由近及远、由浅入深、说话通俗化（新名词要释俗）、说话要明白、说话要有趣味、以姿势助说话、后次复习前次的概念、要提纲、干部班要用讨论式。

1931 年

11 月 7 日至 20 日　中华苏维埃第一次全国代表大会通过《中华苏维埃共和国宪法大纲》，规定中华苏维埃政权以保证工农劳苦民众有受教育的权利为目的。

1934 年

1 月 24 日　毛泽东在中华苏维埃第二次全国代表大会上指出，苏维埃文化教育的总方针，在于以共产主义的精神来教育广大的劳苦民众，使文化教育为革命战争与阶级斗争服务，使教育与劳动联系起来，使广大中国民众都成为享受文明幸福的人。

2 月 16 日　中华苏维埃共和国临时中央政府人民委员会颁布《中华苏维埃共和国小学校制度暂行条例》《小学教员优待条例》。

1936 年

6 月 1 日　中国人民抗日红军大学在瓦窑堡成立，后改名为中国人民抗日军政大学，是一所开展军事教育的学校，旨在培养红军干部、革命知识青年。

1937 年

7 月　中共中央决定创办陕北公学，并于 8 月任命成仿吾为陕北公学校长兼党组书记。陕北公学实行党团领导下的校长负责制，直属中央组织部、中央宣传部领导，是中国共产党中央直接领导创办的一所革命的大学。

8 月 25 日　中共中央政治局扩大会议提出，抗日的教育政策是，改变教育的旧制度、旧课程，实行以抗日救国为目标的新制度、新课程。

1939 年

7 月 7 日　由陕北公学、鲁迅艺术学院、延安工人学校、安吴堡战时青年训练班四校合并组成的华北联合大学在延安宣告成立，华北联合大学是中国共产党在敌后办起的第一所高等学府，被誉为“插在敌人心脏上的一把剑”。

1941 年

7 月 30 日　中共中央决定将泽东青年干部学校、中国女子大学、“后期陕公”三校合并，命名为延安大学，此次合校是特定历史时期中国共产党高等教育改革的一次尝试。

1943 年

2 月 14 日　陕甘宁边区教育厅发出指示，提出边区教育的实施方针是：第一在职干部教育，第二学校干部教育，第三社会教育，第四国民教育。

1945 年

4 月 24 日　毛泽东在党的七大做的《论联合政府》的报告中重申，中国应当建立自己的民族的、科学的、人民大众的新文化和新教育。

1948 年

8 月 24 日　华北联合大学和北方大学合并为华北大学，以便集中力量扩大办学规模，为迎接全国解放培养大批建设干部。

10 月 10 日　《中共中央关于九月会议的通知》提出，夺取全国政权的任务，要求我党迅速地有计划地训练大批的能够管理军事、政治、经济、党务、文化教育等各项工作的干部。解放区的学校教育工作必须恢复和发展。

1949 年

9 月 29 日　中国人民政治协商会议第一届全体会议通过《中国人

民政治协商会议共同纲领》，规定中华人民共和国的文化教育为新民主主义的，即民族的、科学的、大众的文化教育。

10 月 1 日　中华人民共和国成立，结束了中国半殖民地半封建社会，从此，中国人民在中国共产党的领导下，走上了建设社会主义的道路。

12 月 16 日　政务院通过《关于成立中国人民大学的决定》，12 月 19 日，教育部颁布《关于中国人民大学实施计划的决定》。

12 月 23 日—31 日　第一次全国教育工作会议召开，提出教育必须为国家建设服务，学校必须向工农开门；要以老解放区新教育经验为基础，吸收旧教育有用经验，借助苏联先进的教育经验，建设新民主主义教育。

1950 年

5 月 5 日　政务院颁布《各大行政区高等学校管理暂行办法》。

6 月 1 日—9 日　中央教育部召开第一次全国高等教育会议。

7 月 28 日　政务院第 43 次政务会议通过《关于高等学校领导关系的决定》，全国高等学校以由中央人民政府教育部统一领导为原则。批准《高等学校暂行规程》《专科学校暂行规程》《私立高等学校管理暂行办法》，并于 1950 年 8 月 14 日颁布。

1951 年

8 月 10 日　政务院第 97 次政务会议通过《关于改革学制的决定》，于 10 月 1 日由政务院命令颁布。

1952 年

5 月　为适应国家建设的需要，整顿与加强综合大学，发展专门学院，教育部颁布《关于全国高等学校 1952 年的调整设置方案》，自 1951 年起，全国高校根据国家建设的整个计划和各地区的具体情况，有计划有步骤地进行全面或重点调整，即“52 年院系调整”。

10 月 28 日　教育部颁布《关于在高等学校有重点地试行政治工作

制度的指示》。

11月15日　成立高等教育部主管全国的高等教育，马叙伦是第一任高等教育部部长。

1953年

5月29日　为使高等教育密切联系实际，有计划地培养各类高级建设人才，以适应国家大规模经济建设的需要，政务院第180次政务会议通过《关于修订高等学校领导关系的决定》，并于10月11日公布。

5月29日　政务院第180次政务会议批准《中央人民政府高等教育部关于1953年全国高等学校院系调整的计划》，推进院系调整。

1954年

7月9日　中央人民政府政务院第221次政务会议批准高等教育部关于全国综合大学会议、全国高等财经教育会议、中国人民大学教学经验讨论会、全国政法教育会议的报告。

10月5日　经政务院文化教育委员会批准，教育部发布了《关于重点高等学校和专家工作范围的决议》，确定重点高等学校是为了使这些学校在贯彻中央所规定的方针政策、学习苏联先进经验、进行教学改革、加强行政领导等各方面能够先走一步，取得经验，由高等教育部及时总结推广，以带动其他学校，共同前进。“高等教育重点建设”正式实施。

1955年

2月28日　高等教育部发布《关于1955年度选拔高等学校教师赴苏联进行短期专业研究的通知》。

6月10日　国务院发布《关于加强各省、市对高等学校招生工作领导的通知》。

7月30日　高等教育部发布《关于1955～1957年高等学校院系调整有关事项的通知》，开始实施全国范围内的第二次大规模院系调整。

1956年

1月10日　中国科学院、高等教育部发布《关于高等学校和科学研究机关几项试行的合作办法的通知》，使高等学校和科研机关的科学家力量得到充分发挥，推进国家社会主义建设顺利前进。

2月24日　中共中央政治局会议通过《关于知识分子问题的指示》。

3月26日　国务院批准统一《关于执行中苏两国高等教育部间建立直接联系的暂行规定》和《中国高等学校、中等专业学校和苏联高等学校、中等专业学校直接联系的暂行规定》。

3月29日　中共中央、国务院印发《关于扫除文盲的决定》，将在全国范围内积极地、有计划有步骤地扫除文盲。

5月2日　毛泽东在最高国务会议上正式宣布了“百花齐放、百家争鸣”的方针，即艺术问题上的“百花齐放”，学术问题上的“百家争鸣”，应该成为我国发展科学、繁荣文学艺术的方针。5月26日，中央宣传部举行报告会，陆定一做题为《百花齐放，百家争鸣》的讲话，对这个方针做了全面阐述。

1957年

6月26日　周恩来在第一届全国人民代表大会第四次会议上所做的《政府工作报告》中，代表党中央发出了“向科学进军”的号召。

1958年

3月22日　中共中央在成都会议上通过了《关于高等学校和中等技术学校下放问题的意见》，4月4日发布。

7月28日　教育部发布《关于交接下放高等学校的通知》，将教育部直属高校下放归省市领导。

8月4日　中共中央、国务院颁布《关于教育事业管理权力下放问题的规定》，以充分发挥各省市自治区举办教育事业的积极性和主动性，根据中央集权和地方分权相结合的原则，改变过去条条为主的管理体制，加强地方对教育事业的领导管理。

8月19日　毛泽东提出高等学校应抓三个东西：一是党委领导，二是群众路线，三是把教育和生产劳动结合起来。

1959年

7月21日　教育部颁布《关于高等学校培养研究生工作的几点意见》，以适应高等教育事业发展的需要，不断提高高等学校的教学质量和科学水平，有计划地加强培养研究生工作。

1960年

3月5日　国务院颁发《关于高等学校教师职务名称及其确定与提升办法的暂行规定》。

1961年

7月19日　中共中央颁布《关于自然科学工作中若干政策问题的批示报告》。

9月15日　中共中央颁布《关于讨论和试行教育部直属高等学校暂行工作条例（草案）的指示》，是对高等教育重点建设政策的重要推进。

1963年

6月26日　中共中央、国务院对高等学校领导、管理问题的两个文件做出批示。两个文件分别是《中共中央、国务院关于加强高等学校统一领导、分级管理的决定（试行草案）》《教育部党组关于高等学校专业调整会议的报告》。

8月30日　教育部发布《高等学校毕业生调配、派遣暂行办法》。

9月　国务院编制了《高等学校通用专业目录》和《高等学校绝密和机密专业目录》。

1964年

3月9日　中共中央批转高等教育部、外交部《关于中华人民共和国派往国外留学生管理教育工作的暂行规定（草案）》。

6 月 10 日　中共中央批转高等教育部党组《关于加强高等学校政治工作和建立政治工作机构试点问题的报告》。

8 月 19 日　中共中央、国务院发布《关于发布高等学校毕业生劳动实习试行条例的通知》。

1965 年

2 月 2 日　中共中央、国务院发布《关于组织高等学校理、工科师生参加社会主义教育运动的通知》。

8 月 19 日　中共中央发布《关于逐步普及高、中等教育问题的批示》。

1976 年

10 月 6 日　中央政治局执行党和人民的意志，采取断然措施，一举粉碎“四人帮”。延续十年的“文化大革命”结束。

1977 年

5 月 24 日　邓小平在谈话中提出“尊重知识，尊重人才”的观点。

8 月 8 日　邓小平在科学和教育工作座谈会上发表了《关于科学和教育工作的几点意见》的讲话。

9 月 19 日　邓小平在同教育部主要负责同志谈话中明确教育战线的拨乱反正问题。

10 月 12 日　国务院批转教育部《关于 1977 年高等学校招生工作的意见》，高考制度重新恢复。

1978 年

2 月 17 日　国务院转发教育部《关于恢复和办好全国重点高等学校的报告》，重点建设政策重新恢复。

3 月 18 日　邓小平在全国科学大会开幕式上做《培养科学技术人才是教育战线的重要任务》，确定大学应承担教学与科研职能。

8 月 4 日　根据邓小平关于大量派遣留学生的指示，教育部印发

《关于增选出国留学生的通知》，明确1978年派遣留学生名额增至3 000人。中国迎来历史上规模最大、领域最多、范围最广的出国留学热潮。

12月18日—22日　党的十一届三中全会召开，开启我国改革开放新时代。教育战线进一步拨乱反正，教育工作全面恢复，新时期教育改革和对外开放由此起步。

1979年

9月18日　中共中央批转教育部党组《关于建议重新颁发〈关于加强高等学校统一领导、分级管理的决定〉的报告》，恢复了高等学校统一领导、分级管理的治理模式。

11月2日　邓小平在中央党、政、军机关副部长以上干部会上提出，要建立学位制度和学术、技术职称制度。

1980年

2月12日　第五届全国人民代表大会常务委员会第十三次会议通过《中华人民共和国学位条例》。

1981年

2月　国务院学位委员会发布《关于审定学位授予单位的原则和办法》。

1985年

3月13日　中共中央颁布《关于科学技术体制改革的决定》，提出经济建设必须依靠科学技术、科学技术工作必须面向经济建设的战略方针。

5月27日　中共中央颁布《关于教育体制改革的决定》，指出教育体制改革的根本目的，是提高民族素质，多出人才、出好人才。要把发展基础教育的责任交给地方，有步骤地实行九年制义务教育；调整中等教育结构，大力发展职业技术教育；改革高等学校的招生计划和毕业生分配制度，扩大高等学校办学自主权；调动各方面积极因素，保证教育体制改革的顺利进行。

8 月 1 日　中共中央发布《关于改革学校思想品德和政治理论课程教学的通知》。

1986 年

1 月 11 日　国家教委印发《普通高等学校接受委托培养学生管理工作暂行规定》。

12 月 15 日　国务院发布《普通高等学校设置暂行条例》，这是为了加强高等教育的宏观管理，保证普通高等学校的教育质量，促进高等教育事业有计划、按比例地协调发展而制定的，该条例施行前设置或变更学校名称的普通高等学校，应当参照该条例进行整顿，整顿办法由国家教育委员会另行制定。

1987 年

5 月 13 日　国家教委发布《关于扩大普通高等学校录取新生工作权限的规定》。

5 月 29 日　中共中央发布《关于改进和加强高等学校思想政治工作的决定》，指出在新形势下，高等学校必须把改进和加强思想政治工作作为自己的重要任务，为青年学生的健康成长创造一个良好的社会环境。

10 月 25 日—11 月 1 日　党的十三大提出，百年大计，教育为本。党的十三大把发展科学技术和教育事业放在首要位置，使经济建设转到依靠科技进步和提高劳动者素质的轨道上来。

1988 年

10 月 24 日　国家教委发布《社会力量办学教学管理暂行规定》，鼓励和支持社会力量办学，提高办学质量和效益，促进其健康发展。

1993 年

2 月 13 日　中共中央、国务院颁布《中国教育改革和发展纲要》。中国共产党第十四次全国代表大会在建设有中国特色社会主义理论的指导下，确定了20世纪90年代我国改革和建设的主要任务，明确提出“必须把教育摆在优先发展的战略地位，努力提高全民族的思想道德和科学文化水平，这是实现我国现代化的根本大计”。为了实现党的十四大所确定的战略任务，指导20世纪90年代乃至21世纪初教育的改革和发展，使教育更好地为社会主义现代化建设服务，特制定本纲要。这是适应20世纪90年代中国经济社会发展和建立社会主义市场经济体制要求的一个纲领性教育文件。

7月15日　国家教委印发《关于重点建设一批高等学校和重点学科点的若干意见》，提出面向21世纪重点建设100所左右的高等学校和一批重点学科点的计划，简称“211工程”。

1995年

5月6日　中共中央、国务院做出《关于加速科学技术进步的决定》。

1996年

3月18日　为了加强和改善党对普通高等学校（简称高等学校）的领导，加强高等学校党的建设，办好有中国特色的社会主义大学，根据《中国共产党章程》和高等学校的实际情况，中共中央制定印发《中国共产党普通高等学校基层组织工作条例》。

1997年

9月12日　党的十五大提出，“切实把教育摆在优先发展的战略地位”，“发展教育和科学，是文化建设的基础工程”。

1998年

5月4日　江泽民提出我国要有若干所具有世界先进水平的一流大学。1999年1月，国务院批转教育部制定的《面向21世纪教育振兴行动计划》，提出创建若干所具有世界先进水平的一流大学和一批一流学科，简称“985工程”。

8月29日　《中华人民共和国高等教育法》颁布，该法是为了发展高等教育事业，实施科教兴国战略，促进社会主义物质文明和精神文明建设，根据宪法和教育法制定的法规。

7 月 1 日　国务院发布《关于调整撤并部门所属学校管理体制的决定》，开始实施“世纪之交”的高等教育管理体制改革。

1999 年

6 月 16 日　原国家计划发展委员会和教育部联合发出通知，决定 1999 年中国高等教育在年初扩招 23 万人的基础上，再扩大招生 33.7 万人，普通高等院校招生总人数达到 153 万。这次高校学生扩招政策，是中国高等教育走向普及化和大众化的重要里程碑，意味着高等教育入学机会的均等化水平大幅提升。

2000 年

2 月 12 日　国务院办公厅转发教育部等部门《关于调整国务院部门（单位）所属学校管理体制和布局结构的实施意见》，规定除教育部以及外交部、国防科工委、国家民委、公安部、安全部、海关总署、民航总局、体育总局、侨办、中科院、地震局等部门和单位继续管理其所属学校外，国务院其他部门和单位原则上不再直接管理学校。

2007 年

10 月 15 日—21 日　党的十七大提出优先发展教育、建设人力资源强国战略目标，强调教育公平是社会公平的重要基础。

2010 年

5 月 5 日　中共中央、国务院颁布《国家中长期教育改革和发展规划纲要（2010—2020 年）》，把促进公平作为国家基本教育政策，把提高质量作为教育改革发展的核心任务，树立以提高质量为核心的教育发展观，建立以提高教育质量为导向的管理制度和工作机制，把教育资源配置和学校工作重点集中到强化教学环节、提高教育质量上来。

2012 年

9 月 9 日　《教育督导条例》颁布，国务院教育督导委员会成立，主要职责是研究制定国家教育督导的重大方针、政策，审议国家教育督导总体规划和重大事项，统筹指导全国教育督导工作，聘任国家督学，发布国家教育督导报告。

2014 年

5 月 4 日　习近平考察北京大学，提出扎根中国大地办大学，勉励广大青年积极培育和践行社会主义核心价值观。

9 月 9 日　习近平考察北京师范大学，号召全国广大教师要有理想信念、有道德情操、有扎实知识、有仁爱之心，做党和人民满意的好老师，为发展具有中国特色、世界水平的现代教育，培养社会主义事业建设者和接班人做出更大贡献。

2015 年

3 月 13 日　中共中央、国务院印发《关于深化体制机制改革加快实施创新驱动发展战略的若干意见》，指出面对全球新一轮科技革命与产业变革的重大机遇和挑战，面对经济发展新常态下的趋势变化和特点，面对实现“两个一百年”奋斗目标的历史任务和要求，必须深化体制机制改革，加快实施创新驱动发展战略。

8 月 18 日　中央全面深化改革领导小组第十五次会议审议通过《统筹推进世界一流大学和一流学科建设总体方案》，10 月 24 日由国务院印发，提出坚持“以一流为目标、以学科为基础、以绩效为杠杆、以改革为动力”的基本原则，加快建成一批世界一流大学和一流学科，推动实现我国从高等教育大国到高等教育强国的历史性跨越，是我国高等教育重点建设政策的最新形态。

2016 年

7 月 31 日　中共中央办公厅、国务院办公厅印发《关于进一步完善中央财政科研项目资金管理等政策的若干意见》，指出要进一步完善中央高校、科研院所差旅会议管理、科研仪器设备采购管理、基本建设项目管理。

10 月 26 日　财政部、教育部印发《高等学校哲学社会科学繁荣计划专项资金管理办法》，以适应新形势下加快构建中国特色哲学社会科学，落实中央财政科研项目资金管理决策部署，进一步促进高校哲学社会科学繁荣发展。

2017 年

2 月 27 日　中共中央、国务院印发《关于加强和改进新形势下高校思想政治工作的意见》，指出要坚持把立德树人作为中心环节，把思想政治工作贯穿教育教学全过程，实现全程育人、全方位育人。

10 月 18 日—24 日　党的十九大提出，建设教育强国是中华民族伟大复兴的基础工程，必须把教育事业放在优先位置，加快教育现代化，办好人民满意的教育。

2018 年

5 月 28 日　习近平在中国科学院第十九次院士大会、中国工程院第十四次院士大会上指出，中国要努力成为世界主要科学中心和创新高地。

9 月 10 日　习近平在全国教育大会上指出，教育是国之大计、党之大计，并提出推进我国教育改革发展的“九个坚持”。

2019 年

2 月 23 日　中共中央、国务院印发《中国教育现代化 2035》，提出了推进教育现代化的八大基本理念，明确了推进教育现代化的基本原则，提出到 2035 年，总体实现教育现代化，迈入教育强国行列，推动我国成为学习大国、人力资源强国和人才强国。

2020 年

3 月 20 日　中共中央、国务院印发《关于全面加强新时代大中小学劳动教育的意见》，指出新时代加强劳动教育必须强调以习近平新时代中国特色社会主义思想为指导，落实立德树人根本任务，把劳动教育纳入人才培养全过程，贯通大中小学各学段，贯穿家庭、学校、社会各方面，与德育、智育、体育、美育相结合，把握育人导向，遵循教育规律，创新体制机制，注重教育实效，实现知行合一，促进学生形成正确的世界观、人生观、价值观。

7月29日　全国研究生教育会议召开，习近平做出重要指示强调，研究生教育在培养创新人才、提高创新能力、服务经济社会发展、推进国家治理体系和治理能力现代化方面具有重要作用。各级党委和政府要高度重视研究生教育，推动研究生教育适应党和国家事业发展需要，坚持“四为”方针，瞄准科技前沿和关键领域，深入推进学科专业调整，提升导师队伍水平，完善人才培养体系，加快培养国家急需的高层次人才，为坚持和发展中国特色社会主义、实现中华民族伟大复兴的中国梦做出贡献。

9月　中共中央、国务院印发《深化新时代教育评价改革总体方案》，这是新中国第一个关于教育评价系统改革的文件，也是指导深化新时代教育评价改革的纲领性文件。教育评价事关教育发展方向，有什么样的评价指挥棒，就有什么样的办学导向，《深化新时代教育评价改革总体方案》强调新时代教育评价改革，应坚持以立德树人为主线，以破“五唯”为导向，以五类主体为抓手，着力做到政策系统集成、举措破立结合、改革协同推进。

2021年

4月16日　中共中央印发修订后的《中国共产党普通高等学校基层组织工作条例》，并发出通知，要求各地区各部门认真遵照执行。

4月19日　习近平到清华大学考察，强调我们要建设的世界一流大学是中国特色社会主义的一流大学，我国社会主义教育就是要培养德智体美劳全面发展的社会主义建设者和接班人。广大青年要肩负历史使命，坚定前进信心，立大志、明大德、成大才、担大任，努力成为堪当民族复兴重任的时代新人。

9月27日—28日　习近平在中央人才工作会议上强调指出，要深入实施新时代人才强国战略，全方位培养、引进、用好人才，加快建设世界重要人才中心和创新高地。

2022年

2月9日　教育部、财政部、国家发展改革委发布《关于公布第二轮“双一流”建设高校及建设学科名单的通知》，公布第二轮“双一流”建设高校及建设学科名单和给予公开警示（含撤销）的首轮建设学科名单。第二轮建设名单不再区分一流大学建设高校和一流学科建设高校，将探索建立分类发展、分类支持、分类评价建设体系作为重点之一，引导建设高校切实把精力和重心聚焦有关领域、方向的创新与实质突破上，创造真正意义上的世界一流。

参考文献

一、著作类

马克思恩格斯论教育．北京：人民教育出版社，1958.

马克思，恩格斯．马克思恩格斯选集：第1卷．3版．北京：人民出版社，2012.

毛泽东．毛泽东选集：第2卷．2版．北京：人民出版社，1991.

毛泽东．毛泽东选集：第3卷．2版．北京：人民出版社，1991.

中共中央文献研究室．毛泽东文集：第1卷．北京：人民出版社，1993.

中共中央文献研究室．毛泽东文集：第2卷．北京：人民出版社，1993.

中共中央文献研究室．毛泽东文集：第3卷．北京：人民出版社，1996.

中共中央文献研究室，中共湖南省委《毛泽东早期文稿》编辑组．毛泽东早期文稿：1912.6—1920.11. 长沙：湖南出版社，1990.

毛泽东．论新阶段．延安：华北新华书店，1948.

刘少奇．刘少奇选集：上卷．北京：人民出版社，1981.

中共中央文献研究室，中央档案馆．建国以来刘少奇文稿：第1册. 北京：中央文献出版社，2005.

中共中央文献研究室，刘少奇研究组，中央教育科学研究所．刘少奇论教育．北京：教育科学出版社，1998.

邓小平．邓小平文选：第3卷．北京：人民出版社，1993.

习近平．习近平谈治国理政．北京：外文出版社，2014.

习近平．在文艺工作座谈会上的讲话．北京：人民出版社，2015.

许美德．中国大学1895—1995：一个文化冲突的世纪．许洁英，译. 北京：教育科学出版社，2000.

克拉克．高等教育系统：学术组织的跨国研究．王承绪，徐辉，殷企平，等译．杭州：杭州大学出版社，1994.

褚宏启．走出中世纪：文艺复兴时代的教育情怀．北京：北京师范大学出版社，2000.

涂尔干．教育思想的演进．李康，译．上海：上海人民出版社，2003.

单中惠，杨汉麟．西方教育学名著提要．南昌：江西人民出版社，2000.

范德格拉夫，等．学术权力：七国高等教育管理体制比较．2版．王承绪，张维平，徐辉，等译．杭州：浙江教育出版社，2001.

布鲁贝克．高等教育哲学．王承绪，郑继伟，张维平，等译．杭州：浙江教育出版社，2002.

斯宾塞．斯宾塞教育论著选．胡毅，王承绪，译．北京：人民教育出版社，1997.

博耶．美国大学教育：现状·经验·问题及对策．复旦大学高等教育研究所，译．上海：复旦大学出版社，1988.

冈伯特．高等教育社会学．朱志勇，范晓慧，译．北京：北京大学出版社，2013.

克拉克．高等教育新论：多学科的研究．2版．王承绪，徐辉，郑继伟，等译．杭州：浙江教育出版社，2001.

郭嵩焘．郭嵩焘日记：第3卷．长沙：湖南人民出版社，1982.

郭嵩焘．伦敦与巴黎日记．长沙：岳麓书社，2008.

湖南省地方志编纂委员会．湖南省志：教育志：上册．海口：南方出版社，2012.

郭嵩焘．郭嵩焘日记：第4卷．长沙：湖南人民出版社，1982.

湖南船山学社．船山学报：第 1 册．长沙：湖南师范大学出版社，2009.

中共湖南省委党史委．湖南人民革命史：新民主主义革命时期．长沙：湖南出版社，1991.

中共湘区委员会旧址陈列馆．中国共产党湘区执行委员会史料汇编. 长沙：湖南人民出版社，1993.

张腾霄．中国共产党干部教育研究资料丛书：第 1 辑．北京：中国人民大学出版社，1988.

董纯才．中国革命根据地教育史．北京：教育科学出版社，1991.

熊武一，周家法．军事大辞海：上册．北京：长城出版社，2000.

《项英军事文选》编辑委员会．项英军事文选．北京：中共中央党校出版社，2003.

刘金田．红色精神．长沙：湖南教育出版社，2011.

《刘伯承传》编写组．刘伯承传．北京：当代中国出版社，2007.

孙培青．中国教育史．4 版．上海：华东师范大学出版社，2019.

中共中央党史资料征集委员会，中共中央党史研究室．中共党史资料：第 5 辑．北京：中共党史资料出版社，1983.

王泉．中国共产党干部教育创新研究．北京：人民出版社，2011.

中共中央宣传部理论局．马克思主义哲学十讲．北京：学习出版社，2013.

中央档案馆．中共中央文件选集：第 7 册．北京：中共中央党校出版社，1991.

欧阳玉，谢炳炎．大学教育思想论要．长沙：湖南大学出版社，2001.

李维汉．回忆与研究．北京：中共党史出版社，2013.

成仿吾．战火中的大学：从陕北公学到人民大学的回顾．北京：人民出版社，2014.

李国强．邵式平教育文选．南昌：江西教育出版社，1989.

刘葆观．血与火的洗礼：从陕北公学到华北大学回忆录：上卷．北京：中国人民大学出版社，2007.

中国人民大学前身时期校史读物编委会．人民的大学：华北联合大学（1939—1948）．北京：中国人民大学出版社，2017.

中国人民大学校史研究丛书编委会．造就革命的先锋队．北京：中国人民大学出版社，2007.

张耀灿．中国共产党思想政治工作史论．北京：高等教育出版社，1999.

陕西师范大学教育研究所．陕甘宁边区教育资料：在职干部教育部分．北京：教育科学出版社，1981.

中央档案馆．中共中央文件选集：第13册．北京：中共中央党校出版社，1991.

《延安大学史》编委会．延安大学史．北京：人民出版社，2008.

张俊洪．回顾与检讨：新中国四次教育改革论纲．长沙：湖南教育出版社，1999.

《当代中国》丛书教育卷编辑室．当代中国高等师范教育资料选：上．上海：华东师范大学出版社，1986.

李涛．借鉴与发展：中苏教育关系研究：1949—1976. 杭州：浙江教育出版社，2006.

中央教育科学研究所．中华人民共和国教育大事记：1949—1982. 北京：教育科学出版社，1984.

齐鹏飞．中国共产党创办新型高等教育的历史、理论与实践：中国人民大学80年办学经验总结．北京：中国人民大学出版社，2018.

中共中央文献研究室．毛泽东年谱：1893—1949（下卷）. 修订本．北京：人民出版社，2013.

黄达．吴玉章与中国人民大学．太原：山西教育出版社，1996.

毛礼锐，沈灌群．中国教育通史：第4卷．济南：山东教育出版社，1988.

中国人民大学校史研究丛书编委会．中国人民大学纪事．北京：中国人民大学出版社，2007.

中国人民大学高等教育研究室．高等教育研究论集：第3辑．北京：中国人民大学出版社，1992.

展立新．建国六十年我国高等教育发展观研究．北京：九州出版社，2014.

布莱克．比较现代化．杨豫，陈祖洲，译．上海：上海译文出版社，1996.

何东昌．中华人民共和国重要教育文献（1991—1997）．海口：海南出版社，1998.

廖其发．当代中国重大教育改革事件专题研究．重庆：重庆出版社，2007.

李蔺田．中国职业技术教育史．北京：高等教育出版社，1994.

中华人民共和国教育部发展规划司．中国教育统计年鉴（2005）．北京：人民教育出版社，2006.

朱鸿召．延河边的文人们．上海：东方出版中心，2010.

胡浩．面向高自考的电子教务系统建设研究．天津：天津大学，2004.

郑也夫．代价论：一个社会学的新视角．北京：生活·读书·新知三联书店，1995.

NEWMAN J H. The idea of a university. Notre Dame：University of Notre Dame Press，1982.

二、期刊类

习近平．在庆祝中国共产党成立 100 周年大会上的讲话．人民日报，2021-07-02（2）.

习近平．在北京大学师生座谈会上的讲话．人民日报，2018-05-03（2）.

习近平．决胜全面建成小康社会　夺取新时代中国特色社会主义伟大胜利．人民日报，2017-10-28（1）.

习近平．在哲学社会科学工作座谈会上的讲话．人民日报，2016-05-19（2）.

习近平．在文艺工作座谈会上的讲话．人民日报，2015-10-15（2）.

习近平．在庆祝全国人民代表大会成立60周年大会上的讲话．人民日报，2014-09-06（2）.

习近平．青年要自觉践行社会主义核心价值观．人民日报，2014-05-05（2）.

习近平．在同各界优秀青年代表座谈时的讲话．人民日报，2013-05-05（2）.

习近平．在第十二届全国人民代表大会第一次会议上的讲话．人民日报，2013-03-18（1）.

王建华．高等教育的理想类型．高等教育研究，2010（1）.

周光礼．扎根中国大地：创办世界一流大学的方法论．探索与争鸣，2018（6）.

公丕祥．新时代中国法治现代化的战略安排．中国法学，2018（3）.

朱力．中国社会矛盾70年演变与化解．学海，2019（6）.

孙海林．毛泽东早期干部教育实践与教育思想研究：湖南自修大学的创办始末、经验及意义．湖南第一师范学报，2006（2）.

彭平一．从思贤讲舍到湖南自修大学．株洲师范高等专科学校学报，2000（2）.

许顺富．论郭嵩焘与思贤讲舍和禁烟公社．船山学刊，2002（4）.

杨锡贵．民国初年船山学社同人道德救世思想初探．船山学刊，2011（1）.

李琦．听辛亥老人仇鳌谈与毛泽东的交往：仇鳌孙女仇君好访谈录. 党的文献，2011（4）.

蔡福顺．青年毛泽东的“新村梦”. 文史博览，2018（5）.

陈国泳，李琦．毛泽东农民教育思想及其时代意义．党的文献，2002（3）.

蒋国海．论湖南自修大学的创办及其历史地位．湖南师范大学社会科学学报，2007（4）.

王兴国．船山学社百岁生日颂．船山学刊，2014（4）.

刘少林．一笔价值颇丰的宝贵历史文化遗产：中国共产党战时创办高等教育的方略与办学精神管窥．西安欧亚学院学报，2011，9（3）．

梁尔铭，庄暨军．中央苏区红军学校教育的正规化历程．井冈山大学学报（社会科学版），2013（2）．

刘若璇．浅析我军土地革命时期红军学校干部教育的历史经验与启示．黑龙江史志，2016（6）．

钟同福．苏区红军大学的点点滴滴．人民政协报，2019－06－06．

双传学．毛泽东与中央苏区的学校干部教育．江西社会科学，2003（8）．

陈斐琴，杨远富．略论刘伯承军校建设的理论和实践．军事历史研究，1991（1）．

涂又光．论人文精神．中国哲学史，1997（1）．

孙国林．“中国不会亡，因为有陕公”：毛泽东与陕北公学．百年潮，2006（4）．

肖飞．“陕公”的两件“礼物”．人民武警报，2019－07－21（4）．

殷之俊．毛泽东最早提出的三大法宝是什么？．中国统一战线，2013（6）．

孙国林．毛泽东“三个法宝”思想是怎样形成的．党史博采（纪实版），2013（10）．

游海华，饶泰勇．造就抗日救国先锋：陕北公学的干部教育．党史研究与教学，2017（2）．

王大广．华北联大的办学特色及历史贡献．北京教育（高教版），2017（9）．

王月峰．抗战期间《晋察冀日报》对华北联合大学的报道．党史博采（理论版），2011（2）．

张金辉，郎琦．中国人民大学办学正规化现代化的重要时期：华北联大在张家口办学的历史考察与价值分析．河北北方学院学报（社会科学版），2013（4）．

王律，刘建军．西柏坡时期的华北大学．领导之友，2013（4）．

王律．中国人民大学从这里走来：华北大学在正定．党史博采（纪实版），2012（11）．

欧阳雪梅．刘少奇与中国人民大学的创建．当代中国史研究，2011（3）.

成仿吾，彭明．回忆少奇同志对人民大学的关怀．教学与研究，1980（2）.

吴玉章．中国人民大学三年来工作的基本总结．人民日报，1953-10-04（3）.

梁敬芝，刘向兵，付春梅．新中国成立初期中国人民大学在高等教育领域的地位和作用．中国人民大学学报，2010（6）.

周光礼．国家工业化与现代职业教育：高等教育与社会经济的耦合分析．高等工程教育研究，2014（3）.

周光礼．“行业划转院校”的“去行业化”与“再行业化”：环境变迁与组织应对．教育研究，2018（9）.

周光礼．构建中国特色高等教育体系：国家战略视角．中国高教研究，2020（7）.

周川．高等教育管理体制改革之反思．北京大学教育评论，2018，16（2）.

国务院．国务院关于调整撤并部门所属学校管理体制的决定．中华人民共和国国务院公报，1998.

赵俊芳，刘玲．我国高等教育70年盘点及未来发展建议．现代教育管理，2020（4）.

周川．我国高等教育管理体制70年探索历程及其展望．教育科学文摘，2019（4）.

李枫，李萍，何丽娜．高水平行业特色型大学一流学科建设策略分析．江苏高教，2018（11）.

瞿振元．高等教育内涵式发展的实现途径．中国高等教育，2013（2）.

匡瑛，石伟平．走向现代化：改革开放40年我国职业教育发展之路．教育与经济，2018（4）.

李文章．改革开放40年我国民办高等教育发展：成就、经验与展望．黑龙江高教研究，2018，36（10）.

吴颖，崔玉平．长三角区域高等教育一体化的演进历程与动力机制．高等教育研究，2020，41（1）．

袁晶，张珏．长三角区域高等教育一体化发展：动因、内涵与机制创新．中国高教研究，2019（7）．

桑锦龙．推进京津冀教育协同发展的战略性思考．教育科学研究，2016（4）．

陈至立．以提高质量为核心加快从高等教育大国向高等教育强国迈进的步伐．求是，2008（3）．

贾永堂，孔维申．省级政府高等教育统筹权：渊源、内涵、困境及对策．高等教育研究，2017，38（11）．

柴福洪．中国高职院校风险报告．职业技术教育，2008（7）．

图书在版编目（CIP）数据

高等教育/周光礼主编；公钦正副主编．-- 北京：中国人民大学出版社，2023.12
（中国共产党百年教育理论与实践研究丛书/靳诺总主编）
ISBN 978-7-300-32350-3

Ⅰ．①高… Ⅱ．①周… ②公… Ⅲ．①高等教育-教育史-研究-中国 Ⅳ．①G649.29

中国国家版本馆 CIP 数据核字（2023）第 214959 号

国家出版基金项目
“十四五”时期国家重点出版物出版专项规划项目
中国共产党百年教育理论与实践研究丛书
丛书总主编　靳　诺
执 行 主 编　郑水泉　刘复兴
高等教育
周光礼　主　编
公钦正　副主编

出版发行	中国人民大学出版社		
社　　址	北京中关村大街 31 号	邮政编码	100080
电　　话	010－62511242（总编室）		010－62511770（质管部）
	010－82501766（邮购部）		010－62514148（门市部）
	010－62515195（发行公司）		010－62515275（盗版举报）
网　　址	http://www.crup.com.cn		
经　　销	新华书店		
印　　刷	北京宏伟双华印刷有限公司		
开　　本	720 mm×1000 mm　1/16	版　　次	2023 年 12 月第 1 版
印　　张	15.75	印　　次	2023 年 12 月第 1 次印刷
字　　数	226 000	定　　价	78.00 元